电商逆袭

旺铺产品推广设计

盛意文化　编著

U0912964

電子工業出版社
Publishing House of Electronics Industry
北京·BEIJING

内容简介

本书是一本使用Photoshop进行电商产品推广设计制作的案例教程，语言浅显易懂，配合大量精美的电商页面设计案例，讲解了有关产品推广设计的相关知识和使用Photoshop进行产品推广设计制作的方法和技巧,使读者在掌握电商页面设计各方面知识的同时，能够在电商产品推广设计制作基础上做到活学活用。

随书光盘提供了本书所有案例的源文件、素材及视频教程，方便读者借鉴和使用。

本书适合经营淘宝店铺的新手或者准备开淘宝店铺的朋友，以及设计爱好者阅读，也可以为一些淘宝美工人员，以及相关设计制作专业的学习者提供参考。

赠送的店铺模板请到http://www.fecit.com.cn/files/download/下载。

未经许可，不得以任何方式复制或抄袭本书之部分或全部内容。
版权所有，侵权必究。

图书在版编目（CIP）数据

旺铺产品推广设计 / 盛意文化编著. -- 北京 : 电子工业出版社, 2016.3

（电商逆袭）

ISBN 978-7-121-27950-8

Ⅰ. ①旺… Ⅱ. ①盛… Ⅲ. ①电子商务－产品设计 Ⅳ. ①F713.36

中国版本图书馆CIP数据核字(2015)第313707号

责任编辑：田 蕾

文字编辑：赵英华

印 刷：北京嘉恒彩色印刷有限责任公司

装 订：北京嘉恒彩色印刷有限责任公司

出版发行：电子工业出版社

北京市海淀区万寿路173信箱 邮编：100036

开 本：720×1000 1/16 印 张：19.25 字 数：492.8千字

版 次：2016年3月第1版

印 次：2016年3月第1次印刷

定 价：79.80元（含光盘1张）

凡所购买电子工业出版社图书有缺损问题，请向购买书店调换。若书店售缺，请与本社发行部联系，联系及邮购电话：（010）88254888。

质量投诉请发邮件至zlts@phei.com.cn，盗版侵权举报请发邮件至dbqq@phei.com.cn。

服务热线：（010）88258888。

前　言

电子商务是近几年互联网飞速发展的产物，它是一种新兴的商业模式。网络交易凭借低成本、灵活的经营方式、自由支配的经营时间、不受地域限制、便捷、快速等优势迅速发展起来。虽然网上开店很容易，但是如果想把它经营好却不简单，其中的知识和技巧妙不可言。

网店跟实体店一样，也是需要推广的，做好店铺推广是极其重要的，一家特色店铺没有推广也是空壳，推广可以更好地提高店铺的访问量和知名度。本书从电商产品推广设计的理念为出发点，配以专业的图形处理软件Photoshop做讲解，重点向读者介绍了Photoshop在电商产品推广设计方面的理论知识和相关应用，通过大量的电商推广设计案例的制作和分析，使读者掌握实实在在的设计思想。

本书章节安排

本书内容浅显易懂，简明扼要，从网店产品推广设计思想出发，向读者传达一种新的设计理念，专业的理论知识讲解与精美的案例制作完美结合，循序渐进地讲解网店产品推广设计中的有关知识，让读者在学习的过程中丰富自己的设计创意并提高动手制作能力。本书内容章节安排如下。

Chapter 01　了解网店推广，介绍了关于网店推广的相关基础知识，包括什么是网店推广、网店推广的目的和重要性、网店推广的方法和技巧等内容，并且还介绍了网店推广在设计上的应用，通过对本章内容的学习使读者对网店推广有更加深入的认识和理解。

Chapter 02　处理商品图片，主要介绍了网店推广过程中对商品图片的处理，包括对产品图片的尺寸处理、背景处理、调色处理等，通过对不同商品图片的调色修图处理进行讲解，使读者快速掌握各种处理商品的要点和技巧。

Chapter 03　产品推广图，主要讲解了产品推广图的构成元素和表现形式，分别介绍了推广图的构图、各种元素，还有字体的应用技巧，通过对相应案例制作过程的讲解提高读者对产品推广图的认识。

Chapter 04　直通车推广，主要讲解了直通车推广的要点与优势，也普及了有关直通车的常识性知识，通过对不同类别直通车图片的设计制作讲解，使读者掌握直通车推广图设计的技巧及表现形式。

Chapter 05　钻展推广，主要介绍了钻展推广的意义和方法，也向读者介绍了对钻展图片进行构图的必要性和标准，通过对多种钻展构图方式的设计讲解，让读者明了钻展推广在电商推广设计中所遵循的设计原则和要求。

Chapter 06　聚划算和淘宝客推广，主要介绍了聚划算和淘宝客推广的规范和设计趋势，并且依次详细地介绍了聚划算图片的构图和淘宝客构图，通过对多种典型的聚划算和淘宝客推广图的设计制作讲解，使读者掌握聚划算和淘宝客推广图的设计方法，并认识到它们的多种设计特点和风格。

Chapter 07　活动促销推广，主要介绍了活动促销推广的优势和推广图的设计方法，并且依次介绍了网店促销活动的类型、促销图片的设计方法、促销广告的排版方式等知识点，通过多种促销图片的设计制作讲解，使读者掌握活动促销推广图片的设计方法和要点。

Chapter 08　动画推广，主要介绍了动画推广的特点和要点，并且介绍了怎样快速制作动画效果，通过对多种动画推广案例的设计制作讲解，使读者掌握电商推广中动画推广的设计和制作方法。

本书特点

全书内容丰富、条理清晰，通过8章的内容，为读者全面、系统地介绍了各种电商产品推广的设计知识，以及使用Photoshop进行电商推广设计制作的方法和技巧，采用理论知识和案例相结合的方法，使知识融会贯通。

● 语言通俗易懂，精美案例图文同步，涉及大量电商推广设计的知识讲解，帮助读者深入了解电商推广的设计。

● 实例涉及面广，几乎涵盖了电商推广设计中所在的各个领域，通过大量的设计讲解和案例制作帮助读者掌握各个领域中的专业知识点。

● 注重设计知识点和案例制作技巧的归纳总结，使读者更好地对知识点进行归纳吸收。

● 每一个案例的制作过程，都配有相关视频教程和素材，步骤详细，使读者轻松掌握。

参与本书编写的有高金山、张艳飞、鲁莎莎、吴潆超、田晓玉、佘秀芳、王俊萍、陈利欢、冯彤、刘明秀、解晓丽、孙慧、陈燕、胡丹丹、王明佳。书中难免有错误和疏漏之处，希望广大读者朋友批评、指正。

目录

01

Chapter

了解网店推广

对于大多数在网络做生意的人，在店铺没有开起来之前，最关心的问题就是如何尽快把店铺开起来，并且装修好。可是一旦店铺开起来之后，多数店主会为店铺流量而伤透脑筋。为什么流量总是很低？因为这些店主没有进行推广，没有意识到网店推广的重要性。

1.1 理解网店推广

在传统的卖方市场下，只要商品质量过硬，就会有人进行购买。但进入市场经济之后，随着大量商品的生产和市场种类的细分，使得消费者市场也有了更多的选择，即使同一类产品，甚至同一种商品的销售和经营，都要采取多种方法进行推广，这样才能使得消费者第一时间接触到你的商品，考虑并最终选择。

1.1.1 什么是网店推广

推广，简单来说就是做广告。很多人认为做广告就需要花钱，认为没有有效地推广店铺，是因为没有花钱或者花钱太少，其实这样想是不对的。推广的方式多种多样，可以先免费推广，再付费推广，先找到流量入口的优势位置，优化好转化率以后，再开始付费推广，这样花钱才会出效果。淘宝推广的效果，就是让商品的自然排名在类目搜索或者关键词搜索保持在前几名的位置，商品排名越靠前，推广做得就越成功。

1.1.2 网店推广的目的

做任何一件事情，只有明确了目的才能找到方向，才能制定达成目标的方法。做网店推广也是一样，网店推广工作的直接目的有两个，一是拉来顾客，二是留住顾客，也就是追求浏览量、销售量和销售额。

1. 追求浏览量

追求浏览量就是让更多的顾客进入店铺，并尽量多地浏览商品页面。一个网店只有流量提高了，才有可能产生交易，对于没有流量的网店，即使你的产品再好、服务再好，也只是一个摆设，是不会产生交易的。所以一个网店卖家必须以提高店铺流量为目标，有了流量，才有了日后成交的基础。

2. 追求销售量

追求销售量有两种原因，一是处理滞销商品，二是扩大市场占有率。

如果滞销商品的流转率低于店铺商品整体的平均流转率，那么这件商品就会给卖家带来风险，所以对滞销商品必须尽快做出处理计划。

市场占有率能直接反映顾客对网店所提供的商品和服务的满意程度，也能表明网店的商品在行业中所处的地位。市场份额越高，表明我们网店的竞争能力越强，发展空间越大。

3. 追求销售额

追求销售额也就是追求利润，所有人开店的目的都是为了赚钱，因此销售额是每位网店卖家的直接追求。只要我们对产品策划进行少许调整，就可以达到追求销售额的目的。

1.1.3 网店推广的重要性

网店推广就是指通过各种宣传方式让更多顾客打开你的网店，认识你的产品并产生购买的欲望。在网络上做生意就好比在大海里捞鱼，如果把顾客比作鱼，那么推广就是撒网，撒大网才能多捕鱼。

1. 吸引关注，培养潜在顾客

持续不断地推广，就可以挖掘更多的潜在客户。推广的意义不仅仅是直接带来店铺的销量，更重要的意义在于吸引更多人关注你的产品、你的店铺。

或许你的产品广告第一次出现的时候，很多消费者都记不住，但当你的广告总是持续不断出现的时候，就会给受众留下深刻的印象。当某一天顾客需要这个产品的时候，可能第一个想到的就是记忆中的产品或店铺，或当顾客再一次看到广告时，很快就下了购买的决心。

2. 有利于店铺销量

推广可以带来流量，有了流量才有成交量。一个每天只有几个浏览者访问的网店和一个每天有上万浏览者访问的网店，它们的成交量肯定是有很大的差距的。可以说，在其他因素一样的前提下，流量和成交量是成正比的。

3. 树立网店的整体形象

网店推广是向消费者展示自己网店好的一面或者自己网店独特、与众不同的一面。在宣传的过程中也是在宣传自己的品牌，可以说，推广的不仅仅是单个产品，更是整个店铺的整体形象。

坚持不懈地推广，流量就会增多，也会让顾客看到你的网店的独特性，你的品牌信誉也会不断地提高。

4. 打动老顾客

店铺和产品的推广也是不断刺激老顾客购买的过程。保持和老顾客的联系，周期性地给他们发一些促销活动信息。老顾客比新顾客更容易被打动，忠诚度更容易培养。

为什么信誉越高的店铺生意越好？很大一部分原因就在于他们都拥有一批忠实的顾客。店铺信誉高的重要性并不在于它积累了多少个好评，而在于它积累了多少个回头客。

5. 提高店铺排名

网上店铺有千千万万，要在众多店铺中脱颖而出，就需要店铺排名靠前。店铺排名与信誉、流量、收藏量等因素有关。

持续不断地推广，信誉不断增长，收藏人数增多，流量倍增，都可以提高店铺排名。排名越靠前的店铺，被买家看到的机会就越多；信誉越高的店铺，给买家的感觉就越可靠，这是一个良性循环的过程。

1.2 网店推广的方法

网店想要盈利，必须要有人气，人气则依赖于网店的宣传推广，没有推广，想要盈利几乎是很难的。本节将向大家介绍几种常见的网店推广方法。

1.2.1 线上线下有效结合

很多网店都只注重线上推广，而忽视了线下推广的有效性。线上推广目标受众的面可以说是无限大的，但目标受众却不能切实感受到你的存在，很有必要线上线下相结合。例如最简单的方法，印制一些简单的祝福卡片，只要顾客感到你有用心，成为回头客的几率将大大提升。

1.2.2 商品联合推广

与其他类别的网店互相链接，进行联合促销可能会起到不一样的效果。尽可能找互补性质的店，比如摄影书籍和单反相机专卖店合作。联合促销的目的是销售商品、传播口碑与吸引关注。

1.2.3 论坛推广

很多论坛不允许直接加链接，所以需要长期的人脉积累。至于帖子的写作则可以见仁见智，自由发挥，只有对消费者真正有帮助的文章，人们才会有兴趣回帖交流，继而才有机会宣传推广自己的店铺和商品。

1.2.4 促销推广

有很多网店商品促销推广平台，例如淘宝客、阿里妈妈等，在这里做一些商品的广告推广，只要你的商品有足够的价格优势和品牌认知度，会十分有效。最新的网购资讯和打折信息，也能产生意想不到的效果。

1.3 网店推广技巧

商品定价、店铺定位是留住消费者的根本，图片、装修可以刺激消费者的购买欲望，标题、文字描述可以让消费者更加了解商品，这些都是网店推广中必须注意的细节，本节将向读者介绍一些网店推广的技巧。

1. 产品图片

产品的图片美观与否至关重要，消费者在网上购物，首先看到的就是产品图片，产品图片最基本的要求就是清晰，最好能从多个角度拍照，能够充分反映整个产品。

2. 产品的标题和描述

保证标题关键词的同时，每个产品的描述要详细，产品的特征、用途以及尺寸等一些消费者关心的问题，要突出产品的优势，不然很难激起购买欲。

3. 产品名称的关键词和分类

消费者购买产品，一般主要是靠产品的关键词和分类查找产品，为自己的产品取一个好听的、吸引人的名字，再多加一些常用的关键词进去，让消费者一浏览到你的产品就会产生兴趣。浏览到该产品的消费者多了，产品自然卖得就多。

4. 产品的价格

产品的价格也非常关键，相同的产品如果你的定价高于别的店铺的价格，自然会流失许多顾客。在保证利润的前提下，尽可能地降低产品价格，薄利多销。

5. 售前和售后服务

想做好网店，就要用心。服务态度要好，不然上门的生意都有可能丢掉；售后服务和售前同样重要，产品售出后，要及时地关切客户，产品如何，满不满意，适当提供一些赠品，以小件为主，尽量精美。节假日的时候可以给老顾客送上及时的祝福，会给你的网店经营带来很多意外的收获。

1.4 网店推广中的误区

每个人对于网店的推广都有着自己的认识，因为每个人的认识深度不同，所以存在着一些认识和执行上的误区也是在所难免的。要想快速掌握网店推广的理论和技巧，最快速的方法就是学习，学习可以帮助你快速走出误区。

1.4.1 避免推广的认识误区

几乎所有人都清楚网店推广就是想办法让更多的人认识并了解自己的店铺，从而光顾自己的店铺。那么，如何才能做到成功的网店推广呢？显而易见，网店推广就应该是拉来顾客并且能够留住顾客。

对于一个网店来说是留住顾客重要，还是拉来顾客重要呢？当然，留住顾客的工作相对来说更重要一些，因为留住顾客是最终产生交易的基础，如果没有留住顾客，则拉来的顾客再多也不会为店铺带来交易量。

如果店铺留不住顾客，即使花费很多的广告费进行店铺和商品的推广，转化率也会很低，这就是很多人都觉得做广告没有用的原因。

1.4.2 避免推广的行动误区

理解了什么是网店推广后，接下来就需要执行推广计划。道理虽然简单，但是还是有很多人做不好网店推广，这是因为在执行网店推广的时候我们也容易走进误区。

这个误区就是按照我们自己的思路进行推广，一切都是以自己作为出发点。例如，图片是否好看、装修风格是不是自己喜欢的等。

而正确的方法是依据顾客的喜好，以及顾客在店内店外的信息接触点来进行网店推广。一切店内店外的工作，都应该优先考虑顾客是否喜欢，这个信息对顾客能否起到作用。

1.5 网店推广在设计上的应用

现今网店竞争越来越激烈，做好有效的推广，就成功了一大半。由于互联网的不断进步，网店推广在设计上的应用越来越广泛，接下来向大家介绍几种常见的网店推广在设计上的应用形式。

1.5.1 图片推广

众所周知经营一个成功的店铺，其实最大的问题还是商品的推广，而推广最直接、最有效的形式还是商品图片。商品推广图片是映入顾客眼帘的第一道关口，出色的商品图片设计能给顾客以专业、值得信赖的感觉。如图1-1所示为设计出色的商品图片。

图1-1

商品图片设计最重要的核心功能就只有一个，那就是传递信息。首先传递的信息就是第一印象博取好感，让主图有一种吸引力，吸引消费者能够继续浏览下去，所以商品图片的整体情况极大程度上影响了商品的点击率。

接下来向读者介绍一下在商品图片设计过程中需要注意的几个要点。

1. 图片场景

商品图片所使用的场景也会影响商品的点击率，例如室内和室外、背景、虚化程度等，在使用不同场景的图片时一定要注意商品在网页中的前后竞争对手的情况，因为周围商品的场景会影响自己所推广商品的刺激力度，如图1-2所示。

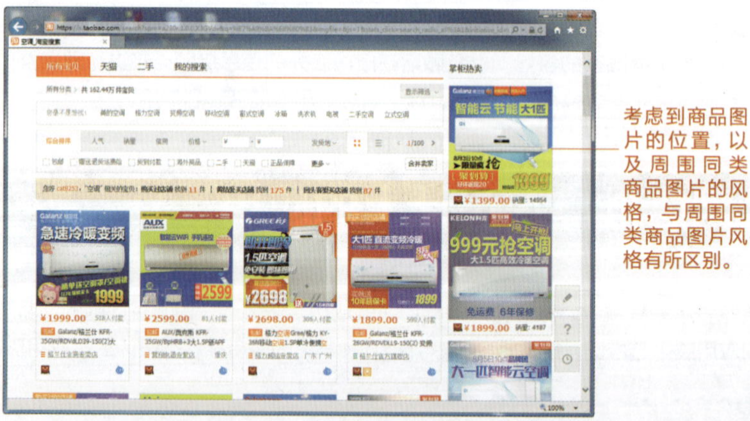

图1-2

淘宝做过大量的数据调研，点击率在2%以上的抽样图片中，有50%使用了生活背景。

2. 图片清晰度

商品图片作为推广商品和店铺的有效手段，图片的清晰度是最为重要的，如果用一张商品主体不够清晰的图片作为推广图片，那么推广的效果肯定会大打折扣的。如图1-3所示为不够清晰的商品图片与清晰的商品图片对比。

图1-3

3. 推广图片配色

例如在淘宝网站做直通车推广，直通车右侧和底部一共有多个展示位，也就是说同时会展示多个同类型商品，这时所设计的推广图片配色能否在这些商品中脱颖而出，将直接影响到该商品的点击率。所以在设计商品推广图之前，首先需要对该推广图片所处位置的周围图片进行观察，使用与其他推广图片不同的配色方案，使商品推广图片能够在同类型的商品推广图片中脱颖而出。如图1-4所示为使用不同配色的推广图片。

图1-4

4. 创意卖点

商品图片设计中的创意卖点并不一定是促销信息，而是吸引消费者眼球的亮点，是商品的核心竞争力，当消费者看到这个商品推广图片时会刺激眼球进而刺激冲动购物的神经，让消费者马上联想到这个商品的最突出的优势卖点，这样所设计的商品推广图片就成功了。如图1-5所示为突出商品创意卖点的推广图片。

图1-5

5. 促销信息

消费者都会对促销的商品产生兴趣，所以在设计商品推广图时，加入商品的促销折扣信息能够有效地提高商品图片的点击率。例如“限时抢购”“最后1天”等促销文案会让人有再不买就会错过的紧迫感。促销信息应简单、字体统一，尽量保持在十个字以内，要做到简短、清晰、有力，避免促销信息混乱、喧宾夺主、字体比例失调等问题。如图1-6所示为在商品图片中加入促销信息。

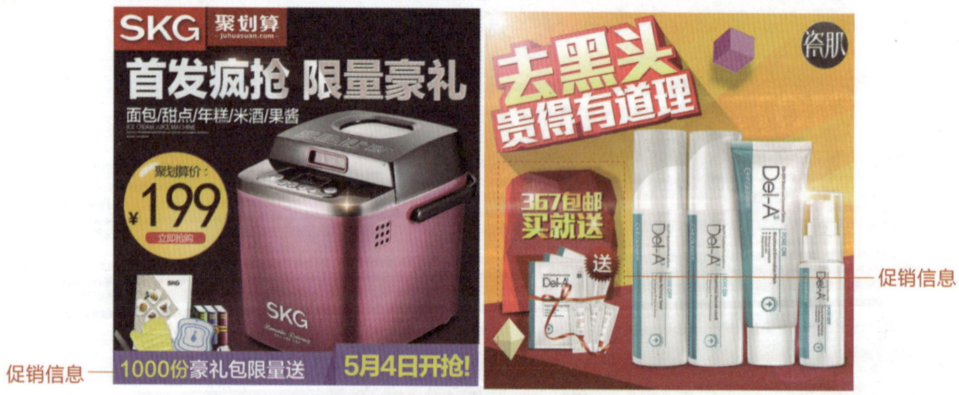

图1-6

1.5.2　二维码推广

在超市购买商品，可以看到商品包装上都会打印条形码，这种条形码称为“一维条形码”，如图1-7所示。二维码是指在一维条码的基础上扩展出另一维具有可读性的条码，使用黑白矩形图案表示二进制数据，被设备扫描后可获取其中所包含的信息。如图1-8所示为二维码效果。

图1-7

图1-8

以信息传递为核心目标的广告营销是二维码使用最为广泛的领域。二维码作为一个信息中介把用户引导到相关的活动页面，这使二维码能在广告营销领域有较大的空间。二维码本身具有一定隐秘性，通过有创意或有激励的活动可以较容易地激起用户的参与热情；特别是移动互联网时代背景下，网民花在移动设备上的时间更多，基于电视和PC的传统广告形式并不适合移动端，通过二维码做移动营销适应了网民时间日益碎片化的趋势，目前基于二维码的经典营销案例呈增多趋势。

二维码将线下的流量转到了线上，适合移动互联网时代随时随地地获取信息的特点，而通过这个二维码便能做到直通车直达的作用。

1. 二维码推广的好处

淘宝网站为网店卖家提供二维码在线生成的工具，可以将自己的店铺和宝贝的“手机浏览链接”转化成二维码印制出来，夹在包裹中、印在优惠券上甚至是商品上。例如，消费者收到所购买的商品时，拿到印有二维码的优惠券，此时，消费者只需要使用手机的摄像头扫描一下黑白相间的二维码，就可以快速地通过手机进入卖家的店铺中，如图1-9所示。

图1-9

使用二维码推广的好处主要表现在如下几个方面。

（1）消费者通过手机上的二维码识别软件，扫描卖家发布的二维码，可以直接找到卖家的促销活动、店铺首页、宝贝单品。免去输入网址和关键词搜索的麻烦。

（2）网店卖家可以将二维码印刷到包裹中的宣传物上（如优惠券、宣传册等），随包裹发给买家，吸引买家通过二维码进入店铺进行二次购买，为网店卖家带来源源不断的客流。

（3）网店卖家还可以在店铺首页和商品详情页中加入二维码图片，使消费者可以在手机中通过扫描二维码快速收藏店铺或商品，随时随地光顾卖家的店铺。

（4）卖家还可以考虑在平面媒体上发布带有二维码的促销活动，还可以在自己的商品上贴上相应的二维码，如图1-10所示。

图1-10

2. 如何提高二维码扫码率

多数卖家只是把二维码放到商品包装上或店铺页面中，然后就置之不理了。这样只有喜爱该店铺商品的消费者才会有意识地去扫描二维码。二维码图片本身是黑与白交接，没有美观可言，而初次浏览商品或店铺的消费者更不会拿手机对准二维码去扫描。

为了提高消费者的扫码率，在使用二维码推广时必须注意以下几点。

（1）二维码图片能不能准确扫描

设计师在处理二维码图片时，为了更好的排版设计，可能会忽略了二维码的尺寸大小、解析度方面的问题，设计完成之后也没有去检查二维码是否能准确扫描而直接印刷到商品包装等位置，导致消费者扫描时才发现根本无法扫描。

（2）多数消费者不会为了想扫描二维码而扫码

二维码图片是很难透过其本身去说明该地址上会有什么东西，最忌讳的是放置了二维码，但并没有向消费者说明这里面有什么，从而，消费者也不会去扫。其次，消费者扫描二维码之后觉得失望，因为内容不是他所期望的。这两者都需要网店卖家注意，所以，必须要说明二维码中有什么，才能更好地引导消费者，从而提高扫码率。

（3）说明二维码中的内容是什么

互联网上很少会碰到只有链接而没有给出链接对应内容的标题，二维码也是一样的，放置二维码的时候，在旁边只需要简单地标注一下内容，直观明确地告诉消费者二维码中的内容是什么。

1.5.3 视频推广

视频推广是一种比较新颖的推广方式，视频动画效果更能吸引浏览者眼球，也为店铺增添精彩内容，使店铺更有乐趣。

目前，在淘宝网店中应用视频推广主要有两种形式，一种是通过主图视频，如图1-11所示。

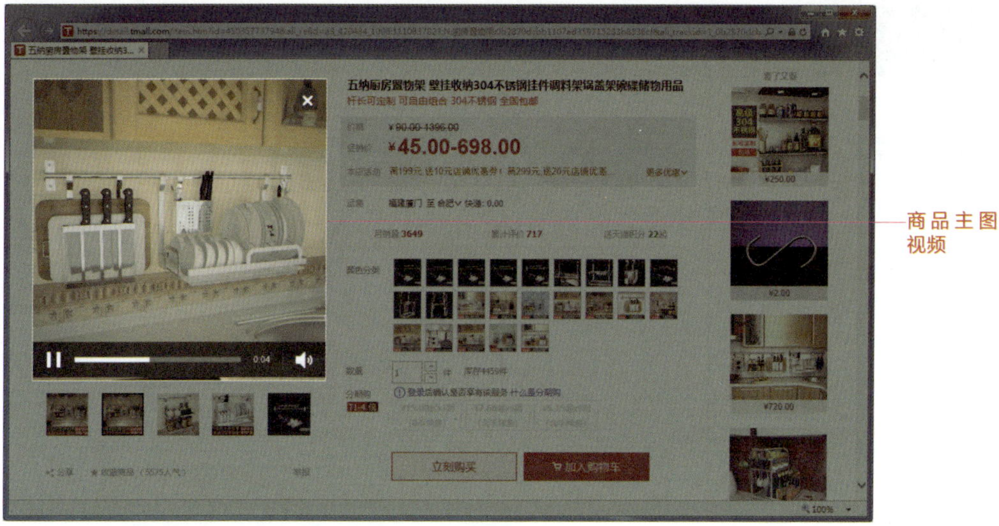

图1-11

制作商品主图视频时需要注意，主图视频必须是小于9秒的视频，视频的宽高比必须为1：1，最好是800像素×800像素的视频尺寸，低于800像素的主图视频会比较模糊。

主图视频的表现形式新颖，具有平面图片不可比拟的动态展示效果，能有效弥补普通平面图片无法全方位展示的缺点。

另一种是在商品详情页面中，在商品介绍中适当地插入商品展示介绍或品牌介绍视频，如图1-12所示。

图1-12

通过这种视频推广方式，可以使消费者对产品或品牌有更加深入的了解和认识，增强消费者对产品或品牌的信心，从而提高消费者的购买欲望。

1.6 本章小结

本章向读者介绍了有关网店推广相关的基础知识，使读者对网店推广有更加深入的了解和认识。并且介绍了网店推广在设计中的几种应用方式，在后面的章节中将详细介绍网店推广中各种产品推广的形式和设计表现方式。

02

Chapter

处理商品图片

产品图片对于购物网站的重要性不言而喻，往往拍出来的图片是不能直接使用的，如何才能处理出满足网店需求的图片，吸引浏览者的眼球，从而激发浏览者的购买欲呢？在本章中将向读者介绍有关商品图片处理方面的相关知识。

实战案例 | 裁剪产品图片

源文件：光盘\源文件\第2章\裁剪产品图片.jpg　　视　频：光盘\视频\第2章\裁剪产品图片.swf

● **案例分析**

通过对产品图像进行裁剪操作，可以将图片中不需要的部分删除，从而重新对产品图像进行构图，突出产品的表现效果。

● **制作步骤**

步骤 01 执行“文件>打开”命令，打开需要调整的图片“光盘\源文件\第2章\素材\21201.jpg”，效果如图2-5所示。单击工具箱中的“裁剪工具”按钮，该图像四周会显示图像裁剪框，如图2-6所示。

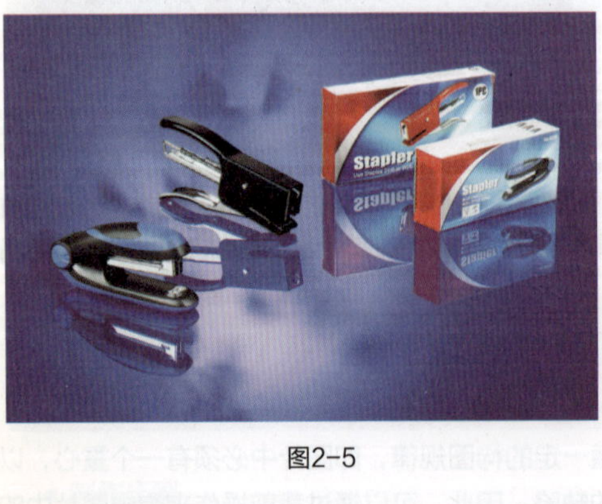

图2-5

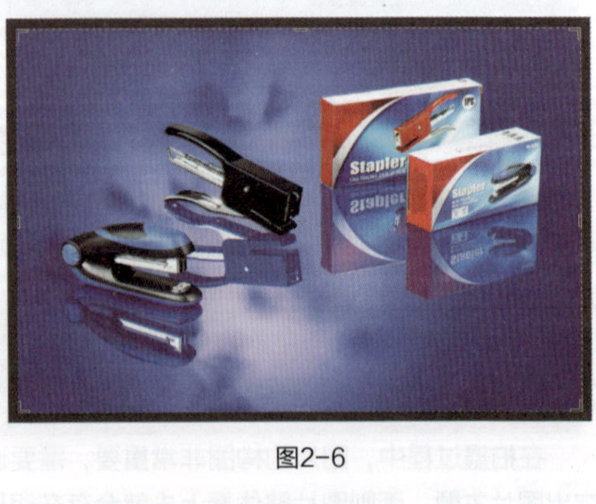

图2-6

步骤 02 可以通过拖动裁剪框边框的方法来调整裁剪区域，也可以直接在图像上拖动鼠标来绘制裁剪区域，如图2-7所示。完成裁剪区域的调整后，单击“选项”栏上的“提交”按钮✓，即可对图像进行裁剪操作，效果如图2-8所示。

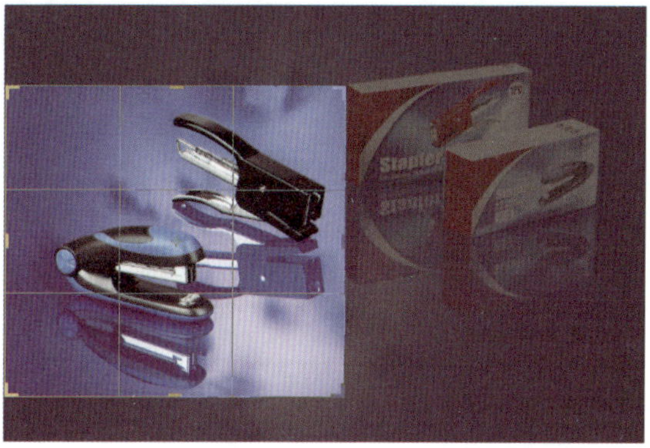

图2-7

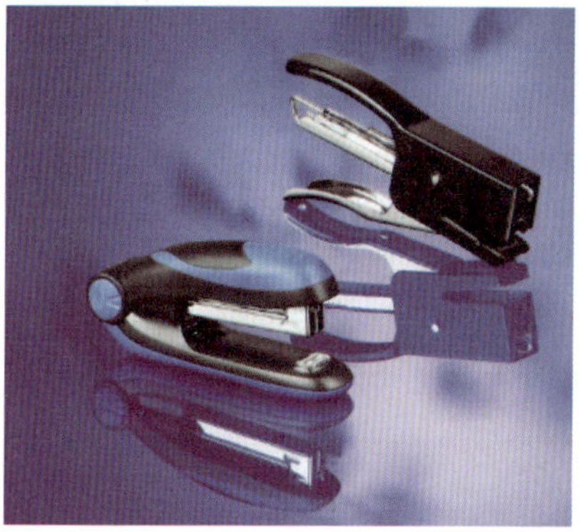

图2-8

2.1.3 校正倾斜的产品图片

在产品拍摄过程中，拍摄的图片会随着相机的角度而改变，偶尔不注意就会导致照片倾斜，通过Photoshop中的工具与校正功能可以校正倾斜的产品图片。

实战案例 | 校正倾斜的产品图片

源文件：光盘\源文件\第2章\校正倾斜的产品图片.jpg　　视　频：光盘\视频\第2章\校正倾斜的产品图片.swf

- **案例分析**

由于相机没有端平或者地势的原因会导致产品图像发生倾斜。在Photoshop中，可以使用“裁剪工具”的“拉直”功能快速校正倾斜的图像。

- **制作步骤**

步骤01 执行“文件>打开”命令，打开需要调整的图片“光盘\源文件\第2章\素材\21301.jpg”，效果如图2-9所示。单击工具箱中的“裁剪工具”按钮，该图像四周会显示图像裁剪框，如图2-10所示。

图2-9

图2-10

步骤02 单击“选项”栏中的“拉直”按钮，如图2-11所示。在图片中原本应该水平的位置按住鼠标左键不放，拖动鼠标绘制拉直线，如图2-12所示。

图2-11

图2-12

步骤03 释放鼠标左键，Photoshop会根据所绘制的拉直线自动计算图片的旋转角度并创建裁剪区域，如图2-13所示。单击“选项”栏上的“提交”按钮✓，即可对图像进行裁剪操作，完成倾斜产品图片的校正，效果如图2-14所示。

图2-13

图2-14

2.2 产品图片背景处理

在拍摄产品时，可能背景太乱，不美观，因此对产品图片背景的处理是必要的步骤，背景主要是为了能够凸显产品，并且与产品相结合。本节将向读者介绍如何对产品图片的背景进行处理。

2.2.1 将照片中的产品抠出来

想要换背景，必须将照片中的产品抠出来，抠图的工具有很多，方法也是各种各样，需要灵活使用，才能更好地抠出产品图。

实战案例 | 替换产品图片背景

源文件：光盘\源文件\第2章\替换产品图片背景.psd　视　频：光盘\视频\第2章\替换产品图片背景.swf

● **案例分析**

使用Photoshop中的“魔棒工具”能够选取图像中色彩相近的区域，适合选取图像中颜色比较单一的选区，本实例将使用“魔棒工具”抠出图像中的产品，并为产品替换漂亮的背景。

● **制作步骤**

步骤 01 执行“文件>打开”命令，打开素材图像“光盘\源文件\第2章\素材\22201.jpg”，效果如图2-21所示。使用“魔棒工具”，在“选项”栏上设置“容差”为8，选中“消除锯齿”和“连续”复选框，如图2-22所示。

图2-21

图2-22

步骤 02 在图像的白色背景上单击，从而得到白色背景的选区，如图2-23所示。执行“选择>反向”命令，反向选择选区，从而得到产品图像的选区，如图2-24所示。

图2-23

图2-24

步骤 03 按快捷键Ctrl+J，复制选区中的图像得到“图层1”，将“背景”图层隐藏，可以看到抠出的产品图像效果，如图2-25所示。执行“文件>打开”命令，打开素材图像“光盘\源文件\第2章\素材\22202.jpg”，效果如图2-26所示。

图2-25

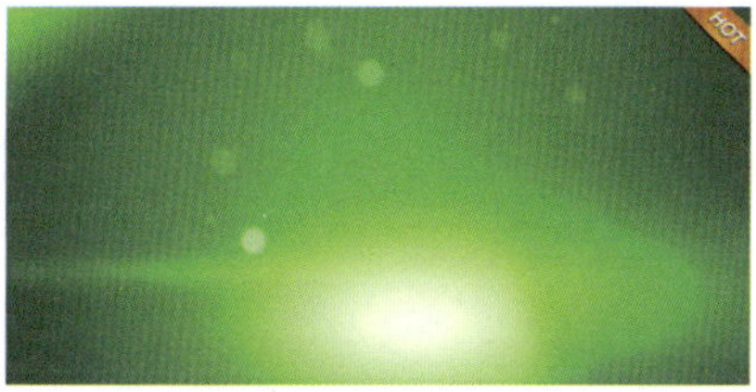

图2-26

步骤 04 将抠出的产品图像拖入到刚打开的背景素材图像中，按快捷键Ctrl+T，调整到合适的大小和位置，效果如图2-27所示。复制“图层1”得到“图层1 拷贝”图层，将复制得到的产品图像进行旋转操作，并调整到合适的位置，效果如图2-28所示。

图2-27

图2-28

2.2.3 抠取照片中的人物

在商品图片的处理过程中，抠取照片中的模特人物是非常常见的操作，有多种抠取方法，需要根据照片的实际情况选择合适的抠取方法，本节将介绍使用Photoshop中的“快速选择工具”快速抠取照片中的人物。

实战案例 | 抠取照片中的人物

源文件：光盘\源文件\第2章\抠取照片中的人物.jpg　视　频：光盘\视频\第2章\抠取照片中的人物.swf

● **案例分析**

Photoshop中的“快速选择工具”能够利用可调整的圆形画笔笔尖快速绘制选区，可以拖动或单击以创建选区，选区会向外扩展并自动查找和跟随图像中定义颜色相近的区域。本实例将使用“快速选择工具”在图像中创建人物选区，将人物抠出并替换背景。

● **制作步骤**

步骤 01 执行“文件>打开”命令，打开素材图像“光盘\源文件\第2章\素材\22301.jpg”，效果如图2-29所示。使用“快速选择工具”，在“选项”栏中打开“画笔选取器”面板，对相关选项进行设置，如图2-30所示。

图2-29

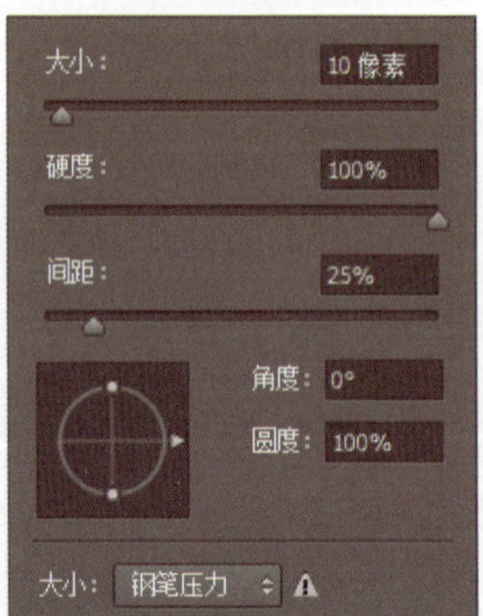

图2-30

步骤02 在人物上单击并拖动鼠标，即可在人物部分创建选区，如图2-31所示。在“选项”栏上单击“从选区减去”按钮，可以将图像放大，在刚创建的选区相应的位置减去相应选区，从而使选区更加精确，如图2-32所示。

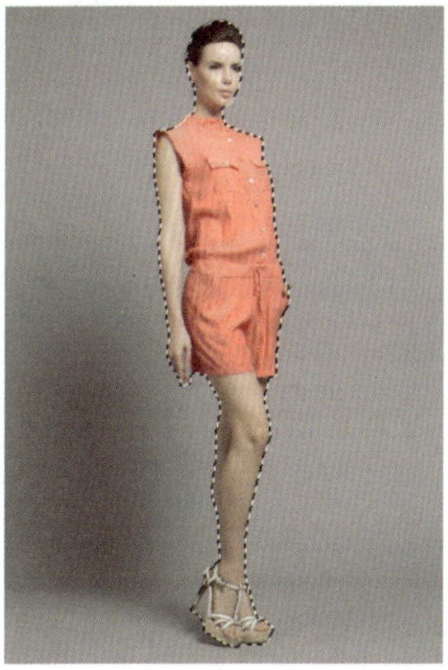

图2-31

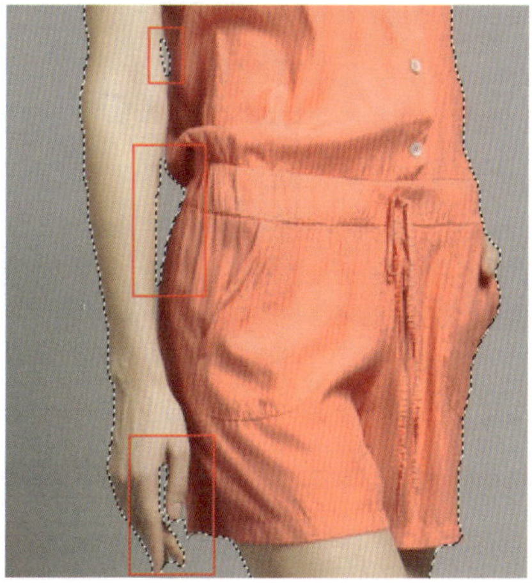

图2-32

步骤03 单击“选项”栏上的“调整边缘”按钮，弹出“调整边缘”对话框，对相关选项进行设置，如图2-33所示。可以看到相应的图像效果，如图2-34所示。

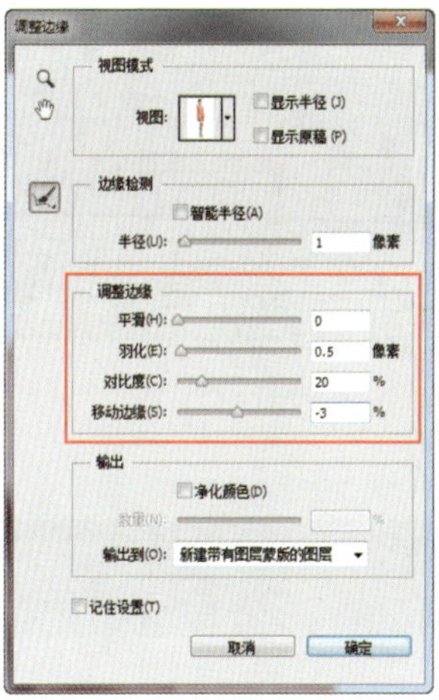

图2-33

图2-34

步骤04 单击“确定”按钮，完成“调整边缘”对话框的设置，可以看到抠出的人物效果，如图2-35所示。打开素材图像“光盘\源文件\第2章\素材\22302.psd”，效果如图2-36所示。

图2-35

图2-36

步骤 05 将抠出的人物拖入到刚打开的素材图像中，调整到合适的大小和位置，效果如图2-37所示。

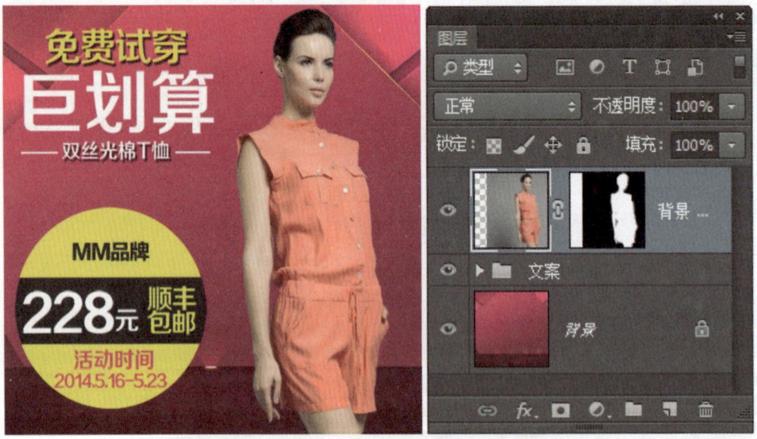

图2-37

2.3 产品图片的调色

通过调色处理可以使产品图片更具有视觉冲击力，更加吸引人的眼球，从而对产品达到很好的宣传效果，进而促进购买率。

2.3.1 调整对比度突出产品

对比度指的是图片中明暗区域最亮的白和最暗的黑之间不同亮度层次的测量。一般来说，对比度越大，图片越清晰醒目，色彩越鲜明艳丽；而对比度小，则会让整个图片都灰蒙蒙的。

实战案例 | 调整对比度突出产品

源文件：光盘\源文件\第2章\调整对比度突出产品.psd　视　频：光盘\视频\第2章\调整对比度突出产品.swf

- **案例分析**

在本实例中将通过调整产品图像的亮度和对比度，使产品的图像效果更加突出。

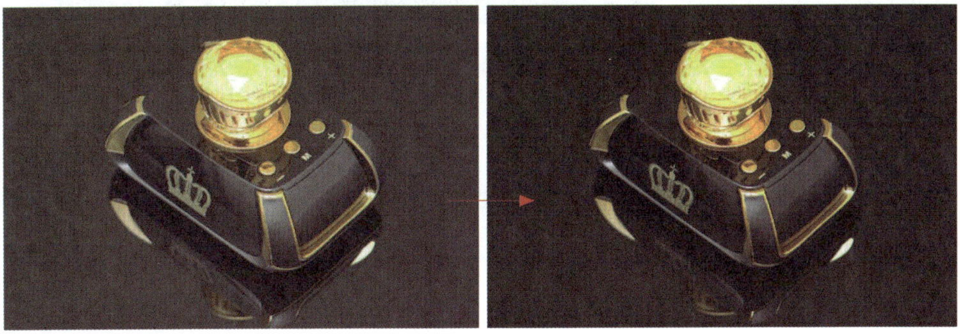

- **制作步骤**

步骤01 执行“文件>打开”命令，打开需要调整的图片“光盘\源文件\第2章\素材\23101.jpg”，效果如图2-38所示。单击“图层”面板上的“添加新的填充或调整图层”按钮，在弹出的菜单中选择“亮度/对比度”选项，如图2-39所示。

图2-38

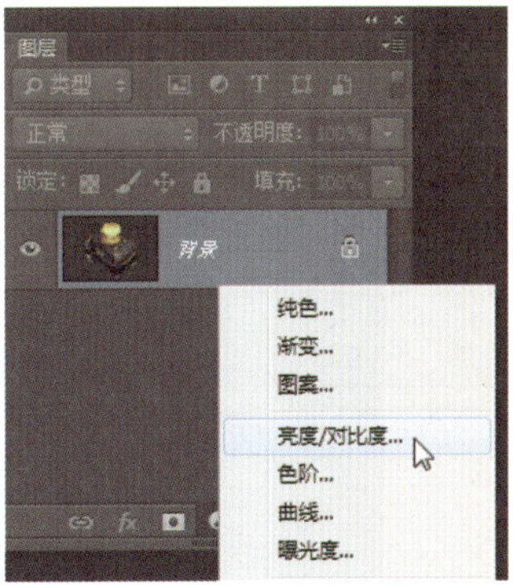

图2-39

步骤02 在打开的“属性”面板中对亮度和对比度相关选项进行设置，如图2-40所示。完成“亮度/对比度”调整图层的设置，可以看到调整后的图像效果，如图2-41所示。

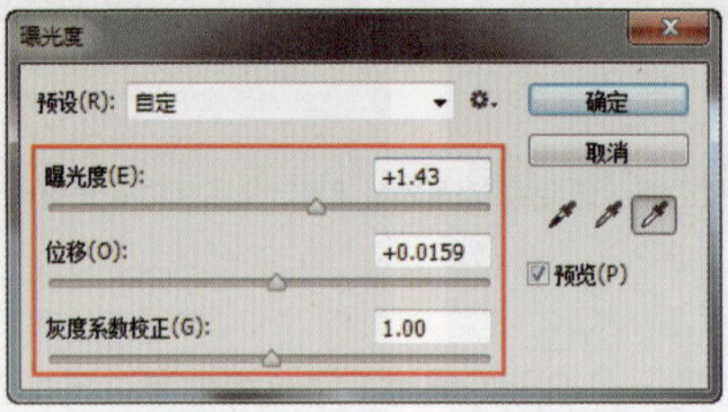

图2-44

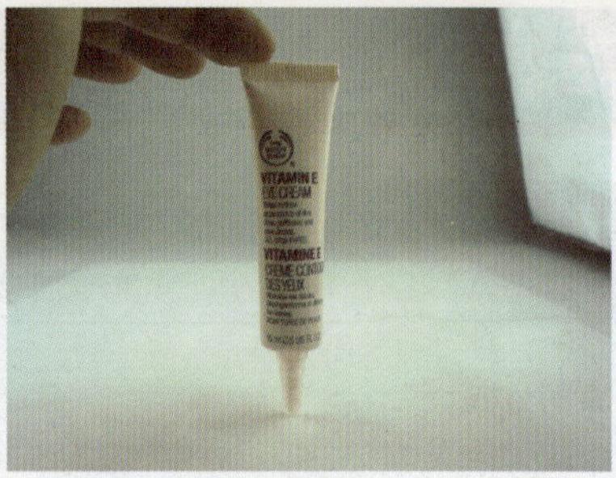

图2-45

TIPS

使用“加深工具”或“减淡工具”在特定的位置单击可以使其变暗或变亮，这样也可以对图片局部曝光进行调整操作。

2.3.3 调整产品图片的色泽

通常一款产品可能有多种颜色可供选择，而每种颜色都拍摄一张照片又比较麻烦，这时我们只需要拍摄其中一种颜色的产品，其他颜色的产品可以在Photoshop中处理得到。

实战案例 | 调整产品图片的色泽

源文件：光盘\源文件\第2章\调整产品图片的色泽.psd　视　频：光盘\视频\第2章\调整产品图片的色泽.swf

● **案例分析**

使用Photoshop中的“色相/饱和度”命令可以调整图像的色相、饱和度和亮度。在本实例中将通过“色相/饱和度”命令调整出其他颜色款式的产品，并通过“色相/饱和度”的调整增强产品的色彩饱和度，使得产品更加吸引消费者。

● **制作步骤**

步骤 01 执行“文件>打开”命令，打开素材“光盘\源文件\第2章\素材\23301.psd”，效果如图2-46所示。打开产品图像“光盘\源文件\第2章\素材\23302.png”，效果如图2-47所示。

图2-46

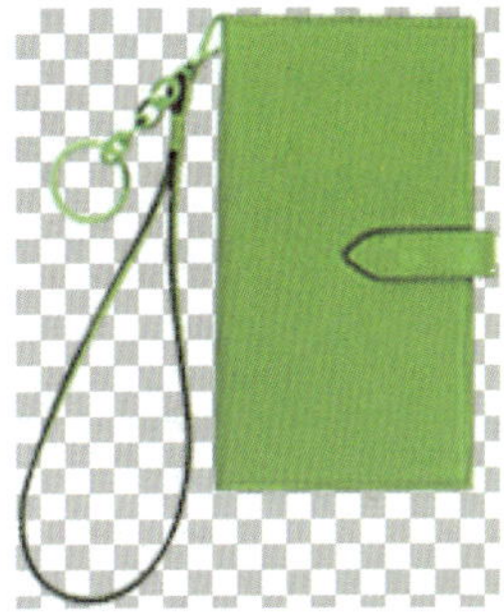

图2-47

步骤 02 将产品图像拖入到素材图像中，并对产品图像进行相应的旋转操作，调整到合适的位置，调整图层的叠放顺序，效果如图2-48所示。复制“图层2”得到“图层2 拷贝”图层，按快捷键Ctrl+T，对复制得到的图像进行旋转操作，并调整到合适的位置，如图2-49所示。

图2-48

图2-49

步骤03 选中“图层2拷贝”图层，执行“图像>调整>色相/饱和度”命令，弹出“色相/饱和度”对话框，参数设置如图2-50所示。单击“确定”按钮，完成“色相/饱和度”对话框的设置，效果如图2-51所示。

图2-50

图2-51

步骤04 使用相同的制作方法，多次复制产品图像，并分别进行调整，可以制作出该产品多款不同颜色的效果，如图2-52所示。

图2-52

步骤05 打开产品图像“光盘\源文件\第2章\素材\23303.png”，效果如图2-53所示。将产品图像拖入到素材图像中，调整到合适的位置，效果如图2-54所示。

图2-53

图2-54

步骤06 单击“图层”面板上的“添加新的填充或调整图层”按钮，在弹出的菜单中选择“色相/饱和度”选项，在打开的“属性”面板中对相关选项进行设置，如图2-55所示。完成“色相/饱和度”调整图层的设置，效果如图2-56所示。

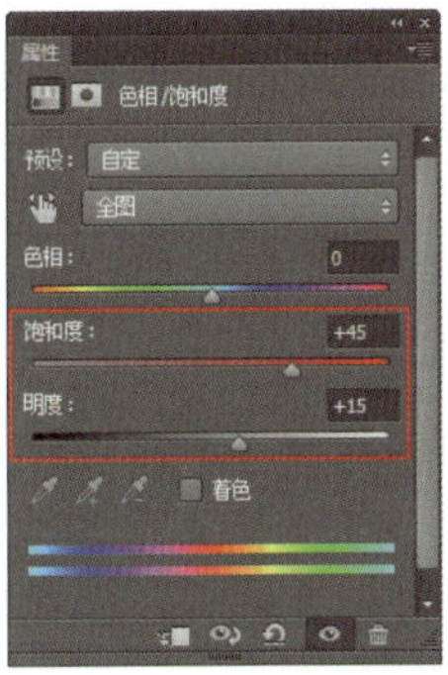

图2-55

图2-56

步骤07 此处只需要对刚拖入的产品图像进行调整，选中“色相/饱和度1”调整图层，执行“图层>创建剪贴蒙版”命令，为该调整图层创建剪贴蒙版，最终效果如图2-57所示。

图2-57

2.3.4 增加产品图片的清晰度

在Photoshop中提高图片清晰度的方法有很多，比如使用锐化工具、滤镜里的锐化。在实际操作过程中可以根据图片的情况选择合适的工具进行处理。

实战案例 | 增加产品图片的清晰度

源文件：光盘\源文件\第2章\增加产品图片的清晰度.psd　视　频：光盘\视频\第2章\增加产品图片的清晰度.swf

● **案例分析**

由于拍摄设备或环境的影响，拍摄出来的产品图片可能清晰度不高，这时可以通过使用Photoshop来提高产品图片的清晰度。在本实例中，使用“USM锐化”滤镜对产品图片进行清晰度调整，使产品的细节表现更加细腻。

● **制作步骤**

步骤 01 执行“文件>打开”命令，打开需要调整图片“光盘\源文件\第2章\素材\23401.jpg”，效果如图2-58所示。复制“背景”图层得到“背景 拷贝”图层，如图2-59所示。

图2-58

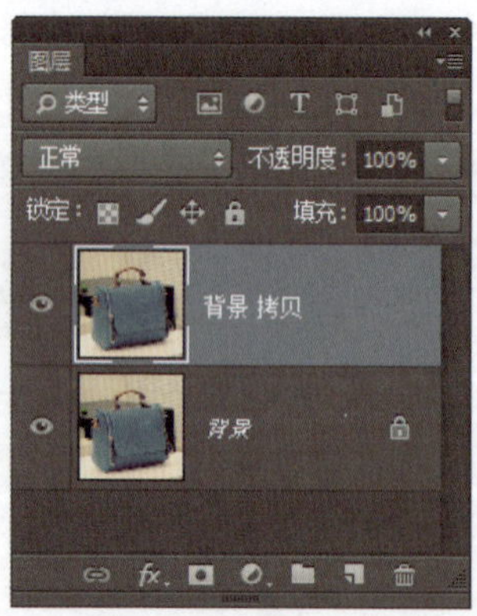

图2-59

步骤02 分别执行“图像”菜单中的“自动色调”“自动对比度”和“自动颜色”命令，如图2-60所示。通过这3个自动命令，自动对图像的色调进行调整，效果如图2-61所示。

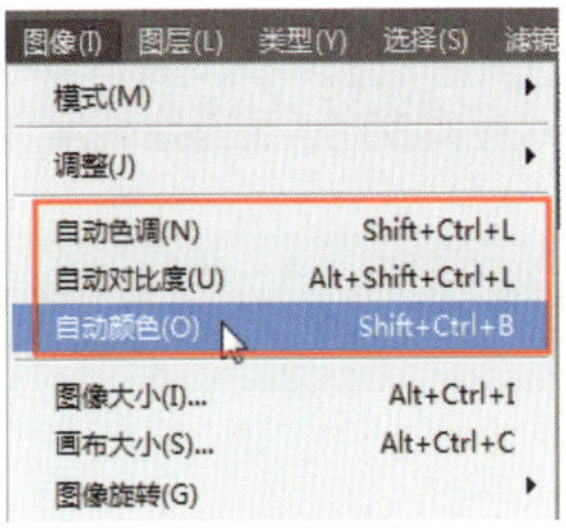

图2-60

图2-61

步骤03 执行“滤镜>锐化>USM锐化”命令，弹出“USM锐化”对话框，对相关选项进行设置，如图2-62所示。单击“确定”按钮，完成“USM锐化”对话框的设置，完成图像清晰度的调整，效果如图2-63所示。

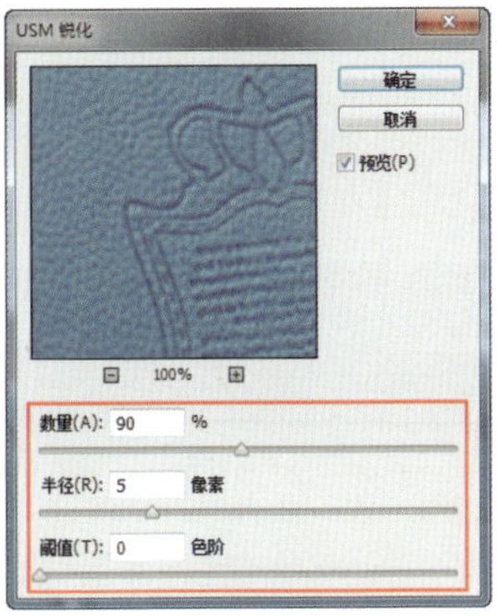

图2-62

图2-63

步骤04 通过与原图像的对比，可以看出产品图像的细节明显增强，效果如图2-64所示。

图2-64

TIPS

使用“锐化工具”，在“选项”栏上设置相关选项，在图像中需要锐化处理的位置进行涂抹，同样可以增加涂抹区域图像的清晰度。

2.4 产品图片的修饰

每一位卖家都希望自己家店铺里的产品图是独特的。对产品图片进行修饰，可以达到独一无二的效果。

2.4.1 为图片添加水印防止他人盗用

一样的产品有很多家在销售，那么好不容易得到的靓丽产品图片，怕上传后被别人盗用，因此添加透明水印是必要的，这样既不影响图片美观，又不怕别人盗图，别人盗图后只会给自己的店铺打广告。

实战案例 | 为图片添加水印

源文件：光盘\源文件\第2章\为图片添加水印.psd　　视　频：光盘\视频\第2章\为图片添加水印.swf

● **案例分析**

许多卖家在上传产品图像时都会为图像添加水印，这样可以有效防止其他卖家盗图。本实例首先制作水印图案，并将所制作的水印图案定义为图案，在产品图像中填充所定义的水印图案，从而实现为产品图片添加水印的效果。

● **制作步骤**

步骤01 执行“文件>打开”命令，打开图片“光盘\源文件\第2章\素材\24101.jpg”，效果如图2-65所示。执行“文件>新建”命令，弹出“新建”对话框，新建一个空白文档，如图2-66所示。

图2-65

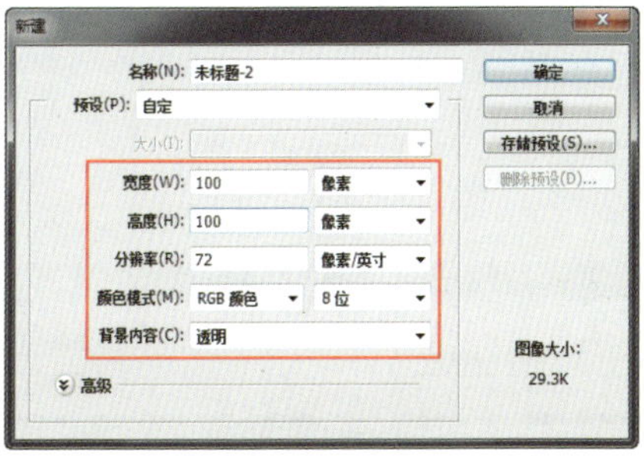

图2-66

步骤02 使用“横排文字工具”，在“字符”面板中设置相关属性，在画布中输入文字，效果如图2-67所示。按快捷键Ctrl+T，对文字进行旋转操作，效果如图2-68所示。

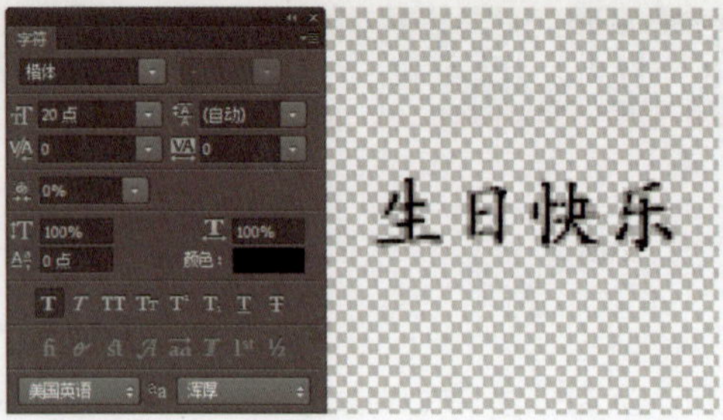

图2-67

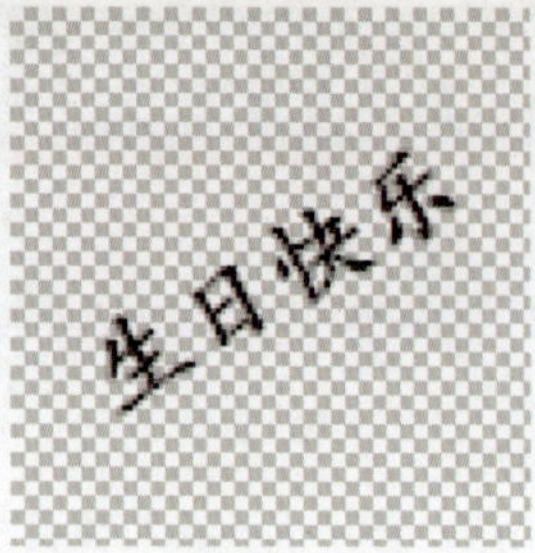

图2-68

步骤03 为该图层添加“描边”图层样式，对相关选项进行设置，如图2-69所示。单击“确定”按钮，完成“图层样式”对话框的设置，设置该图层的“不透明度”为60%，“填充”为0%，效果如图2-70所示。

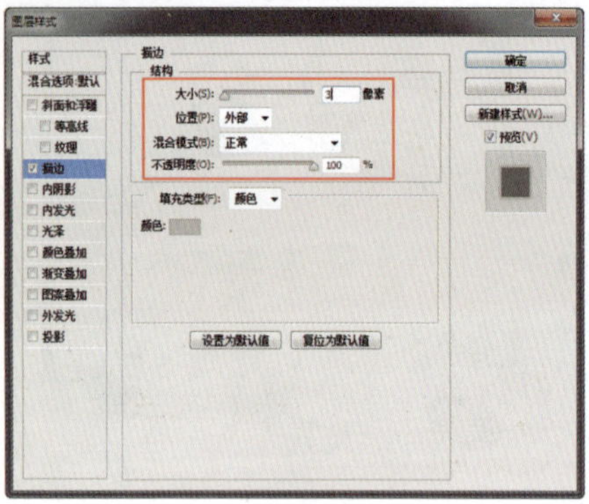

图2-69

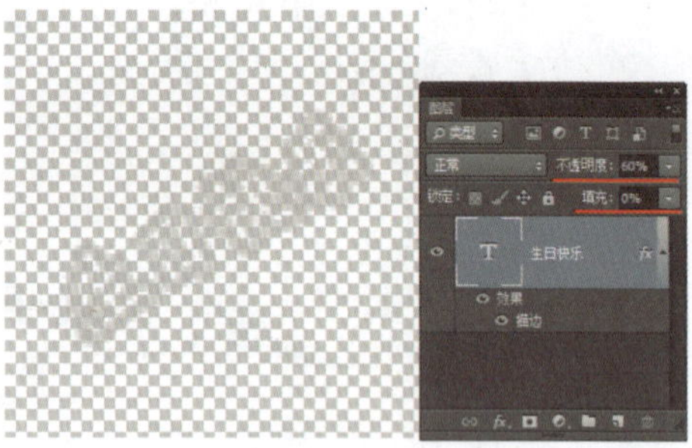

图2-70

步骤04 执行“编辑>定义图案”命令，在弹出的对话框中进行设置，如图2-71所示。单击“确定”按钮，返回产品图片中，新建“图层1”，执行“编辑>填充”命令，弹出“填充”对话框，使用刚刚定义的图案进行填充，如图2-72所示。

图2-71

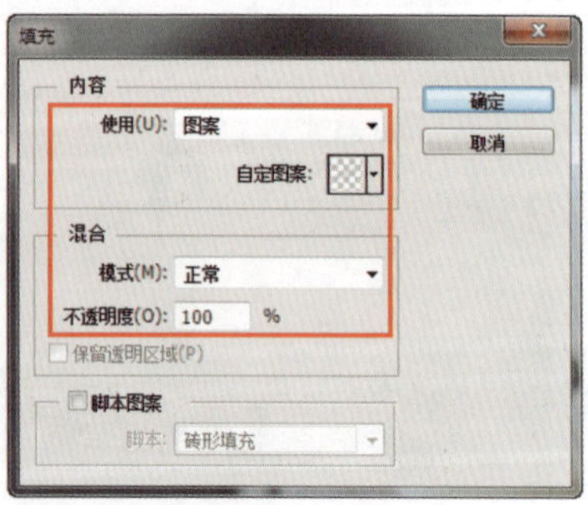

图2-72

步骤05 单击“确定”按钮，完成为图像添加水印的操作，效果如图2-73所示。

图2-73

TIPS

水印样式可根据需要来添加，可添加图片、Logo、文字等，只要体现出店铺的特点即可。

2.4.2　为产品添加镜面投影效果

镜面投影效果是卖家在处理产品图片时经常使用的一种效果，能够有效地增加画面的立体感。

实战案例丨添加镜面投影效果

源文件：光盘\源文件\第2章\添加镜面投影效果.psd　视　频：光盘\视频\第2章\添加镜面投影效果.swf

● **案例分析**

在本实例中首先复制产品图像，将复制得到的产品图像垂直翻转并向下移至合适的位置，通过在图层蒙版中填充黑白线性渐变，从而制作出产品镜面投影的效果。

● **制作步骤**

步骤 01 执行“文件>打开”命令，打开图片“光盘\源文件\第2章\素材\24201.psd”，效果如图2-74所示。打开“图层”面板，复制“产品”图层得到“产品 拷贝”图层，如图2-75所示。

图2-74

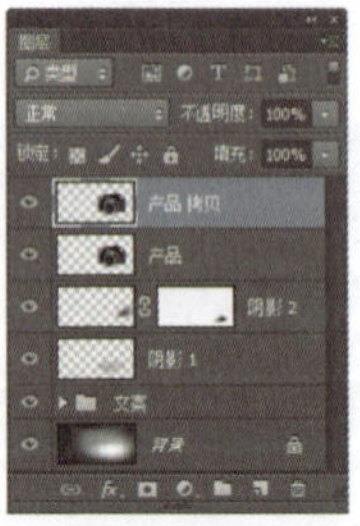

图2-75

步骤 02 执行“编辑>变换>垂直翻转”命令，对复制得到的图像进行垂直翻转，并向下移动到合适的位置，如图2-76所示。单击“图层”面板上的“添加图层蒙版”按钮，为“产品 拷贝”图层添加图层蒙版，如图2-77所示。

图2-76

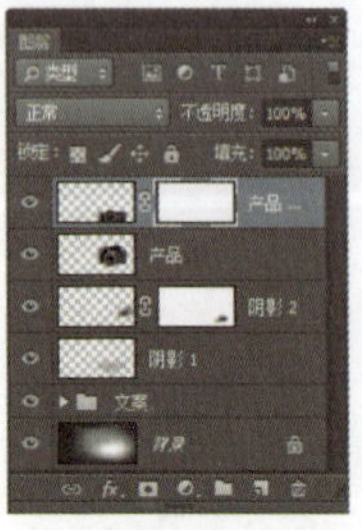

图2-77

步骤03 使用“渐变工具”，设置从黑色到白色的渐变颜色，在蒙版中填充黑白线性渐变，效果如图2-78所示。

图2-78

步骤04 将该图层移至“阴影1”图层下方，并设置该图层的“不透明度”为50%，最终效果如图2-79所示。

图2-79

2.5 产品图片的特殊处理方法

网页的空间是有限的，因此要使产品图片产生价值，应当尽可能地展现出最精美的产品图片，通过一些特殊处理，得到有价值的产品图片。

2.5.1 增强产品图片的景深效果

景深效果就是当焦点对准某一点时，其前后都仍可清晰的范围，它可以把背景模糊化来突出产品。

实战案例 | 增加景深效果

源文件：光盘\源文件\第2章\增加景深效果.psd　　视　频：光盘\视频\第2章\增加景深效果.swf

● **案例分析**

通过使用Photoshop中的模糊滤镜可以在图片中实现景深的效果。在本实例中首先将图片中的产品图像抠出，接下来对产品背景应用“高斯模糊”滤镜模拟出景深的效果，再应用“径向模糊”滤镜，打造出运感的背景效果，更好地突出产品的表现。

● **制作步骤**

步骤 01 执行“文件>打开”命令，打开图片“光盘\源文件\第2章\素材\25201.jpg”，效果如图2-80所示。复制“背景”图层得到“背景 拷贝”图层，使用“快速选择工具”，在图像中创建鞋子部分的选区，如图2-81所示。

图2-80

图2-81

步骤 02 执行“选择>反向”命令，反向选择选区，如图2-82所示。为“背景 拷贝”图层添加图层蒙版，将“背景”图层隐藏，效果如图2-83所示。

图2-82

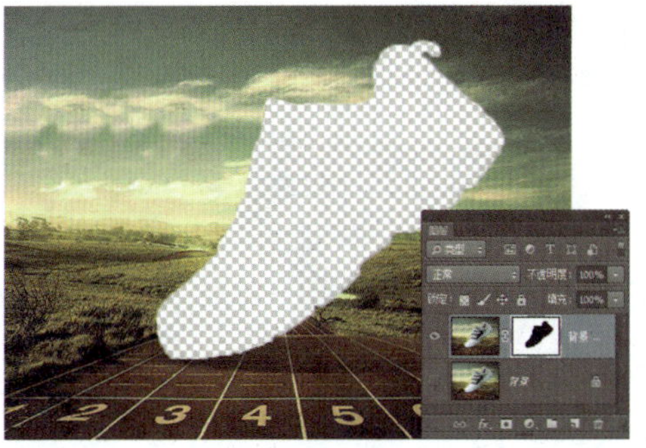

图2-83

步骤 03 显示“背景”图层，选中“背景 拷贝”图层的缩览图，执行“滤镜>模糊>高斯模糊”命令，弹出“高斯模糊”对话框，参数设置如图2-84所示。单击“确定”按钮，应用“高斯模糊”滤镜，效果如图2-85所示。

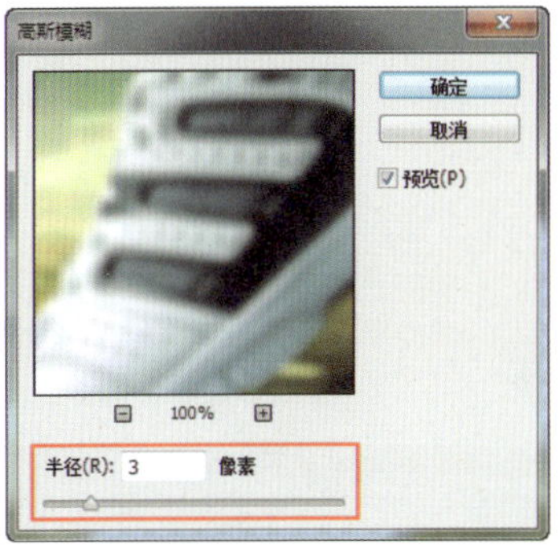

图2-84

图2-85

步骤 04 执行“滤镜>模糊>径向模糊”命令，弹出“径向模糊”对话框，参数设置如图2-86所示。单击“确定”按钮，应用“径向模糊”滤镜，效果如图2-87所示。

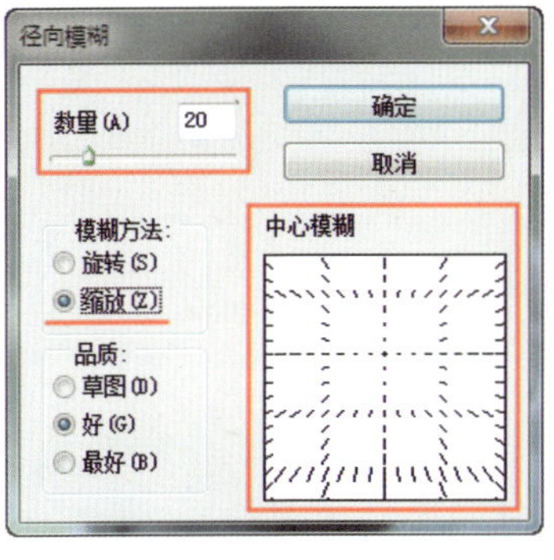

图2-86

图2-87

步骤 05 完成产品图片景深效果的处理，可以看到处理前后的效果对比，如图2-88所示。

图2-88

2.5.2 制作闪闪发亮的产品图片

想要制作闪闪发亮的产品图片，可以在产品图上添加光源、光照或者光晕效果，都可以达到闪闪发亮的效果。

实战案例 | 制作闪闪发亮产品图

源文件：光盘\源文件\第2章\制作闪闪发亮产品图.psd　视　频：光盘\视频\第2章\制作闪闪发亮产品图.swf

● **案例分析**

在处理珠宝、金属材质的产品时，可以通过为产品添加闪亮的光点或光晕图形增强产品的表现力。在本实现中主要是通过绘制星光图形来增强图片中钻戒的表现效果。

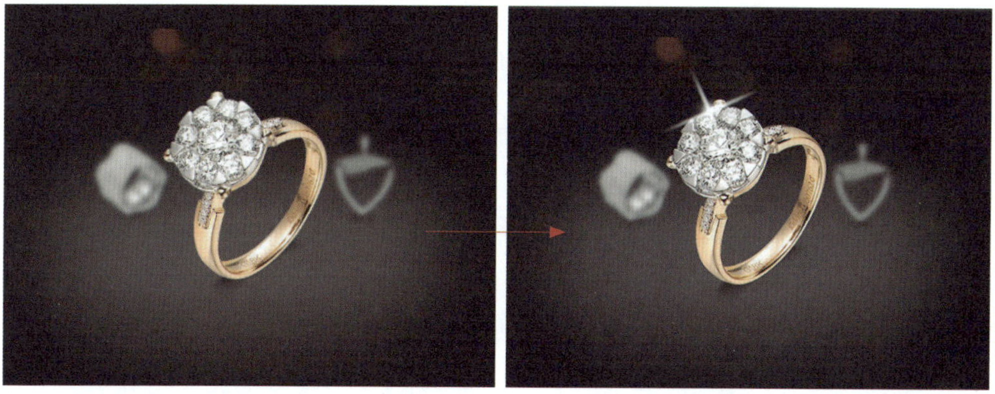

● **制作步骤**

步骤01 执行“文件>打开”命令，打开图片“光盘\源文件\第2章\素材\25301.jpg”，效果如图2-89所示。新建“图层1”，使用“椭圆选框工具”，在画布中绘制一个椭圆选区，如图2-90所示。

图2-89

图2-90

步骤02 执行“选择>修改>羽化”命令，参数设置如图2-91所示。单击“确定”按钮，羽化选区，为选区填充白色，效果如图2-92所示。

图2-91

图2-92

步骤 03 按快捷键Ctrl+D，取消选区，按快捷键Ctrl+T，对图像进行自由变换操作，效果如图2-93所示。为该图层添加图层蒙版，使用“渐变工具”，在蒙版中填充黑白径向渐变，效果如图2-94所示。

图2-93

图2-94

步骤 04 复制“图层1”得到“图层1拷贝”图层，对复制得到的图形进行旋转操作，效果如图2-95所示。新建“图层2”，使用“画笔工具”，设置“前景色”为白色，选择合适的笔触，在画布中绘制相应图形，效果如图2-96所示。

图2-95

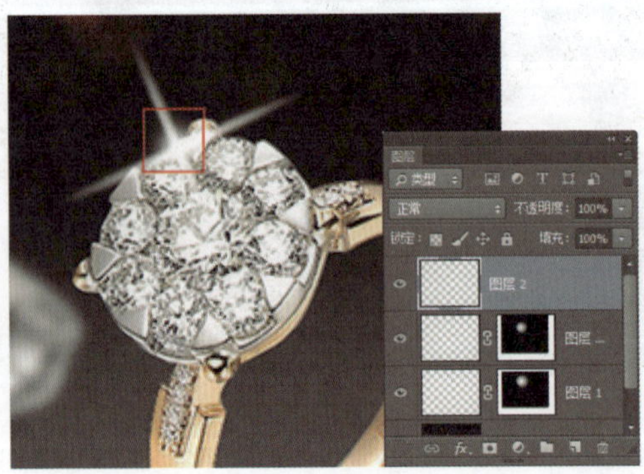

图2-96

步骤 05 完成闪亮星星装饰图形的绘制，可以看到处理后的产品效果更加美观，如图2-97所示。

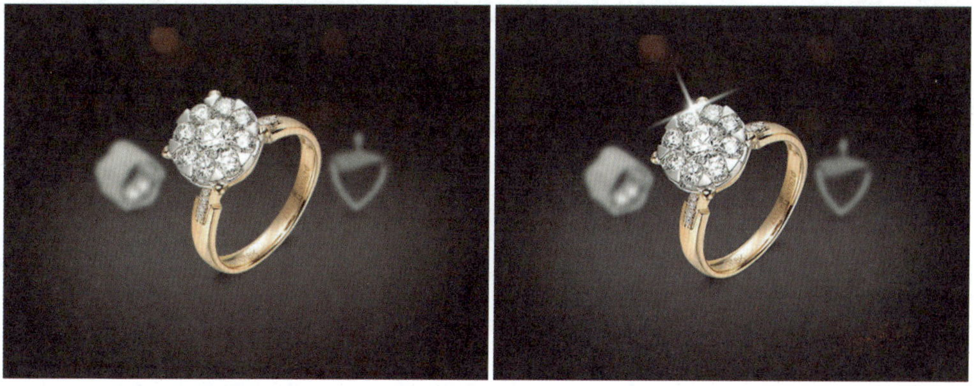

图2-97

TIPS

制作闪亮效果的方法有很多，除了添加星光图形外，还可以添加光晕、高光的等图形，也可以使用“画笔工具”，在“画笔”面板中设置相关选项，在画布中涂抹实现闪亮的效果。

2.6 产品修图调色综合处理

前面介绍了对产品图片的一些基本处理方法，在本节中将向读者介绍如何综合运用各种处理方法对产品图像进行精细的调色和修图，使产品的视觉效果更加具有质感和表现力。

2.6.1 女包调色修图处理

正常拍摄的箱包产品图片中，因为受到拍摄环境的影响很难表现出箱包的质感，通过在Photoshop中对图像进行调色处理，可以有效地弥补所拍摄产品图片的不足。

实战案例 | 女包调色修图处理

源文件：光盘\源文件\第2章\女包调色修图处理.psd　视　频：光盘\视频\第2章\女包调色修图处理.swf

● **案例分析**

在电商推广中一定要有引人注目的产品图，很多时候，拍出来的图片并不能达到我们想要的效果，所以修图是不可避免的步骤。本案例首先将拍摄的女包产品抠取出来，通过添加中性灰图层对产品的高光和阴影部分进行处理，接着通过“USM锐化”滤镜提高产品细节部分的清晰度，从而使女包产品表现得更加具有质感和厚重感。

● **制作步骤**

步骤01 执行“文件>打开”命令，打开素材图像“光盘\源文件\第2章\素材\26101.jpg”，效果如图2-98所示。复制“背景”图层，使用“钢笔工具”，在“选项”栏上设置“工具模式”为“路径”，沿产品轮廓边缘绘制路径，按快捷键Ctrl+Enter，将路径转换为选区，如图2-99所示。

图2-98

图2-99

步骤02 执行“选择>反向”命令，反向选择选区，为该图层添加图层蒙版，隐藏“背景”图层，效果如图2-100所示。使用相同的制作方法，对产品细节部分进行处理，将产品图片抠出，效果如图2-101所示。

图2-100

图2-101

步骤 03 显示“背景”图层，执行“图层>新建>图层”命令，弹出“新建图层”对话框，参数设置如图2-102所示。单击“确定”按钮，新建“图层1”，如图2-103所示。

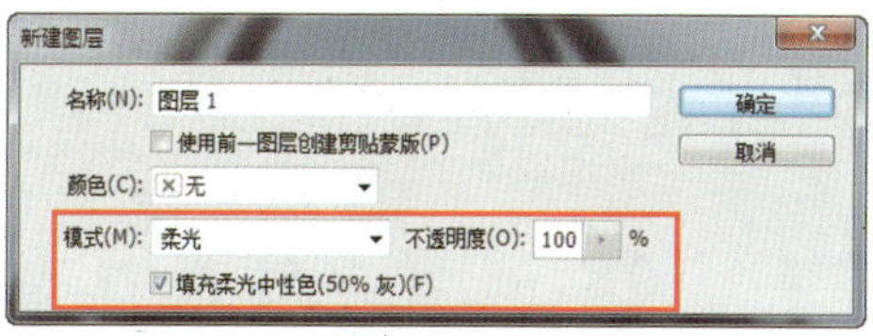

图2-102

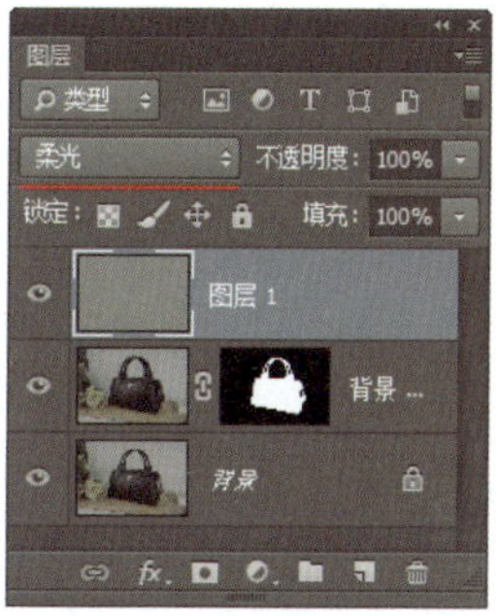

图2-103

步骤 04 使用“画笔工具”，选择合适的笔触，设置画笔的不透明度，在图像中使用白色对高光部分进行涂抹，使用黑色对阴影部分进行涂抹，效果如图2-104所示，“图层”面板如图2-105所示。

图2-104

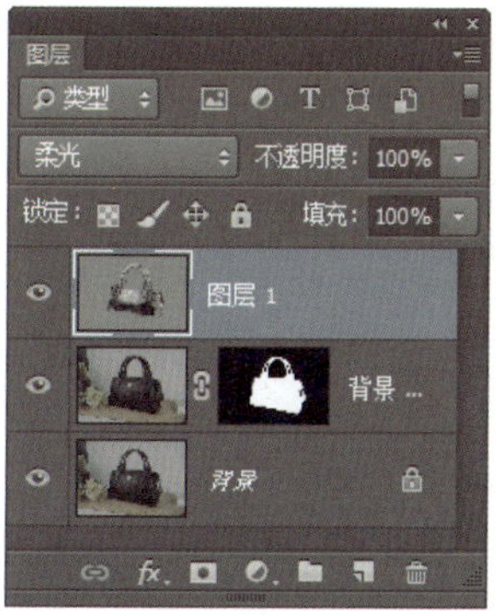

图2-105

步骤 05 执行“图层>创建剪贴蒙版”命令，为“图层1”创建剪贴蒙版，效果如图2-106所示。隐藏“背景”图层，按快捷键Ctrl+Shift+Alt+E，盖印图层，得到“图层2”，效果如图2-107所示。

图2-106

图2-107

步骤 06 在“背景”图层上方新建“图层3”，使用“渐变工具”，打开“渐变编辑器”对话框，设置渐变颜色，如图2-108所示。单击“确定”按钮，在画布中拖动鼠标填充径向渐变，效果如图2-109所示。

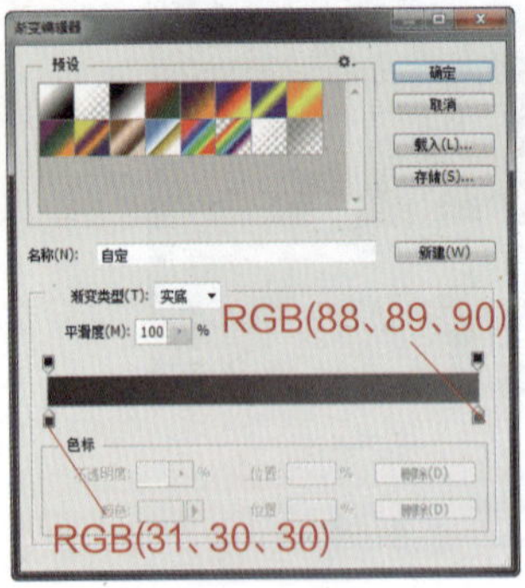

图2-108

图2-109

步骤 07 选中“图层2”，执行“滤镜>锐化>USM锐化”命令，弹出“USM锐化”对话框，参数设置如图2-110所示。单击“确定”按钮，应用“USM锐化”滤镜，效果如图2-111所示。

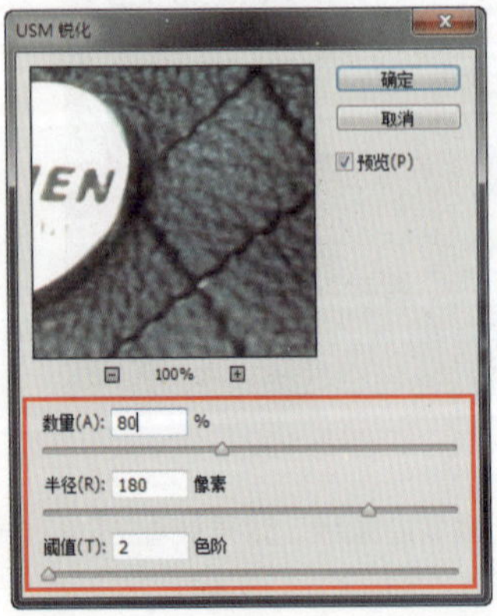

图2-110

图2-111

步骤 08 为“图层2”添加图层蒙版，并为蒙版填充黑色，使用“画笔工具”，设置“前景色”为白色，选择合适的笔触，在蒙版中对高光位置进行涂抹，效果如图2-112所示。新建“图层4”，使用“画笔工具”，设置“前景色”为黑色，“不透明度”为80%，在画布中相应的位置涂抹，效果如图2-113所示。

图2-112

图2-113

步骤 09 将该图层移至“图层2”下方，设置其“不透明度”为80%，效果如图2-114所示。添加“曲线”调整图层，在打开的“属性”面板中对曲线的相关选项进行设置，如图2-115所示。

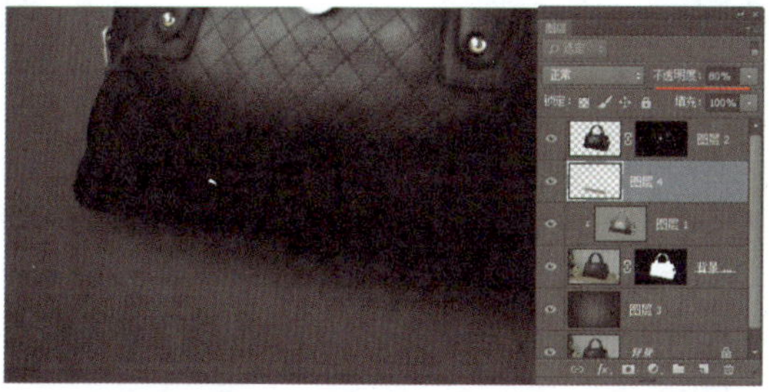

图2-114

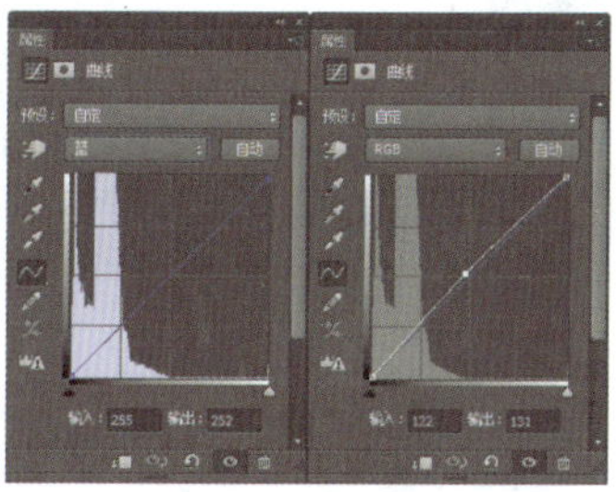

图2-115

步骤 10 完成该女包的调色处理，可以看到处理前和处理后的效果对比，如图2-116所示。

图2-116

2.6.2 手表调色修图处理

手表产品的调色修图处理的重点在于如何提高产品表面的金属质感，使产品更加具有吸引力。

实战案例 | 手表调色修图处理

源文件：光盘\源文件\第2章\手表调色修图处理.psd　视　频：光盘\视频\第2章\手表调色修图处理.swf

● **案例分析**

通常拍摄出来的手表产品图片暗淡无光，无法通过照片很好地体现产品的质感。在本实例的制作过程中，通过添加相应的调整图层对手表不同的部分分别进行调整，并通过绘制相应的高光和阴影图形来增强手表产品质感的表现。

● **制作步骤**

步骤01 执行“文件>打开”命令，打开图像“光盘\源文件\第2章\素材\26201.jpg”，如图2-117所示。新建名称为“表面”的图层组，添加“可选颜色”调整图层，在“属性”面板中对相关选项进行设置，如图2-118所示。

图2-117

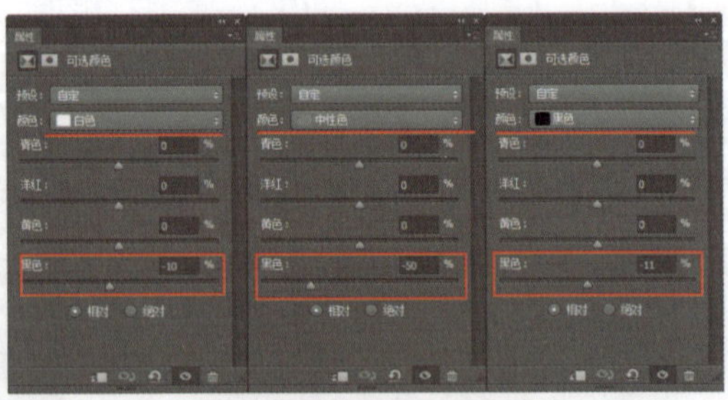

图2-118

步骤02 完成“可选颜色”调整图层的设置，效果如图2-119所示。为该图层蒙版填充黑色，使用“钢笔工具”，在画布中绘制路径，按快捷键Ctrl+Enter，将路径转换为选区，如图2-120所示。

图2-119

图2-120

步骤03 执行“选择>反向”命令，反向选择选区，在蒙版中为选区填充白色，如图2-121所示。新建“图层1”，使用“画笔工具”，设置“前景色”为黑色，选择合适的笔触，设置画笔的不透明度，在画布中涂抹，设置该图层的“混合模式”为“正片叠底”，“不透明度”为30%，效果如图2-122所示。

图2-121

图2-122

步骤04 添加“可选颜色”调整图层，在“属性”面板中对相关选项进行设置，如图2-123所示。完成“可选颜色”调整图层的设置，效果如图2-124所示。

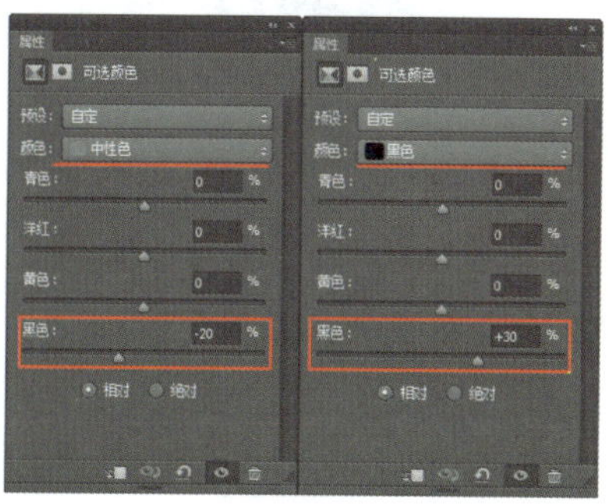

图2-123

图2-124

步骤05 添加“可选颜色”调整图层，在“属性”面板中对相关选项进行设置，如图2-125所示。完成“可选颜色”调整图层的设置，在画布中创建手表盘面部分的选区，反向选择选区，在蒙版中为选区填充黑色，提亮手表盘面颜色，效果如图2-126所示。

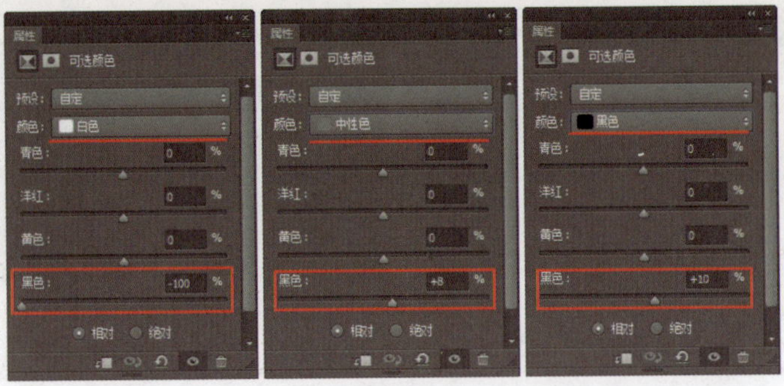

图2-125

图2-126

步骤 06 添加“色阶”调整图层，在“属性”面板中对相关选项进行设置，如图2-127所示。完成“色阶”调整图层的设置，使用同样的方法对该调整图层蒙版进行处理，增强手表盘面的对比度，效果如图2-128所示。

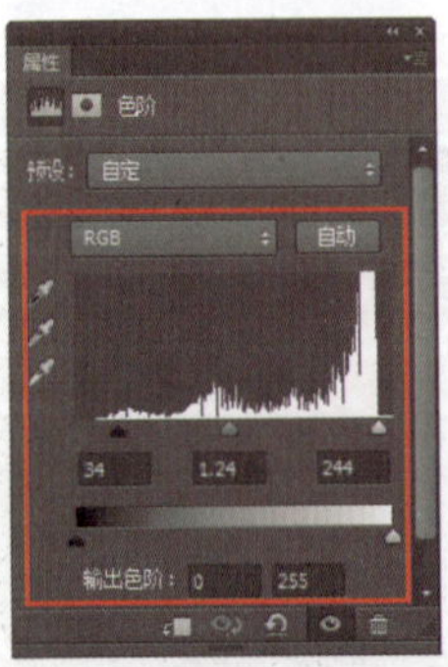

图2-127

图2-128

步骤 07 添加“曲线”调整图层，在“属性”面板中对相关选项进行设置，如图2-129所示。完成“曲线”调整图层的设置，使用同样的方法对该调整图层蒙版进行处理，提亮手表盘面区域以外的部分，效果如图2-130所示。

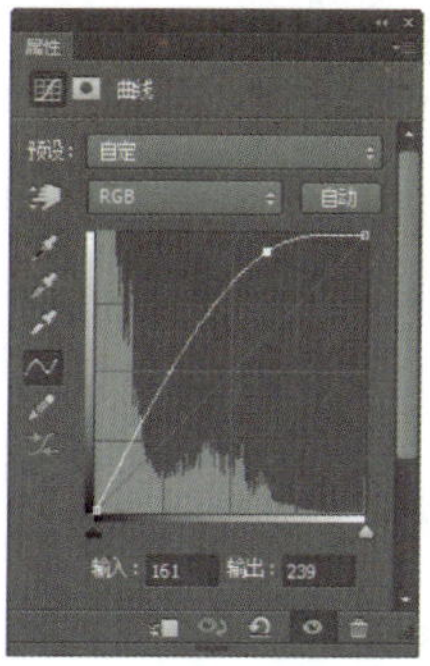

图2-129

图2-130

步骤08 新建名称为“表带”的图层组，新建“图层2”，使用“钢笔工具”，在画布中绘制路径，按快捷键Ctrl+Enter，将路径转换为选区，效果如图2-131所示。反向选择选区，为选区填充颜色RGB（186、185、182），如图2-132所示。

图2-131

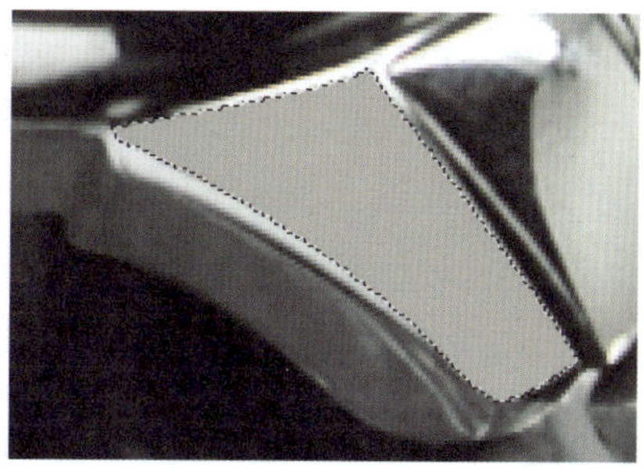

图2-132

步骤09 使用相同的制作方法，完成相似图形效果的绘制，效果如图2-133所示。新建图层，使用相同的制作方法，在画布中绘制选区，并为选区填充白色，设置“不透明度”为20%，绘制出表带部分的高光效果，如图2-134所示。

图2-133

图2-134

步骤10 新建“图层5”，使用“画笔工具”，设置“前景色”为黑色，选择合适的笔触，在图像中合适的位置进行涂抹，使表带具有立体感，效果如图2-135所示。使用相同的制作方法，分别绘制相应的图形，对表带中的阴影和高光图形进行修饰，效果如图2-136所示。

图2-135

图2-136

步骤 11 添加“可选颜色”调整图层，在“属性”面板中对相关选项进行设置，如图2-137所示。完成“可选颜色”调整图层的设置，使用同样的方法对该调整图层蒙版进行处理，调整手表盘面区域以外的部分，效果如图2-138所示。

图2-137

图2-138

步骤 12 完成该手表产品图片的处理，可以看到图片处理前后的效果对比，如图2-139所示。

图2-139

2.6.3 家电产品调色修图处理

任何一个产品拍摄出来的照片都不可能是完美的，都需要后期经过一些修饰，使产品的外观更加精美，效果更加吸引人，就好像在商场中都会为销售的商品布置一些照明的灯光一样，就是为了使产品看上去更加好看。

实战案例 | 家电产品调色修图处理

源文件：光盘\源文件\第2章\家电产品调色修图处理.psd　视　频：光盘\视频\第2章\家电产品调色修图处理.swf

● **案例分析**

本案例介绍一款家电产品的调色修图过程，通过对产品的高光、阴影等各个部分分别进行调整处理，最后制作出产品的镜面投影效果，并对背景进行处理，使产品表现得更加美观，效果更加突出。

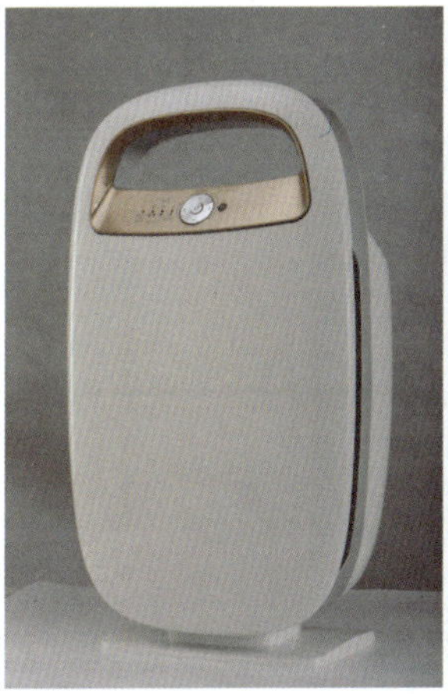

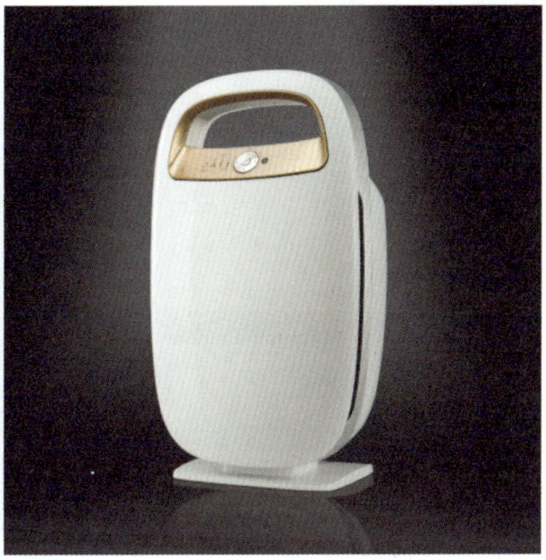

● **制作步骤**

步骤01 执行“文件>打开”命令，打开图像“光盘\源文件\第2章\素材\26301.jpg”，效果如图2-140所示。复制“背景”图层得到“背景 拷贝”图层，使用“钢笔工具”，在图像中沿着产品轮廓边缘绘制路径，如图2-141所示。

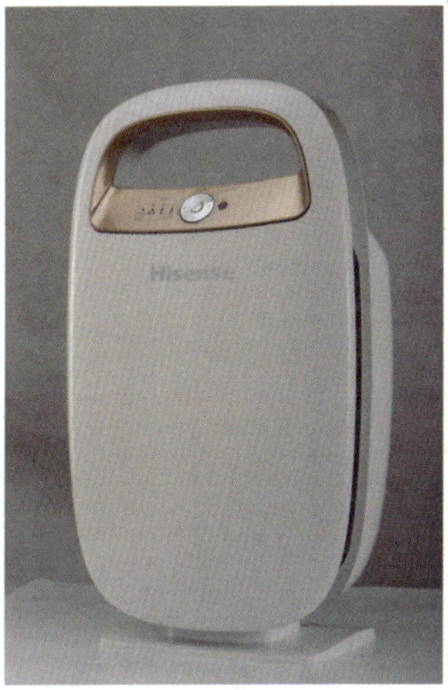

图2-140

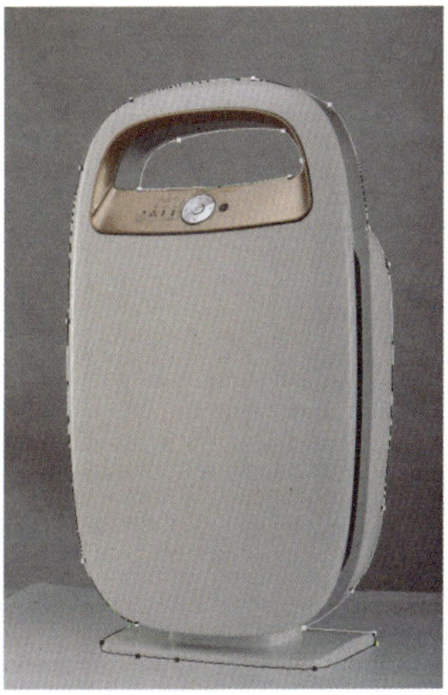

图2-141

步骤02 打开“路径”面板，双击“工作路径”，将工作路径转换为“路径1”，保留路径，如图2-142所示。按快捷键Ctrl+Enter，将路径转换为选区，按快捷键Shift+Ctrl+I，反向选择选区，执行“选择>修改>羽化”命令，弹出“羽化选区”对话框，参数设置如图2-143所示。

图2-142

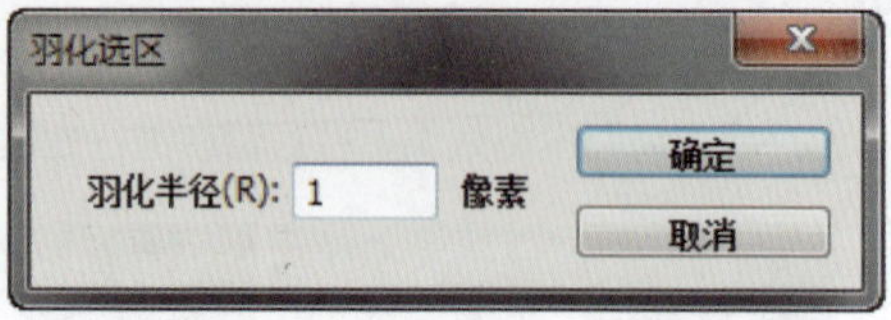

图2-143

步骤03 单击“确定”按钮，羽化选区。执行“文件>新建”命令，弹出“新建”对话框，新建一个空白文档，如图2-144所示。将抠出来的产品图像拖入新建文档中，调整到合适的大小和位置，如图2-145所示。

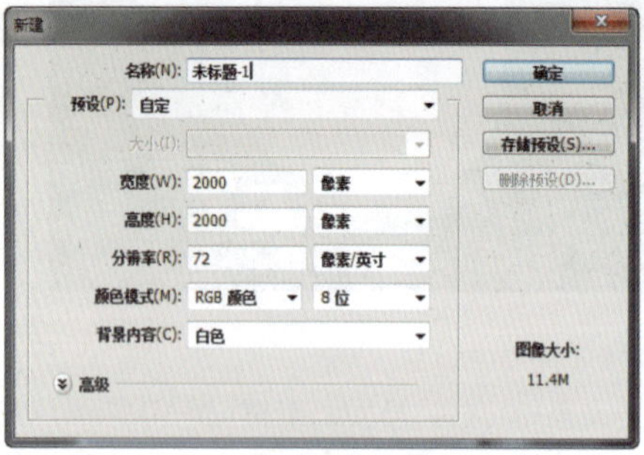

图2-144

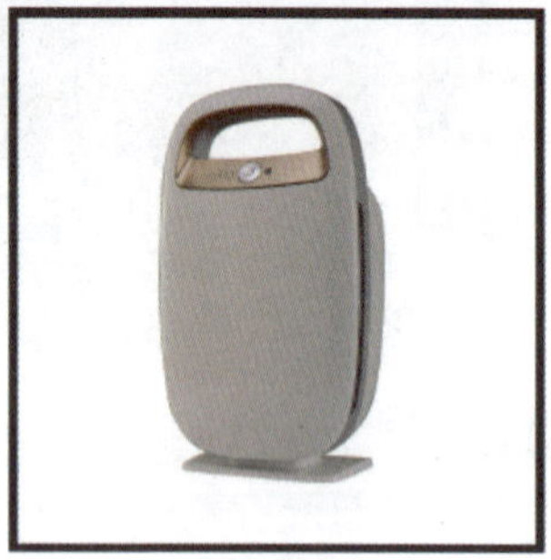

图2-145

步骤04 复制“图层1”得到“图层1拷贝”图层，执行“图像>调整>去色”命令，将图像去色，如图2-146所示。隐藏“背景”图层，复制“图层1拷贝”图层得到“图层1拷贝2”图层，为该图层添加图层蒙版。使用“画笔工具”，设置“前景色”为黑色，选择合适的笔触与大小，在画布中进行涂抹绘制，如图2-147所示。

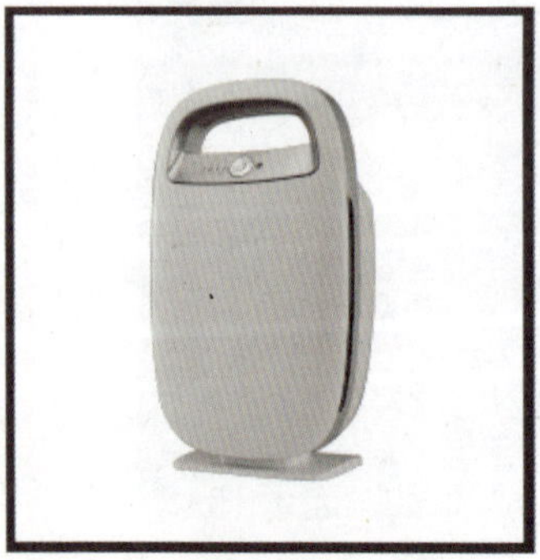

图2-146

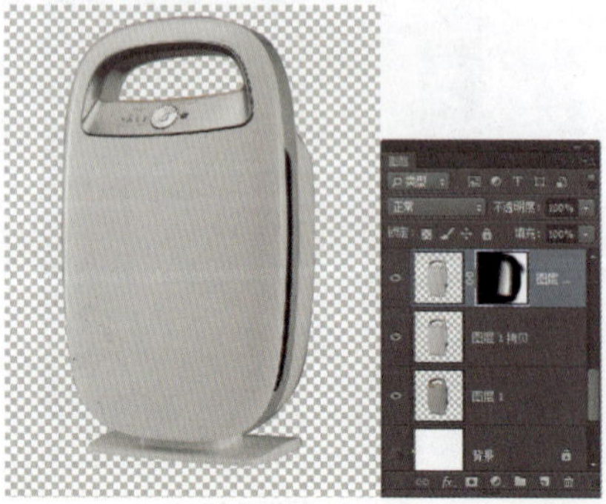

图2-147

步骤05 设置该图层的"混合模式"为"正片叠底"，"不透明度"为37%，加深产品表面的阴影部分，效果如图2-148所示。使用相同的制作方法，将"图层1 拷贝"图层复制两次，并分别添加图层蒙版进行处理，使产品的光影层次更加分明，效果如图2-149所示。

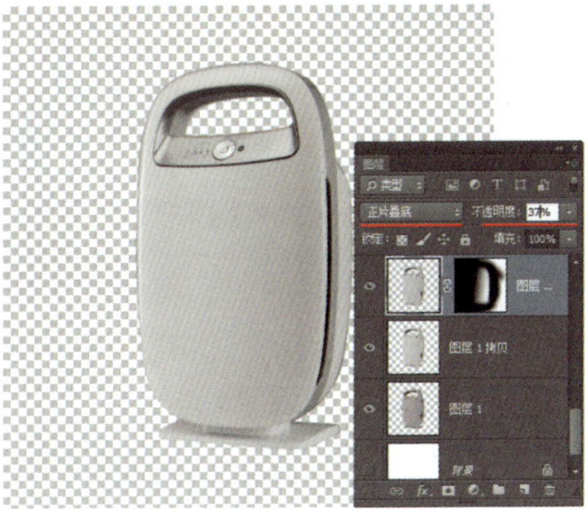

图2-148

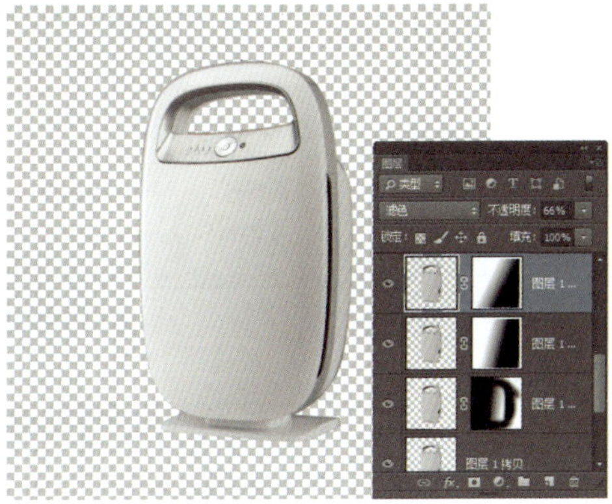

图2-149

TIPS

设置"图层1拷贝3"的"混合模式"为"滤色"，"不透明度"为14%，设置"图层1拷贝4"的"混合模式"为"滤色"，"不透明度"为66%，"图层1拷贝3"和"图层1拷贝4"分别可以用于提亮过渡和提亮亮部。

步骤06 打开素材图像"光盘\源文件\第2章\素材\26301.jpg"，单独抠出黄色部分，将抠出的图像拖入新建的文档中，效果如图2-150所示。执行"图像>调整>色彩平衡"命令，弹出"色彩平衡"对话框，选中"阴影"单选按钮，对相关选项进行设置，如图2-151所示。

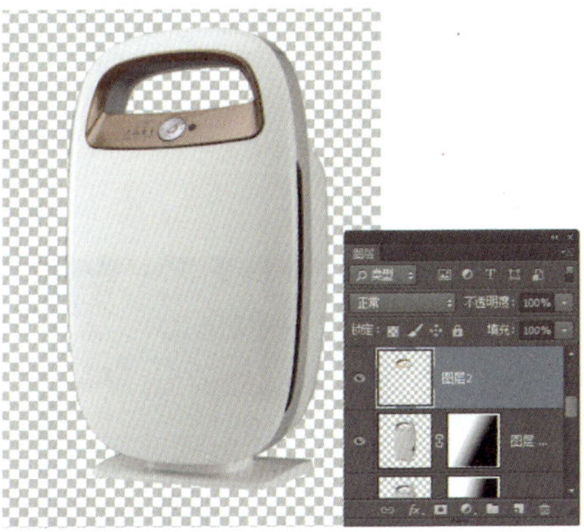

图2-150

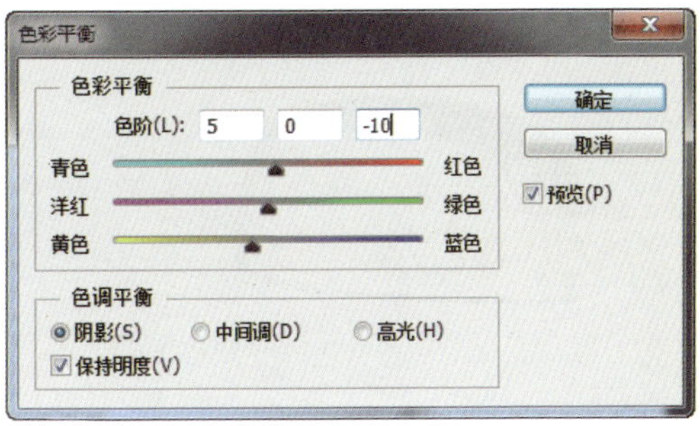

图2-151

步骤07 选中"中间调"单选按钮，对相关选项进行设置，如图2-152所示。选中"高光"单选按钮，对相关选项进行设置，如图2-153所示。

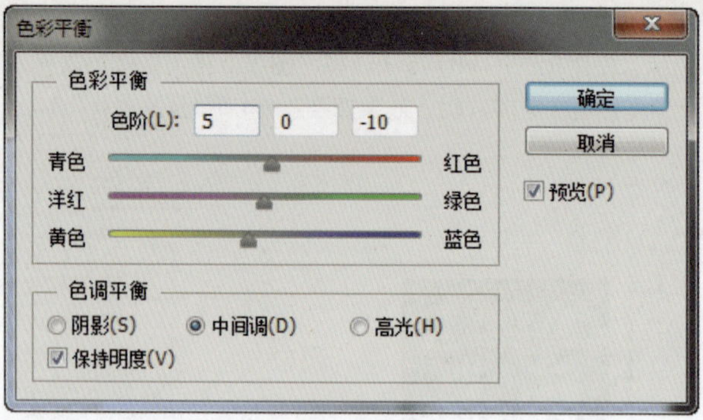

图2-152

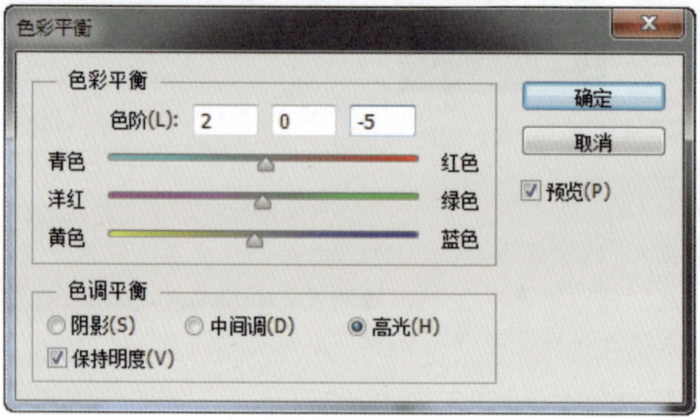

图2-153

步骤08 单击“确定”按钮，完成“色彩平衡”对话框的设置，效果如图2-154所示。打开图像“光盘\源文件\第2章\素材\26301.jpg”，单独抠出侧边银条部分，将抠出的图像拖入新建文档中，调整到合适的位置，如图2-155所示。

图2-154

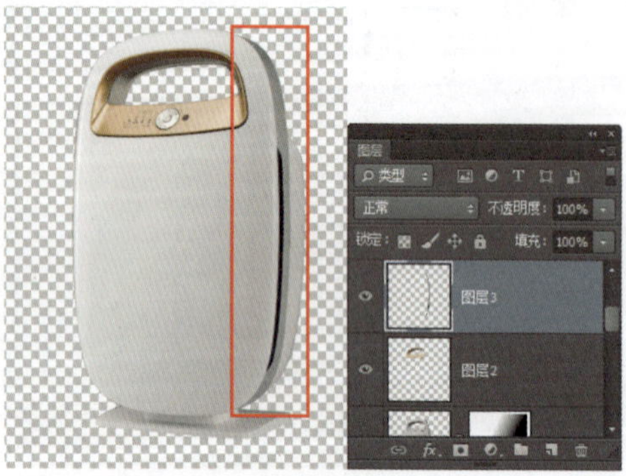

图2-155

步骤09 复制“图层3”得到“图层3拷贝”图层，为该图层添加图层蒙版，使用“渐变工具”，打开“渐变编辑器”对话框，设置渐变颜色，如图2-156所示。单击“确定”按钮，完成渐变颜色的设置，在蒙版中填充线性渐变，设置该图层的“混合模式”为“滤色”，效果如图2-157所示。

图2-156

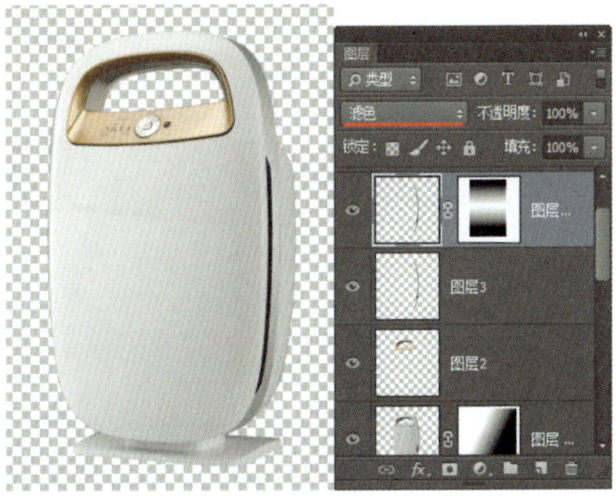

图2-157

步骤 10 使用相同的制作方法，抠出产品左侧部分图形，将其拖至新建文档中，调整到合适的位置，如图2-158所示。为该图层添加图层蒙版，使用“渐变工具”，在蒙版中填充黑白线性渐变，效果如图2-159所示。

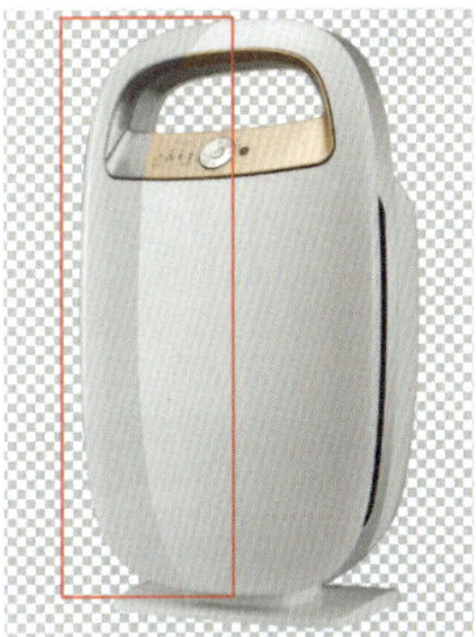

图2-158

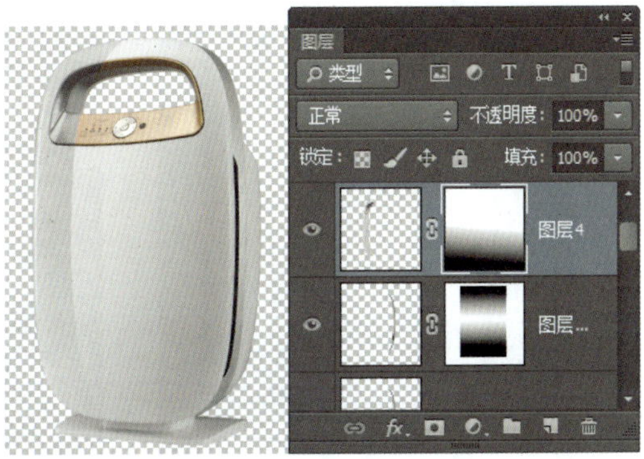

图2-159

步骤 11 设置该图层的“混合模式”为“滤色”，“不透明度”为25%，将该图层调整至“图层2”下方，效果如图2-160所示。使用相同的制作方法，抠出产品相应的部分并拖入新建文档中，设置该图层的“混合模式”为“滤色”，“不透明度”为77%，效果如图2-161所示。

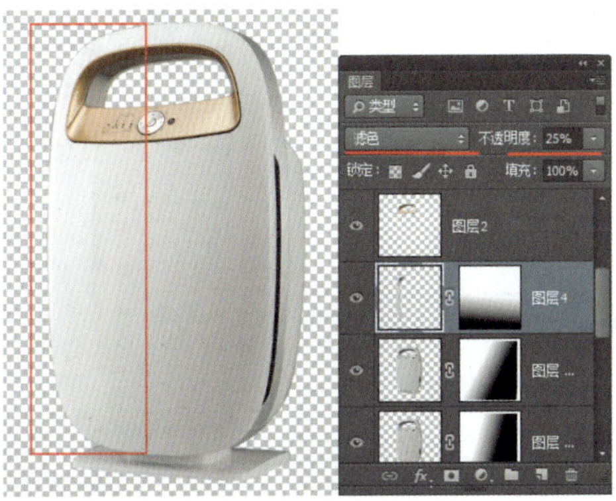

图2-160

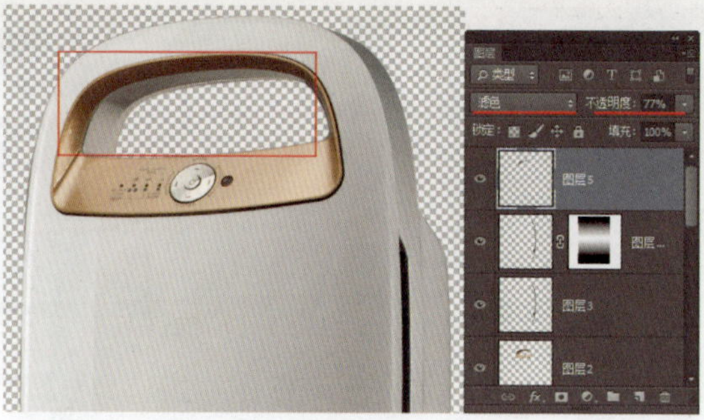

图2-161

步骤12 显示并选中“背景”图层，为画布填充“前景色”RGB（14、18、23），效果如图2-162所示。使用“钢笔工具”，在画布中绘制路径，按快捷键Ctrl+Enter，将路径转换为选区，反向选择选区，如图2-163所示。

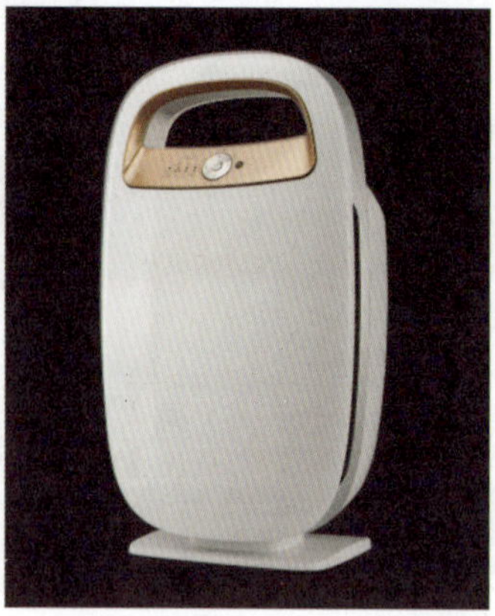

图2-162

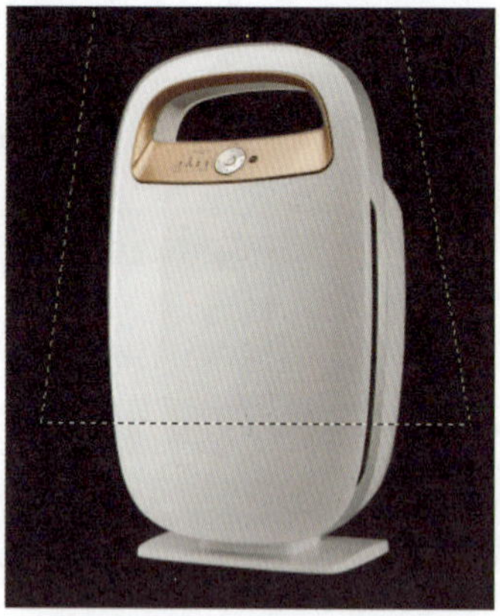

图2-163

步骤13 执行“选择>修改>羽化”命令，弹出“羽化选区”对话框，参数设置如图2-164所示。单击“确定”按钮，羽化选区，为选区填充颜色RGB（75、79、89），取消选区，效果如图2-165所示。

图2-164

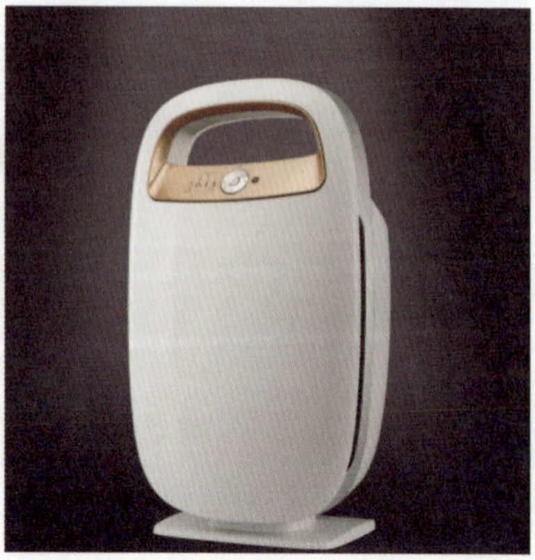

图2-165

步骤 14 使用相同的制作方法，完成相似图形的绘制，效果如图2-166所示。复制“图层1拷贝”图层得到“图层1拷贝5”图层，将该图层调整至“图层1”下方，执行“编辑>变换>垂直翻转”命令，将图像垂直翻转，并向下移至合适的位置，进行斜切和变形操作，效果如图2-167所示。

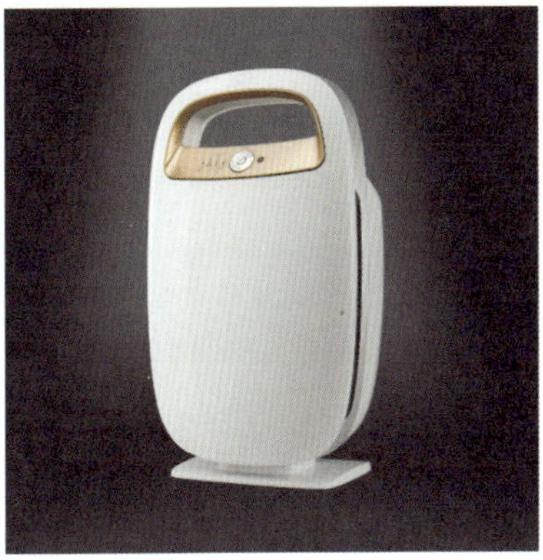

图2-166

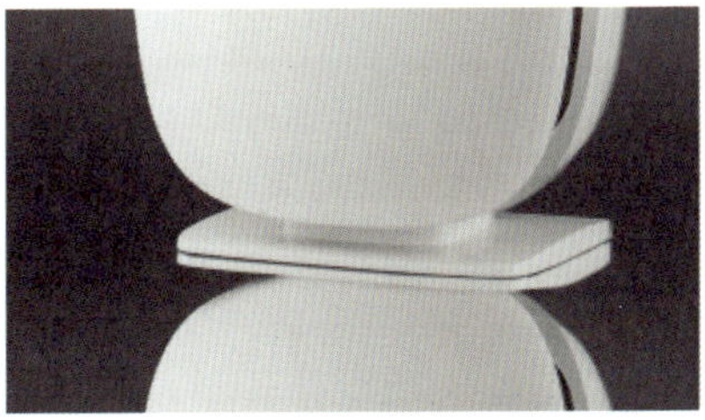

图2-167

步骤 15 为该图层添加图层蒙版，使用“画笔工具”，设置“前景色”为黑色，选择合适的笔触与大小，在蒙版中进行涂抹，设置该图层的“不透明度”为21%，效果如图2-168所示。

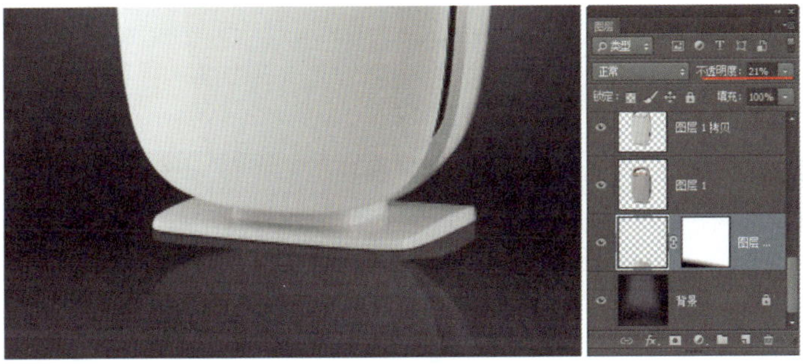

图2-168

步骤 16 完成家电产品的调整修图处理，可以看到该产品图像处理前后的效果对比，如图2-169所示。

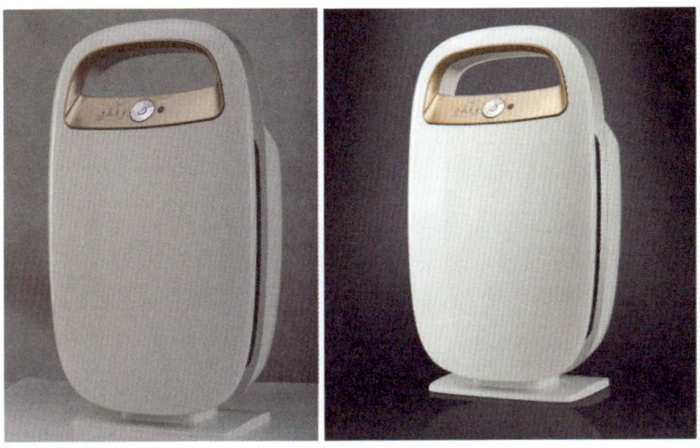

图2-169

2.7 本章小结

大到电商网站小到淘宝店铺卖家，都需要对产品图片进行适当的美化处理，这也是商品上架销售的第一步。在本章中详细介绍了对商品图片进行美化处理的方法和技巧，通过对本章内容的学习，希望读者能够掌握这些商品图片处理的方法，并能够灵活地将其应用到实际的操作中。

03

Chapter

产品推广图

产品的推广图是最为常见也是最重要的，它并不是单纯为了提高人们的欣赏水平，而是为了达到某种目的而进行宣传，所以推广图也是一种重要的宣传工具。现如今，网店的竞争越来越激烈，如何才能获得消费者的关注是所有商家所关注的问题，产品推广图则起到了吸引消费者目光的作用。在本章中将向读者介绍有关产品推广图设计的相关知识。

3.1 电商设计中的字体应用

字体就是文字的风格样式，字体也是文化的载体，是社会的缩影。不同的字体给人的感觉也不相同。

宋体：客观、雅致，大标宋古风犹存，给人古色古香的视觉效果；

黑体：时尚、厚重、抢眼，多用于标题制作，有强调的效果；

仿宋：权威、古板，印刷品中使用仿宋体给人一种权威的感觉，一般用于观点提示性阐述等。

3.1.1 电商设计中的常用中英文字体

电商设计中常用的中文字体主要是“方正兰亭”系列字体和“造字工坊”系列字体，如图3-1所示为常用的中英文字体。

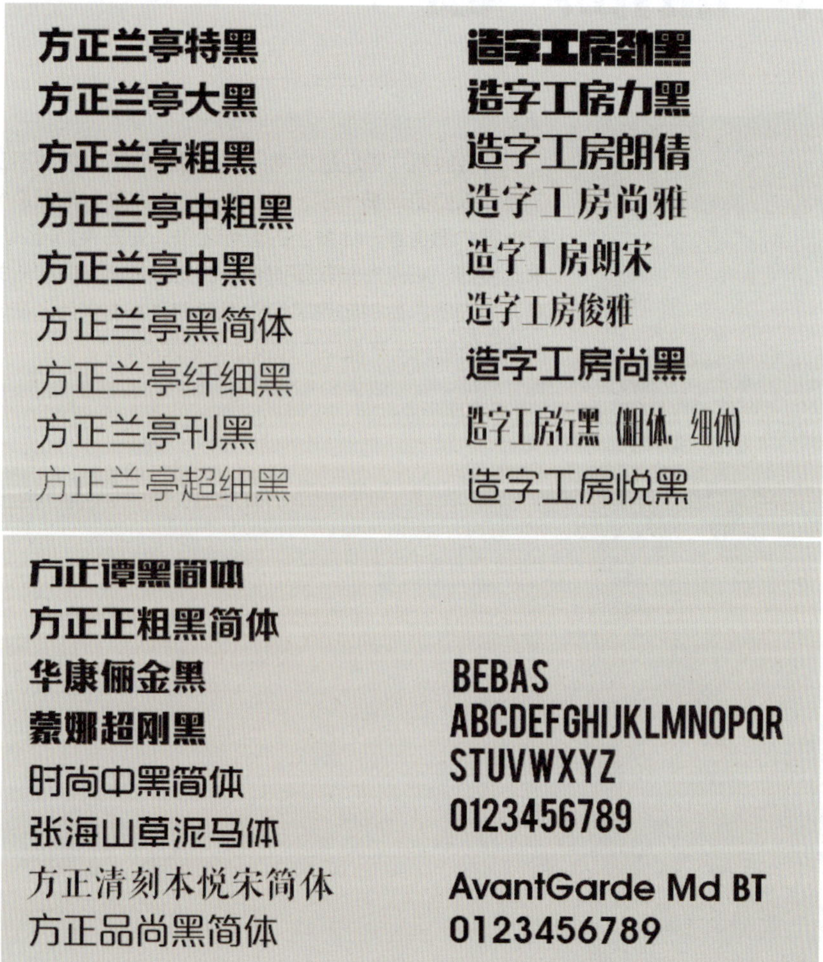

图3-1

3.1.2 电商字体的基本使用技巧

在电商设计中一些标题性的主题文字可以使用笔画比较粗的字体，如方正兰亭粗黑、大黑、方正兰亭黑简体、方正中黑等，通过比较粗的字体可以突出表现标题文字内容，使得电商图片更加大气。如图3-2所示为电商设计中较粗的字体应用效果。

图3-2

一些主题或标题性的文字还可以使用一些艺术字体进行表现，如造字工房系统、方正谭黑、蒙娜超刚黑等，通过艺术字体的应用，可以增强电商设计的艺术性和趣味感。如图3-3所示为电商设计中艺术字体的应用效果。

图3-3

当然，在电商设计中一些标题或主题性文字也可以使用较细的字体表现，如果使用较细的字体则需要适当地加大字号，这样可以使标题或主题文字与其他文字进行区别，从而突出显示。使用较细的字体作为标题或主题文字可以给人一种雅致的感受。如图3-4所示为电商设计中较细的字体应用效果。

图3-4

在电商设计中，需要阅读的正文部分不能使用笔画太粗的字体，因为正文的内容一般比较多，所以字号较小，在字号比较小的情况下，清晰的结构能够让用户快速高效地阅读，所以为了便于阅读，正文部分需要使用笔画比较细的字体。

3.1.3 电商字体的高级使用技巧

1. 适用于表现男性的字体

关键词：硬朗、粗犷、力量、稳重、大气。

表现男性的字体通常选用笔画较粗的黑体类字体，或者是棱角分明的字体，在设计过程中字体的大小和粗细相互搭配，有效地表现出内容的主次。如图3-5所示为表现男性的字体应用效果。

图3-5

2. 适用于表现女性的字体

关键词：柔美、飘逸、纤细、俊俏、气质、时尚。

表现女性的字体通常选用笔画纤细、秀美，线条流畅，字形有粗细等细节变化的字体。如图3-6所示为表现女性的字体应用效果。

图3-6

3. 适用于促销的字体

关键词：粗、大、显眼、倾斜、文字变形等。

表现促销主题的电商设计中，通常使用笔画较粗的字体，如方正粗黑、方正谭黑、造字工房力黑、蒙娜超刚黑等。如图3-7所示为表现促销的字体应用效果。

图3-7

4. 适用于表现高端、奢侈的字体

关键词：简约、纤细、小、优美、干净利落。

如果需要表现出产品的高档和奢侈感，在设计中可以使用笔画较细的字体，字号也可以小一些，再搭配一些英文，可以使画面显得更加时尚。如图3-8所示为表现高端、奢侈的字体应用效果。

图3-8

5. 适用于文艺、民族风的字体

关键词：复古、优美、纤细等。

如果在电商设计中需要表现出文艺、民族风的特点，可以使用笔画较细的字体，如“方正清刻本悦宋体”“方正启全简体”等，字号也比较小，而且常采用竖向排版。如图3-9所示为表现文艺、民族风的字体应用效果。

图3-9

案例分析 | 女鞋推广图设计分析

整体评价：通过红色的背景和花瓣素材，体现出女性的优美气质，产品多角度展示图片，不仅全面展示产品，而且使画面具有强烈的空间感，整体效果与主题相吻合。

红色模糊背景，很好地突出商品和主题。

主题文字使用细线字体，表现女性的柔美。

产品位于中间，多角度产品图围绕着标题放置，展现产品的同时，也突出了主题。

构图分析：该女鞋推广图将产品的多角度图片、近景与远景分散放置，从各个角度展示商品，主题文字被产品围绕，放置在画面的中间，使内容更加显眼，通过文字的大小粗细对比，达到若隐若现的效果，凸显女性的优雅气质。

配色方案：该推广图以红色为主体颜色，既体现出女性的优雅气质，又带来了温馨的感觉，搭配白色图形，形成高光效果，使内容表达得更加清晰，画面结构层次分明。

主色：优美　　辅色：激情　　辅色：唯美　　文字颜色：统一

实战案例 | 设计化妆品宣传推广图

源文件：光盘\源文件\第3章\化妆品宣传推广图.psd　　视　频：光盘\视频\第3章\化妆品宣传推广图.swf

● **案例分析**

案例特点：本案例设计一款化妆品宣传推广图，使用中国传统的水墨风格和素材来衬托产品，传统与现代相结合，给消费者留下深刻的印象。

制作思路与要点：在本案例的设计过程中，使用水墨风格的笔刷在背景中绘制出水墨风格的背景效果，搭配荷花等素材图像，将画面营造出夏日荷塘的感觉，在产品的处理上将产品图像进行复制旋转操作，通过多个产品图像的叠加来强化产品形象。文案的设计使用竖排文字的方式，给人传统感，与整个画面的表现风格相统一。

● **色彩分析**

本案例使用浅蓝色作为画面的主色调，给人一种宁静、清爽的感觉，搭配绿色和黑色的文字，整个画面的色调温和、不刺激，给人一种清爽和舒适感。

浅蓝色　　灰蓝色　　黑色

● **制作步骤**

步骤 01 执行“文件>新建”命令，弹出“新建”对话框，新建一个空白文档，如图3-10所示。设置“前景色”为RGB（234、247、254），为画布填充前景色，效果如图3-11所示。

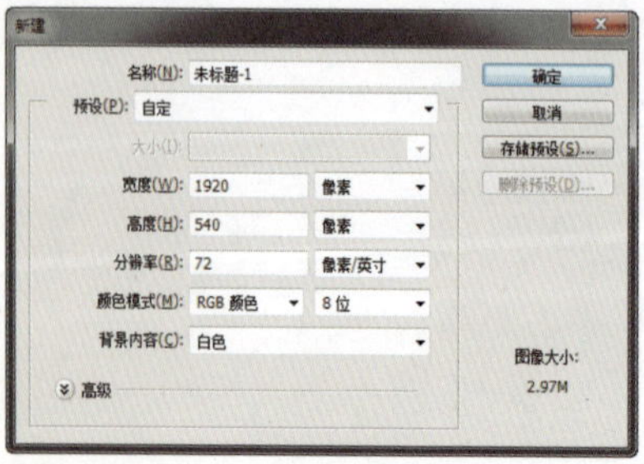

图3-10

图3-11

步骤02 新建名称为“背景”的图层组，使用“画笔工具”，在“选项”栏上打开“画笔预设选取器”面板，单击“设置”按钮，如图3-12所示。在弹出的菜单中选择“载入画笔”选项，在弹出的对话框中选择需要载入的外部画笔，如图3-13所示。

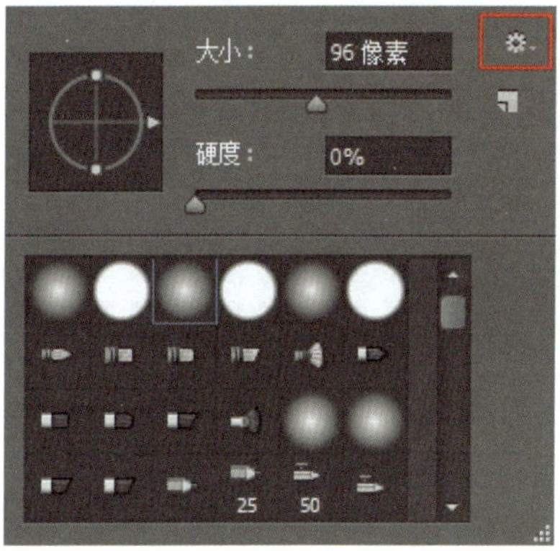

图3-12

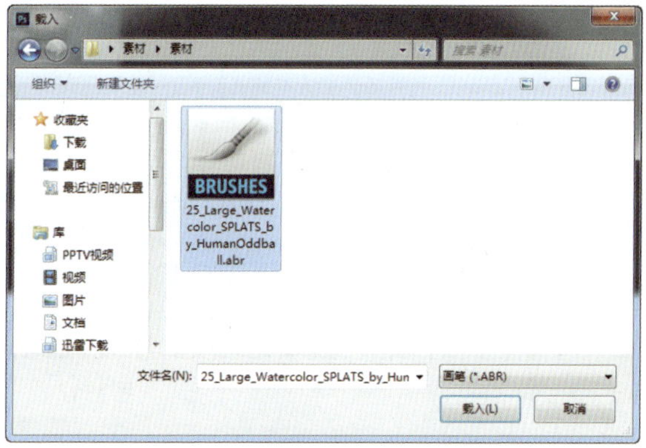

图3-13

步骤03 新建“图层1”，设置“前景色”为RGB（170、201、198），在“画笔预设选取器”中选择刚载入的外部画笔，如图3-14所示。设置画笔不透明度，在画布中涂抹绘制，效果如图3-15所示。

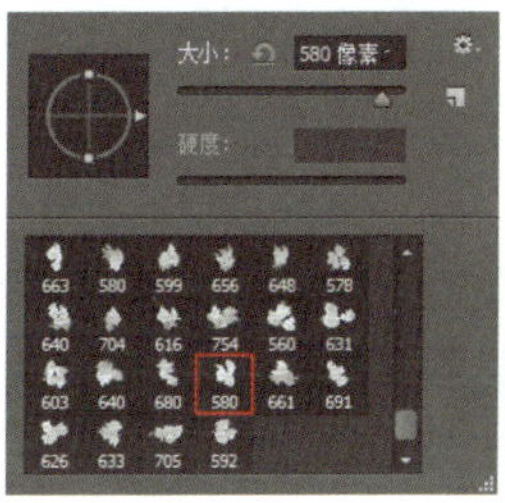

图3-14

图3-15

步骤04 新建“图层2”，使用“画笔工具”，设置“前景色”为RGB（140、171、183），使用相同的制作方法，在画布中进行绘制，如图3-16所示。

图3-16

步骤05 打开并拖入素材图像“光盘\源文件\第3章\素材\101.png”，效果如图3-17所示。为该图层添加图层蒙版，使用“画笔工具”，设置“前景色”为黑色，选择合适的画笔笔触，在蒙版中进行涂抹，效果如图3-18所示。

图3-17

图3-18

步骤 06 使用相同的制作方法，拖入其他素材图像并调整到合适的大小和位置，效果如图3-19所示。

图3-19

步骤 07 新建名称为“产品”的图层组，打开并拖入素材图像“光盘\源文件\第3章\素材\102.png”，效果如图3-20所示。复制该图层，按快捷键Ctrl+T，将复制得到的图像进行旋转，并将该图层移至“图层5”下方，设置该图层的“不透明度”为60%，效果如图3-21所示。

图3-20

图3-21

步骤 08 使用相同的制作方法，完成相似图像效果的制作，如图3-22所示。复制“图层5”，将复制得到的图像垂直翻转，并向下移动至合适的位置，为该图层添加图层蒙版，在蒙版中填充黑白线性渐变，效果如图3-23所示。

图3-22

图3-23

步骤 09 打开并拖入素材图像“光盘\源文件\第3章\素材\104.png”，为该图层添加“投影”图层样式，对相关选项进行设置，如图3-24所示。单击“确定”按钮，完成“图层样式”对话框的设置，效果如图3-25所示。

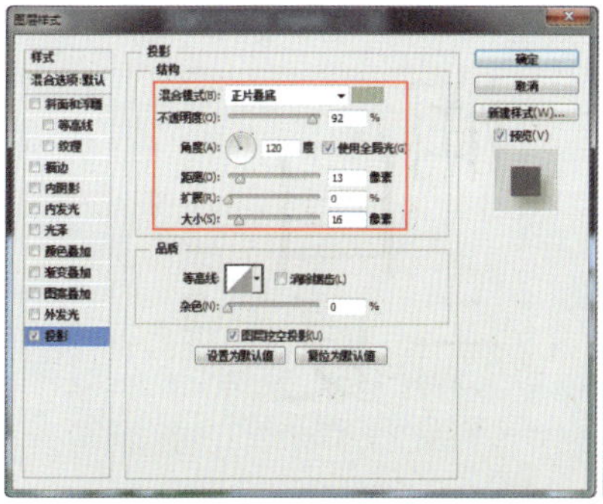

图3-24

图3-25

步骤10 新建名称为“文字”的图层组，使用“横排文字工具”，在“字符”面板中对相关选项进行设置，在画布中输入文字，如图3-26所示。

图3-26

步骤11 为“润”文字图层添加“外发光”图层样式，对相关选项进行设置，如图3-27所示，单击“确定”按钮，完成“图层样式”对话框的设置。使用相同的制作方法，为其他文字添加“外发光”图层样式，效果如图3-28所示。

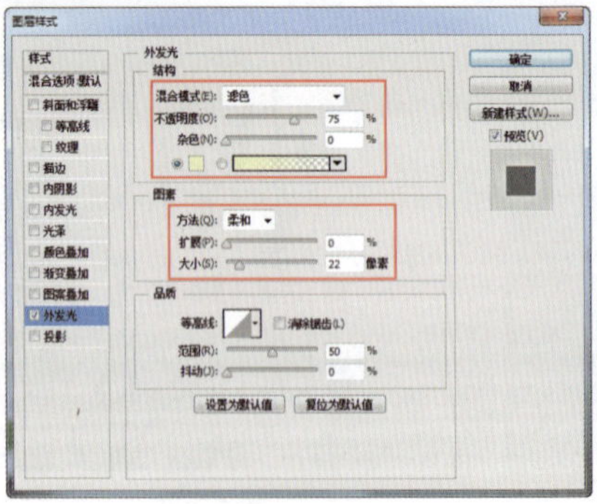

图3-27

图3-28

步骤12 使用“竖排文字工具”，在“字符”面板中对相关选项进行设置，在画布中输入文字，如图3-29所示。使用“直线工具”，在画布中绘制直线，如图3-30所示。

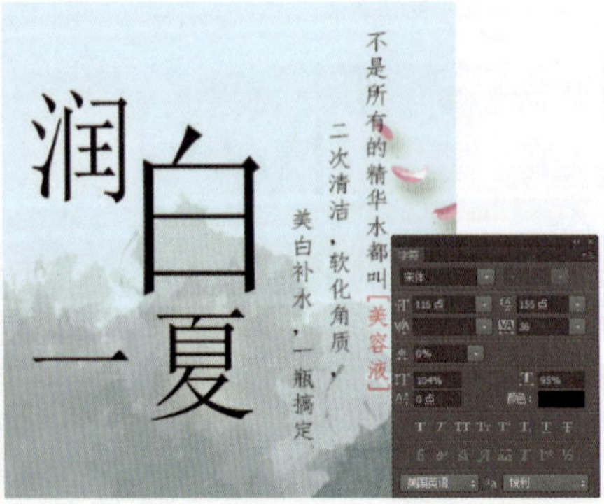

图3-29

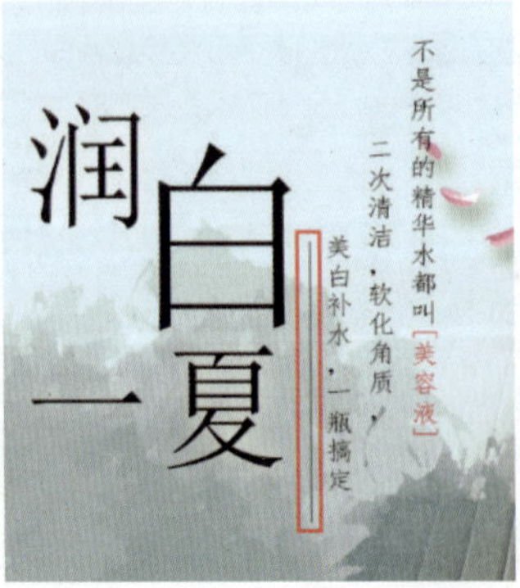

图3-30

步骤 13 为该图层添加图层蒙版，使用“画笔工具”，设置“前景色”为黑色，在蒙版中进行涂抹，效果如图3-31所示。复制该图层，效果如图3-32所示。

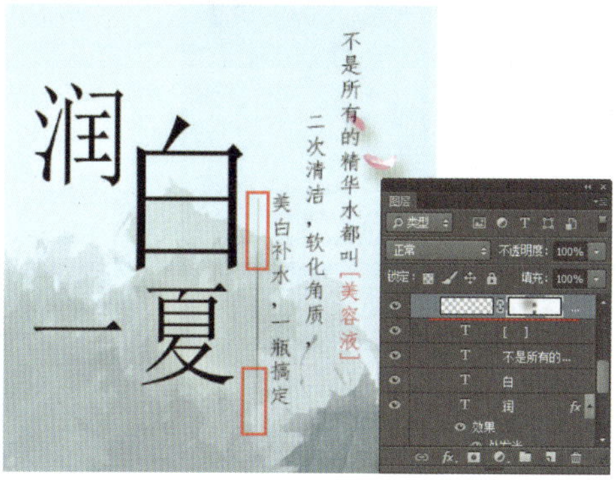

图3-31

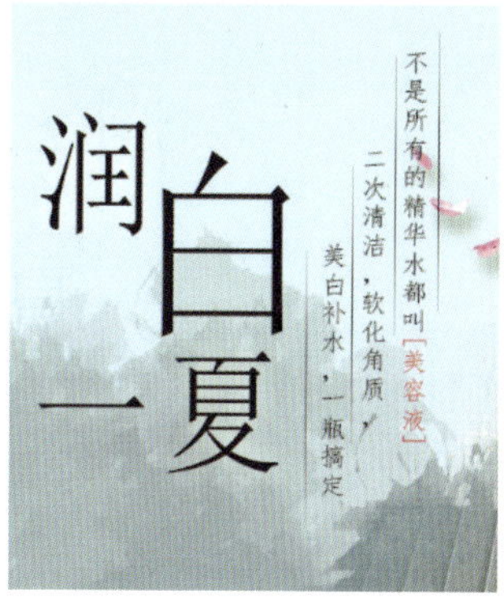

图3-32

步骤 14 打开并拖入素材图像“光盘\源文件\第3章\素材\105.png”，如图3-33所示。使用“椭圆选框工具”，在画布中绘制椭圆选区，如图3-34所示。

图3-33

图3-34

步骤 15 执行“选择>修改>羽化”命令，弹出“羽化选区”对话框，参数设置如图3-35所示。单击“确定”按钮，羽化选区。新建图层，为选区填充黑色，取消选区，并调整图层的叠放顺序，如图3-36所示。

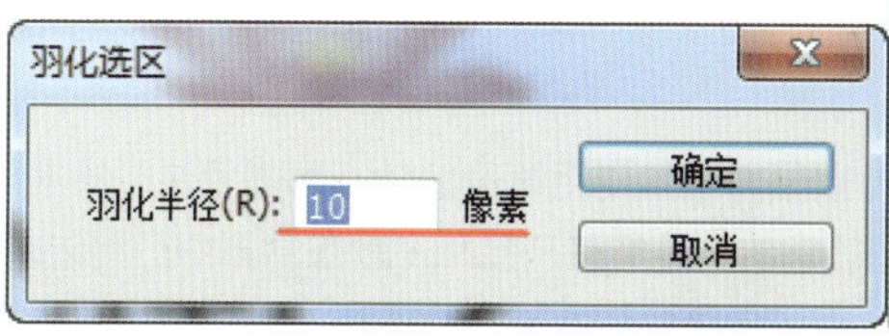

图3-35

图3-36

步骤 16 同时复制“图层7”和“图层8”，将复制得到的图像调整到合适的大小和位置，效果如图3-37所示。

图3-37

步骤 17 完成该化妆品宣传推广图的设计制作，最终效果如图3-38所示。

图3-38

3.2 产品推广图的构成元素

在对产品推广图进行设计之前，首先需要了解产品推广图中的构成元素，在产品推广图中基本的构成元素包括背景、产品、图形设计和文案。如图3-39所示为一款化妆品的推广图。

图3-39

1. 背景

在产品推广图的设计中，无论是使用背景图像还是使用背景颜色，都需要注意背景与产品宣传主题之间的关系，背景是用于烘托产品和主题表达的，注意使产品和主题在背景中凸显出来。

如果在推广图设计中使用深色的背景，则推广图中的文字需要选择使用浅色，这样才能清晰地表达文案内容，如图3-40所示。

接近黑色的背景上搭配白色的主题文字，使文字内容清晰，使用红色圆形突出主题关键字，效果显著。

图3-40

如果在推广图设计中使用浅色的背景，则推广图中的文字需要选择使用深色，才能清晰地表达文案内容，如图3-41所示。

使用与产品颜色同色系色彩作为背景色，使产品与背景和谐统一，搭配深色的主题文字，非常醒目。

图3-41

2. 产品

产品在推广图设计中是最大也是最重要的一个表现部分，可以根据图片尺寸和画面排版的需要，采用竖直或水平放置，并且可以通过添加相应的素材和效果突出产品的表现效果，如图3-42所示。

绘制相应的图形效果，辅助产品的表现。

使用和产品相关的素材图像与产品相结合，更好地说明和表现产品。

图3-42

3. 图形设计

在推广图设计中灵活地使用图形设计，可以有效地表现产品的功效，或者推广图的促销主题。

推广图设计中最常见的是功效型标签和促销型标签。

功效型标签：多采用剪影或简化的图标进行表现，起到辅助表现产品权威或者某种功效的作用。如图3-43所示为推广图中的功效型标签。

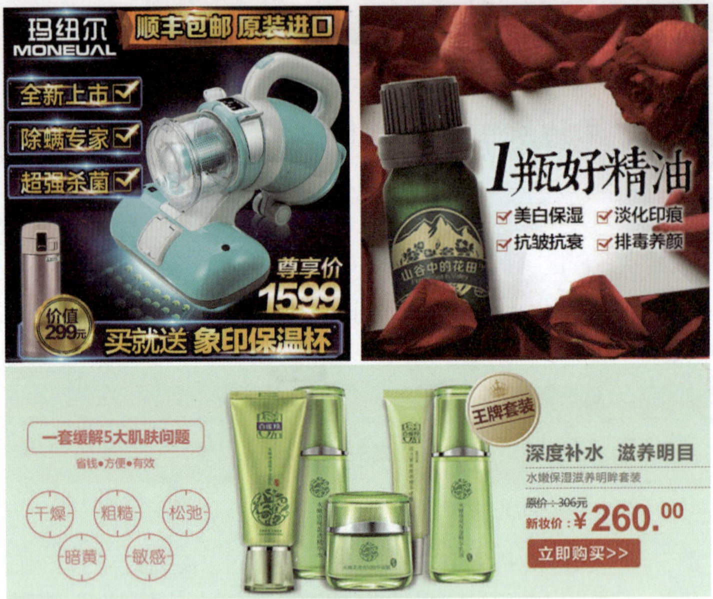

图3-43

促销型标签：通常使用高饱和度的色彩进行设计，红色和黄色是最常用的促销型标签配色，能够有效地引起消费者的注意。如图3-44所示为推广图中的促销型标签。

图3-44

4. 文案

产品推广图中的文案包括的信息较多，包括产品名称、产品价格、产品功效等内容，如何合理地在产品推广图中表现这些文案信息是设计的重点。如图3-45所示为推广图中合理的文案设计。

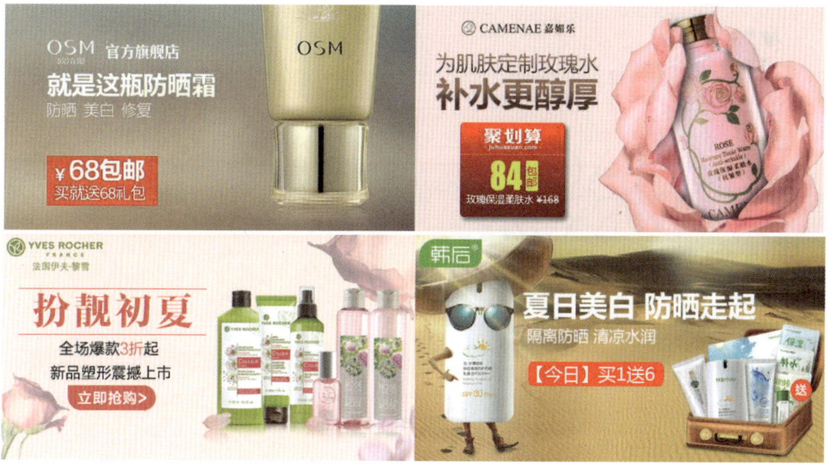

图3-45

通过分析上面的推广图中的文案，可以得出在文案设计过程中需要注意的几点。

（1）文案字体需要有明显的大小对比，主文案选择字号较大的字体，辅助文案选择字号相对小一些的字体，但是字体尽量要统一。

（2）文案的配色需要有明显的对比，价格、购买按钮、功能等内容可以使用强对比色进行搭配，产品名称、原价、辅助功效等内容可以适当地进行颜色弱化。

（3）推广图设计中文案的排版需要具有节奏感，不要过于凌乱。

案例分析 | 香水推广图设计分析

整体评价：模糊的花瓣飘下，再添加人物素材图像，尽情地展现出女性的柔美。画面背景给人一种纯净飘逸的感觉，主题与产品一左一右分别放置在画面的正中心，使内容更加显眼。

使用白色线框将主题文字集中展现，给人整体感。通过销量数据展示，突出产品的热销。

人物与产品搭配，并且将产品前置，有效突出产品的表现。

构图分析：该香水推广图的构图比较简单，将产品和文字放置在画面的正中间，让浏览者直观、清晰地了解画面内容，将画面的主体内容聚集为一体，使画面更加简单、整洁，突出画面的唯美效果。

配色方案：使用浅蓝色作为该推广图的背景主色调，搭配粉红色的花瓣，给人一种干净唯美的意境，使用黑色的文字，突出主题内容。

主色：　辅色：唯美　辅色：清晰　文字颜色：突出

实战案例 | 设计家电上市推广图

光盘\源文件\第3章\家电上市推广图.psd　　视　频：光盘\视频\第3章\家电上市推广图.swf

● **案例分析**

案例特点：本案例设计一款家电上市推广图，运用画面左右明度的对比来突出产品和主题的表现效果，并且主题文字采用细线字体和简约的设计方法，使整个广告画面给人一种高档感。

制作思路与要点：本案例所设计的家电上市推广图使用色块来分割画面背景，在中间部分放置产品图像，右侧运用简约的文案内容表现主题，并且文案内容引人遐想，画面的构成非常简约，给人一种高档感。在设计处理过程中需要注意细节的表现。

● **色彩分析**

深蓝色给人一种稳重和安全感，作为背景色可以让金色的文字更加突出，显示出广告的主题，再搭配白色文字，让促销信息更加清晰明确，使广告页面更加舒适和色彩统一。

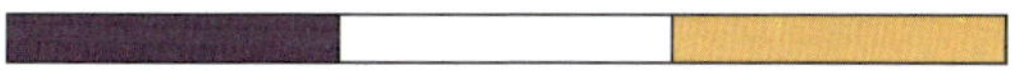

深蓝色　　白色　　黄色

● **制作步骤**

步骤 01 执行“文件>打开”命令，打开素材图像“光盘\源文件\第3章\素材\201.jpg”，如图3-46所示。使用“钢笔工具”，在“选项”栏上设置“工具模式”为“形状”，“填充”为RGB（6、6、40），在画布中绘制形状图形，并设置该图层的“不透明度”为90%，效果如图3-47所示。

图3-46

图3-47

步骤02 使用“横排文字工具”，在“字符”面板上对相关选项进行设置，并在画布中输入相应的文字，如图3-48所示。使用相同的制作方法，完成相似文字的制作，如图3-49所示。

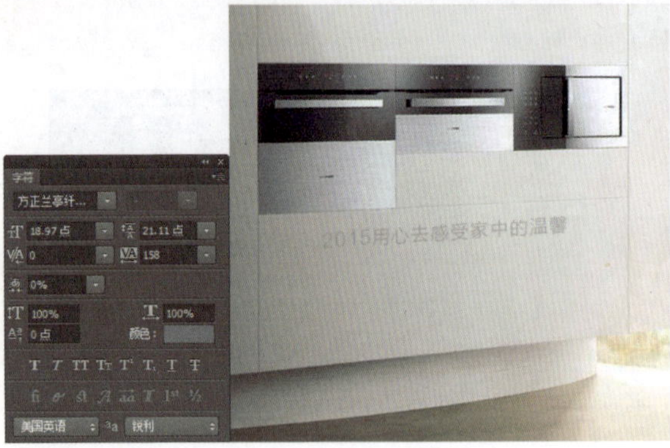

图3-48

图3-49

步骤03 新建名称为“产品”的图层组，打开并拖入素材图像“光盘\源文件\第3章\素材\202.png”，如图3-50所示。为该图层添加“投影”图层样式，对相关选项进行设置，如图3-51所示。

图3-50

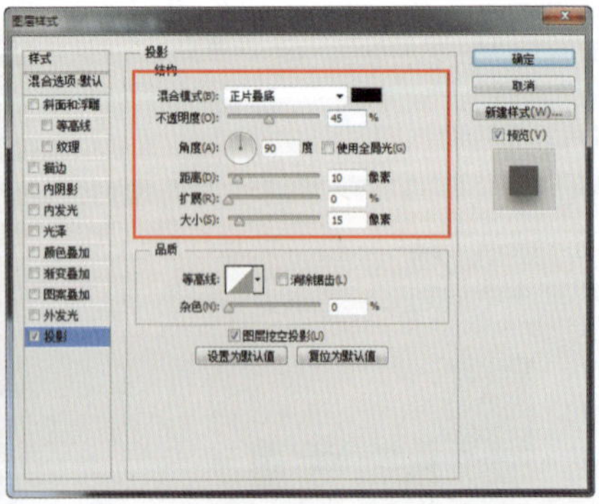

图3-51

步骤04 单击“确定”按钮，完成“图层样式”对话框的设置，效果如图3-52所示。复制“图层1”得到“图层1拷贝”图层，清除该图层的图层样式，将“图层1拷贝”图层调到“图层1”下方，对图形进行水平翻转操作，调整至合适的位置，如图3-53所示。

图3-52

图3-53

步骤 05 执行“图层>智能对象>转换为智能对象”命令，将该图层转换为智能对象图层，执行“滤镜>模糊>动感模糊”命令，弹出“动感模糊”对话框，参数设置如图3-54所示。单击“确定”按钮，完成“动感模糊”对话框的设置，效果如图3-55所示。

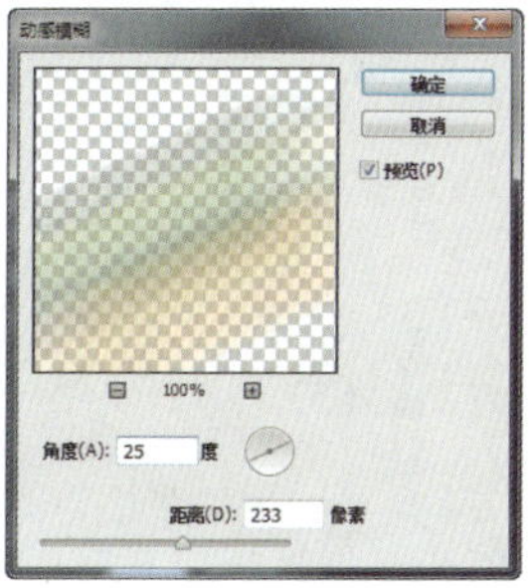

图3-54

图3-55

步骤 06 为该图层添加图层蒙版，使用“画笔工具”，设置“前景色”为黑色，选择合适的笔触与大小，在画布中进行涂抹绘制，如图3-56所示。使用相同的制作方法，拖入其他素材图像并添加“投影”图层样式，效果如图3-57所示。

图3-56

图3-57

步骤 07 复制“图层2”得到“图层2拷贝”图层，清除该图层的图层样式，执行“编辑>变换>垂直翻转”命令，将图形垂直翻转，调整至合适的位置，如图3-58所示。为该图层添加图层蒙版，使用“画笔工具”，设置“前景色”为黑色，在蒙版中进行涂抹绘制，设置该图层的“不透明度”为90%，效果如图3-59所示。

图3-58

图3-59

步骤08 使用相同的制作方法，完成相似图像效果的制作，如图3-60所示。新建名称为“文字”的图层组，使用“直线工具”，在“选项”栏上设置“填充”为RGB（21、49、97），“粗细”为1像素，在画布中绘制直线，如图3-61所示。

图3-60

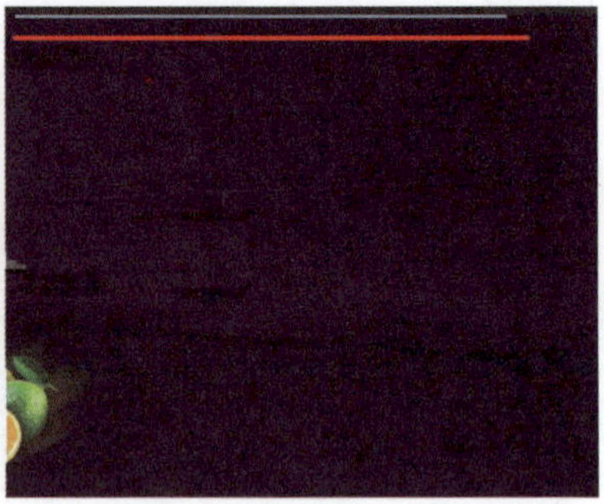

图3-61

步骤09 复制“形状2”图层得到“形状2拷贝”图层，按快捷键Ctrl+T，调出自由变换框，将复制得到的直线向下移动，确认变换操作，如图3-62所示。同时按住Ctrl+Shift+Alt键，多次按T键复制并移动图形，效果如图3-63所示。

图3-62

图3-63

步骤10 同时选中所有的直线图层，将选中的图层合并，为该图层添加图层蒙版，使用“渐变工具”，打开“渐变编辑器”对话框，设置从黑色到白色的渐变颜色，如图3-64所示。单击“确定”按钮，在蒙版中填充对称渐变，效果如图3-65所示。

图3-64

图3-65

步骤 11 复制“形状2拷贝”图层得到“形状2拷贝2”图层，提高亮度，效果如图3-66所示。使用相同的制作方法，完成相似图形的绘制，如图3-67所示。

图3-66

图3-67

步骤 12 新建图层，使用“画笔工具”，设置“前景色”为RGB（1、54、151），选择合适的笔触与大小，在画布中进行涂抹，设置该图层的“不透明度”为60%，如图3-68所示。使用“横排文字工具”，在“字符”面板中进行设置，在画布中输入文字，如图3-69所示。

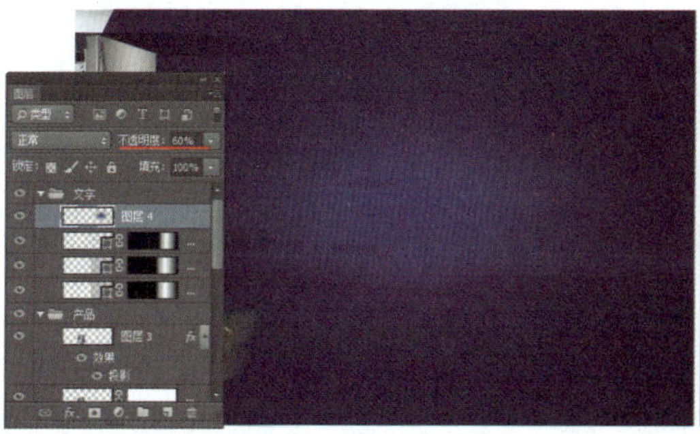

图3-68

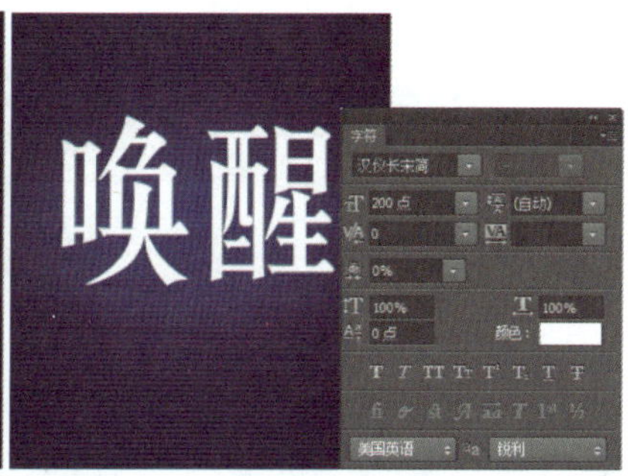

图3-69

步骤 13 执行“类型>转换为形状”命令，将文字图层转换为形状图层，使用“直接选择工具”，选择相应的锚点，对锚点进行调整，从而得到调整后的文字效果，如图3-70所示。打开并拖入素材图像“光盘\源文件\第3章\素材\205.png”，为该图层创建剪贴蒙版，如图3-71所示。

图3-70

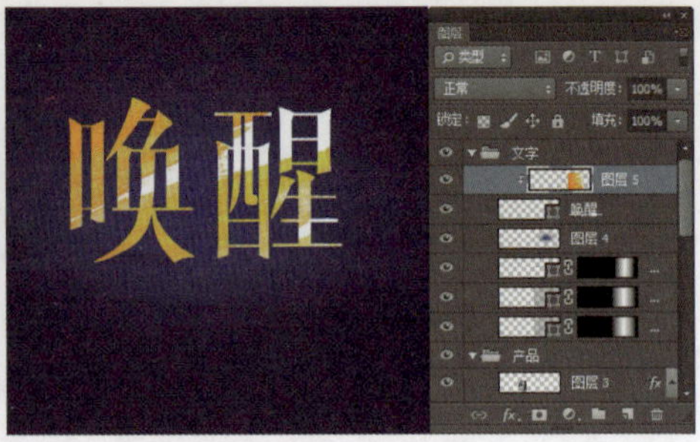

图3-71

步骤 14 使用相同的制作方法，拖入其他素材图像，如图3-72所示。使用相同的制作方法，完成相似图形和文字的制作，效果如图3-73所示。

图3-72

图3-73

步骤 15 将“文字”图层组调到“产品”图层组下方，完成该家电上市推广图的设计制作，最终效果如图3-74所示。

图3-74

3.3 合理安排推广图构图

构图就是在设计推广图片的过程中对画布进行布局排版的过程，合理的构图可以吸引消费者点击，了解推广图中的内容。

3.3.1 均衡构图

均衡构图是指整个推广图的画面呈现一种力量上的平衡感，使得画面具有稳定性，而不是指画面的对称。如图3-75所示为均衡构图在推广图设计中的应用。

图3-75

3.3.2 对比构图

对比构图在设计中应用的类型比较多，包括大小对比、粗细对比、方圆对比、曲线与直线对比等，通过对比构图可以使画面的表现更加强烈，能够有效地突出表现产品，吸引消费者的目光。如图3-76所示为对比构图在推广图设计中的应用。

图3-76

3.3.3 焦点构图

焦点构图就是通过画面的构图将消费者的目光集中在画面的中心位置，通过对画面的构图去引导用户的视觉焦点。如图3-77所示为焦点构图在推广图设计中的应用。

图3-77

3.3.4 垂直水平构图

平行排列每一个产品，每个产品的展示效果都很好，各个产品所占的比重相同，秩序感强烈，采用这种构图形式可以给浏览者一种产品规矩正式、高档的感觉。如图3-78所示为垂直水平构图在推广图设计中的应用。

图3-78

3.3.5 正三角形构图

正三角形构图可以有效增强画面中产品的立体感，各个产品所占的比重有轻重之分，构图稳定自然，画面具有一定的空间感。采用这种构图形式可以给浏览者带来稳定可靠、富有安全感的感觉。如图3-79所示为正三角形构图在推广图设计中的应用。

图3-79

3.3.6 倒三角形构图

倒三角形构图使画面中产品的立体感极强，各个产品所占的比重有轻重之分，构图动感活泼，可以有效增强整个画面的运动感和空间感。采用这种构图形式可以给浏览者带来运动感和不稳定感，有效激发用户兴趣。如图3-80所示为倒三角形构图在推广图设计中的应用。

图3-80

3.3.7 对角线构图

在推广图设计中使用一个产品或两个产品进行组合对角线构图，产品的空间感强，各个产品所占的比重相对平衡，构图动感、活泼、稳定，给人很强的运动感和空间感。采用这种构图形式可以给浏览者带来动感十足且稳定的感受。如图3-81所示为对角线构图在推广图设计中的应用。

图3-81

3.3.8 渐进式构图

在推广图设计中将多个产品依次按渐进式进行排列，产品展示空间感强烈，各个产品所占的比重不同，由大及小，构图稳定，次序感强，利用透视引导指向图片中的主题文案。采用这种构图形式可以给浏览者带来稳定自然、产品丰富可靠的感觉。如图3-82所示为渐进式构图在推广图设计中的应用。

图3-82

3.3.9 辐射状构图

在推广图设计中将多个产品进行辐射式构图，产品空间感强烈，各个产品所占的比重不同，由大及小。整个画面的构图动感活泼、次序感强，利用透视指向图片中的主题文案。采用这种构图形式可以给浏览者带来产品丰富可靠、活泼动感的感觉。如图3-83所示为辐射状构图在推广图设计中的应用。

图3-83

3.3.10 框架式构图

在推广图设计中将单个或多个产品进行框架式构图，产品展示效果直接，有画中画的感觉。整个画面的构图规整平衡，稳定坚固。采用这种构图形式可以给浏览者带来产品可靠、稳定可信赖的感觉。如图3-84所示为框架式构图在推广图设计中的应用。

图3-84

案例分析 | 男士衬衫推广图设计分析

整体评价：该男士衬衫推广图的设计简洁整齐，通过上下排版，使画面的结构简单清晰，使用棱角分明的图像，使画面看起来非常干练利落。文字放置于中间位置，大小不一，突出主题关键字。

构图分析：该男装衬衫推广图构成的元素较少，将产品放置在画面的顶部，主题文字放置在画面正中间，让浏览者更加快速准确捕捉到想要的信息，文案采用大小和粗细不一的字体，突出主题信息，画面更加简单、干练，突出产品的高端大气。

配色方案：使用灰色作为该推广图的背景主色调，表现出画面的整洁明亮，搭配黑色文字和褐色图形，色彩搭配柔和、自然，给人一种舒适的感受。

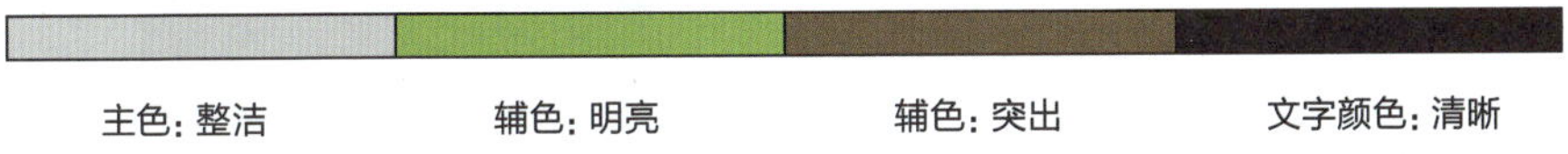

实战案例 | 设计小家电促销推广图

源文件：光盘\源文件\第3章\小家电促销推广图.psd　视　频：光盘\视频\第3章\小家电促销推广图.swf

● **案例分析**

案例特点：本案例设计一款小家电促销推广图，突出表现产品的精美外观，并应用渐变颜色使得画面中图形的层次感更强。

制作思路与要点：本案例所设计的小家电促销推广图，通过使用滤镜和调整图层的方式对产品图像进行调整，使得产品图像的外观更加清晰和细腻，给人留下深刻印象。在产品上方运用渐变颜色填充的图形与文字相搭配，整个画面中产品、产品标题和价格被很好地凸显出来。

● **色彩分析**

在该案例的设计过程中使用蓝紫色和橙色作为画面的背景主色调，表现出产品的高贵和时尚感，通过使用红色与蓝色的对比突出表现产品的名称，画面中重点文字内容都使用了黄色到橙色的渐变颜色，具有很好的辨识性，能够有效地突出相应的重点信息。

红色　蓝色　橙色

● **制作步骤**

步骤 01 执行“文件>新建”命令，弹出“新建”对话框，新建一个空白文档，如图3-85所示。新建名称为“背景”的图层组，打开并拖入素材图像“光盘\源文件\第3章\素材\301.png”，效果如图3-86所示。

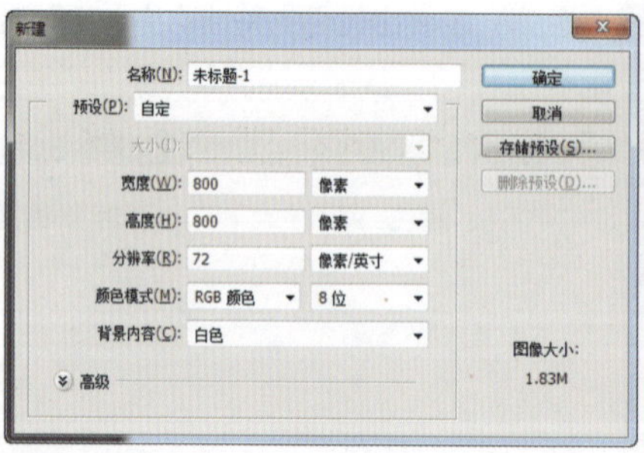

图3-85

图3-86

步骤 02 新建“图层2”，使用“画笔工具”，设置“前景色”为白色，选择合适的笔触，在画布中进行涂抹，效果如图3-87所示。设置该图层的“混合模式”为“叠加”，“不透明度”为57%，效果如图3-88所示。

图3-87

图3-88

步骤 03 新建“图层3”，使用相同的制作方法，绘制出相似的图形，效果如图3-89所示。添加“色彩平衡”调整图层，在“属性”面板中对相关选项进行设置，如图3-90所示。

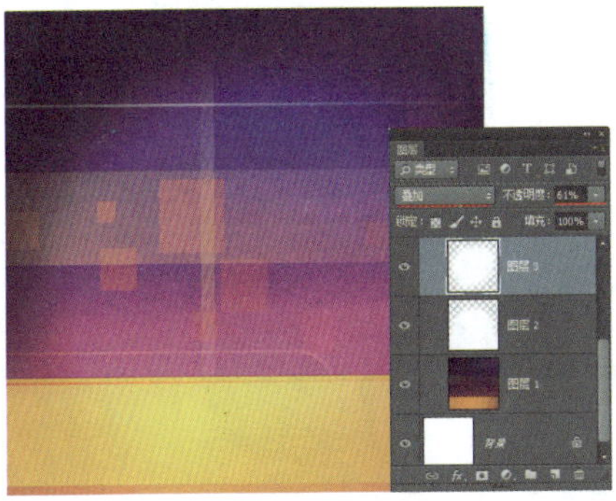

图3-89

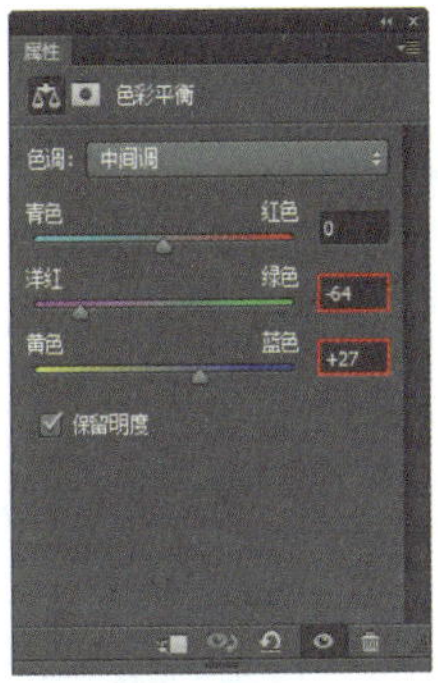

图3-90

步骤 04 完成“色彩平衡”调整图层的设置，效果如图3-91所示。新建名称为“产品”的图层组，打开并拖入素材图像“光盘\源文件\第3章\素材\302.png”，效果如图3-92所示。

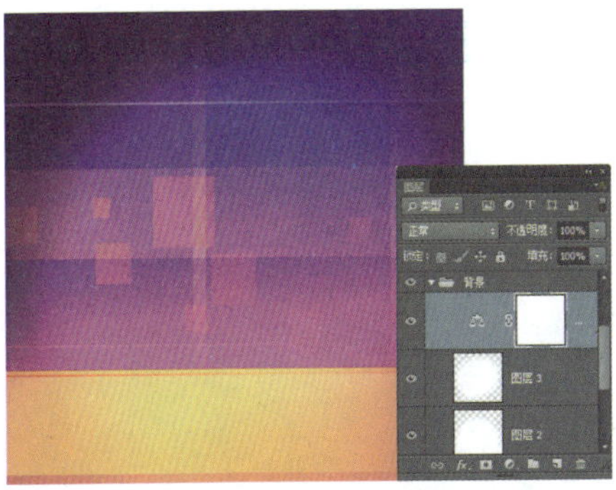

图3-91

图3-92

步骤 05 复制“图层4”得到“图层4拷贝”图层，载入该图层选区，为选区填充黑色，如图3-93所示。取消选区，执行“滤镜>模糊>高斯模糊”命令，弹出“高斯模糊”对话框，参数设置如图3-94所示。

图3-93

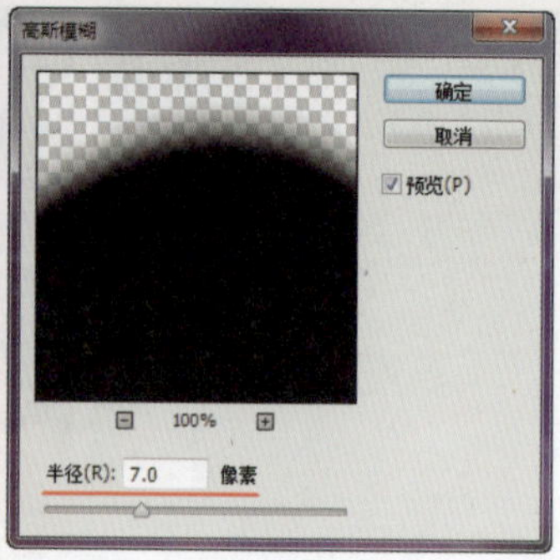

图3-94

步骤 06 单击“确定”按钮，完成“高斯模糊”对话框的设置，将该图层移至“图层4”下方，设置“不透明度”为50%，效果如图3-95所示。为该图层添加图层蒙版，使用“画笔工具”，设置“前景色”为黑色，选择合适的画笔笔触，在蒙版中进行涂抹，效果如图3-96所示。

图3-95

图3-96

步骤 07 复制“图层4”得到“图层4拷贝2”图层，执行“滤镜>其他>高反差保留”命令，弹出“高反差保留”对话框，参数设置如图3-97所示。单击“确定”按钮，完成“高反差保留”对话框的设置，设置该图层的“混合模式”为“叠加”，“不透明度”为40%，为该图层创建剪贴蒙版，效果如图3-98所示。

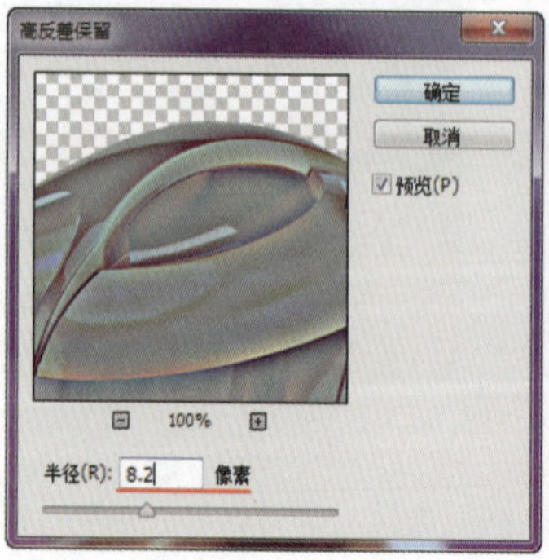

图3-97

图3-98

步骤 08 添加“曲线”和“色阶”调整图层，在“属性”面板中分别对相关选项进行设置，如图3-99所示。完成“曲线”和“色阶”调整图层的设置，为这两个图层创建剪贴蒙版，效果如图3-100所示。

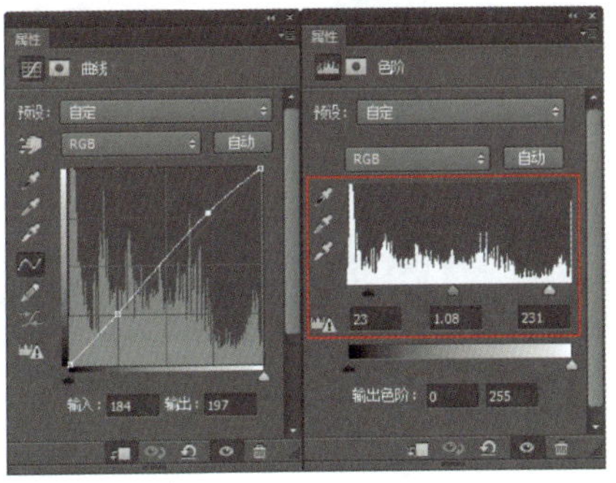

图3-99

图3-100

步骤 09 新建名称为“大标题”的图层组，使用“矩形工具”，在画布中绘制矩形，如图3-101所示。使用“直接选择工具”分别调整矩形左下角和右下角的锚点，效果如图3-102所示。

图3-101

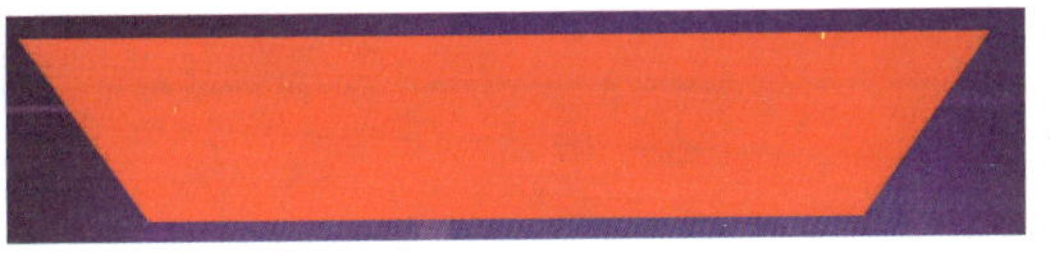

图3-102

步骤 10 为该图层添加“渐变叠加”图层样式，对相关选项进行设置，如图3-103所示。继续添加“描边”图层样式，对相关选项进行设置，如图3-104所示。

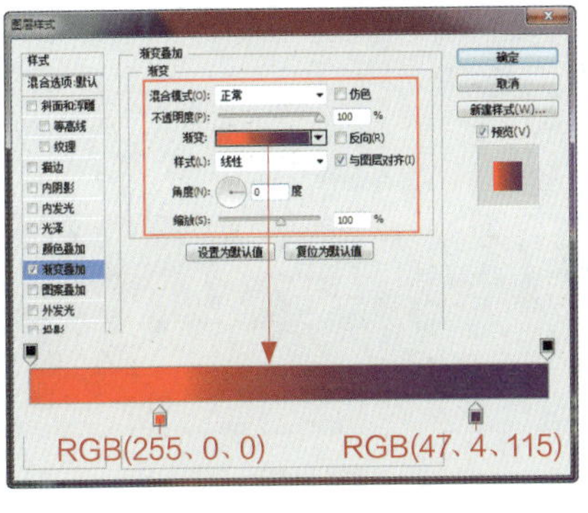

图3-103

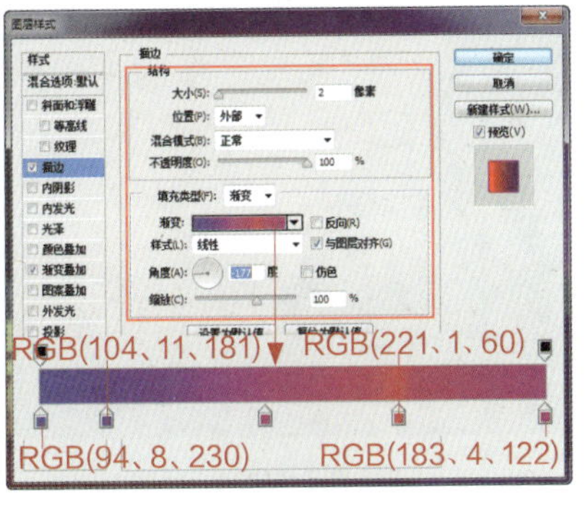

图3-104

步骤 11 单击“确定”按钮，完成“图层样式”对话框的设置，效果如图3-105所示。使用“钢笔工具”，在画布中相应位置绘制形状图形，如图3-106所示。

图3-105

图3-106

步骤 12 为该图层添加“渐变叠加”图层样式，对相关选项进行设置，如图3-107所示。继续添加“描边”图层样式，对相关选项进行设置，如图3-108所示。

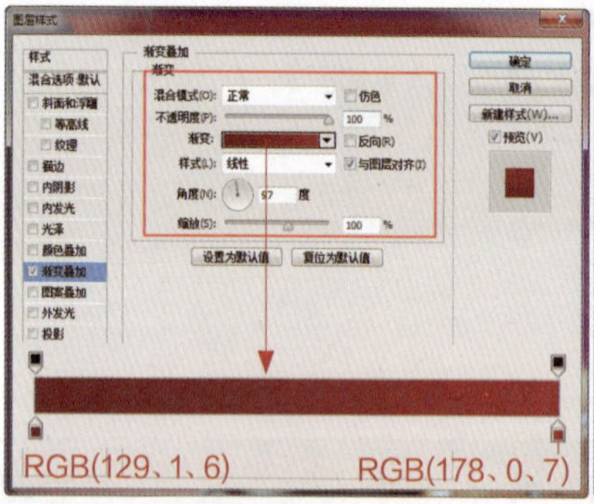

图3-107

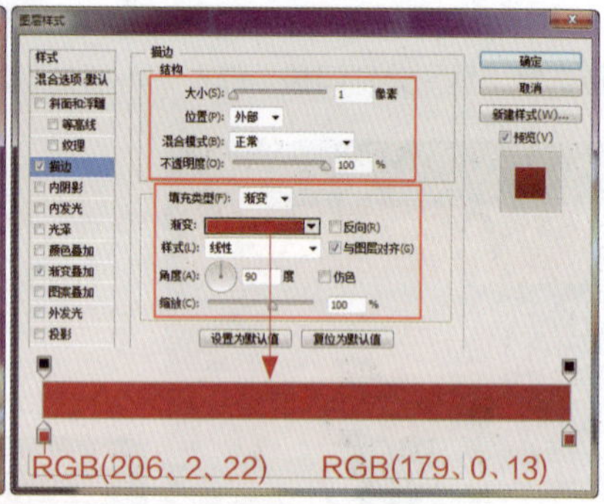

图3-108

步骤 13 单击“确定”按钮，完成“图层样式”对话框的设置，效果如图3-109所示。使用相同的制作方法，完成相似图形的绘制，效果如图3-110所示。

图3-109

图3-110

步骤 14 使用相同的制作方法，完成相似图形效果的绘制，效果如图3-111所示。

图3-111

步骤15 使用“横排文字工具”，在“字符”面板中对相关选项进行设置，在画布中输入文字，如图3-112所示。

图3-112

步骤16 执行“类型>转换为形状”命令，将文字图层转换为形状图层，使用“直接选择工具”，将文字相应的笔画删除，效果如图3-113所示。为该文字图层添加“渐变叠加”图层样式，对相关选项进行设置，效果如图3-114所示。

图3-113

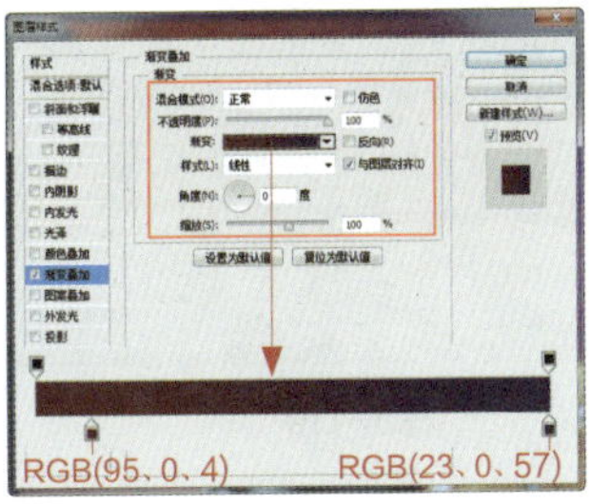

图3-114

步骤17 单击“确定”按钮，完成“图层样式”对话框的设置，效果如图3-115所示。使用“钢笔工具”，在“选项”栏上设置“工具模式”为“形状”，“填充”为RGB（74、0、19），在画布中绘制形状图形，如图3-116所示。

图3-115

图3-116

步骤 18 复制“魅影清洁精灵”图层得到“魅影清洁精灵 拷贝”图层，将复制得到的图形向下移动2像素，效果如图3-117所示。再复制该图层，修改复制得到的图层的“渐变叠加”图层样式，参数设置如图3-118所示。

图3-117

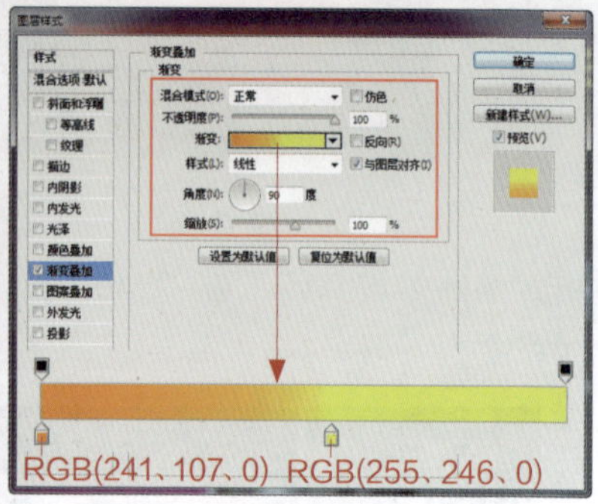

图3-118

步骤 19 单击“确定”按钮，完成“图层样式”对话框的设置，效果如图3-119所示。复制“形状5”得到“形状5 拷贝”图层，为该图层添加“渐变叠加”图层样式，对相关选项进行设置，如图3-120所示。

图3-119

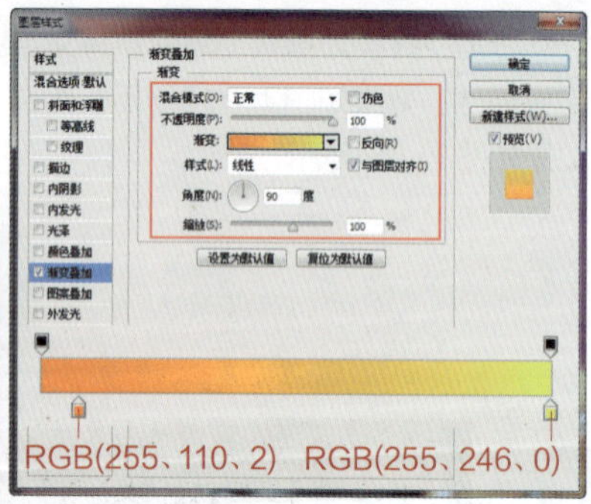

图3-120

步骤 20 单击“确定”按钮，完成“图层样式”对话框的设置，效果如图3-121所示。使用相同的制作方法，在画布中输入其他文字，效果如图3-122所示。

图3-121

图3-122

步骤 21 新建名称为“底部”的图层组，使用“矩形工具”，在“选项”栏上设置“填充”为RGB（46、4、115），在画布中绘制矩形，设置该图层的“不透明度”为69%，效果如图3-123所示。使用相同的制作方法，绘制出相似的矩形，效果如图3-124所示。

图3-123

图3-124

步骤22 使用“横排文字工具”，在“字符”面板中对相关选项进行设置，在画布中输入文字，如图3-125所示。为该图层添加“渐变叠加”图层样式，对相关选项进行设置，如图3-126所示。

图3-125

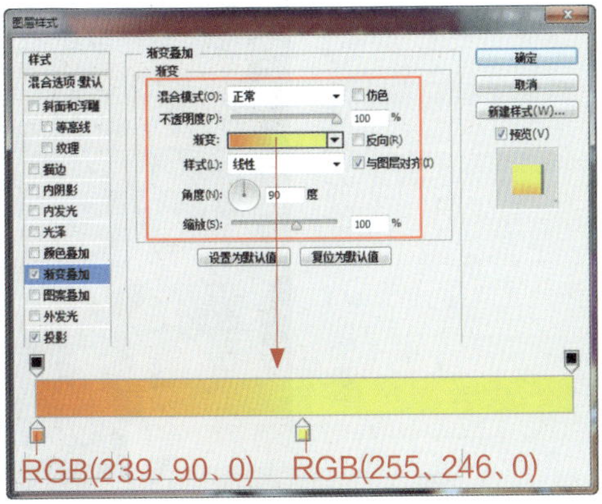

图3-126

步骤23 继续添加“投影”图层样式，对相关选项进行设置，如图3-127所示。单击“确定”按钮，完成“图层样式”对话框的设置，效果如图3-128所示。

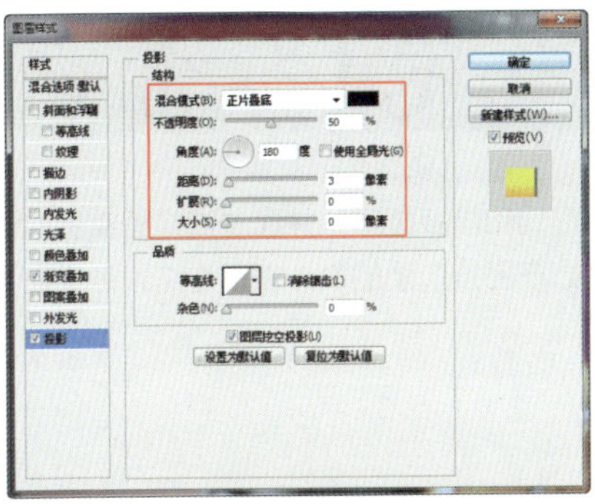

图3-127

图3-128

步骤24 使用相同的制作方法，输入其他文字，效果如图3-129所示。使用相同的制作方法，拖入相应的素材图像进行处理，效果如图3-130所示。

图3-129

图3-130

步骤 25 完成该小家电促销推广图的设计制作，最终效果如图3-131所示。

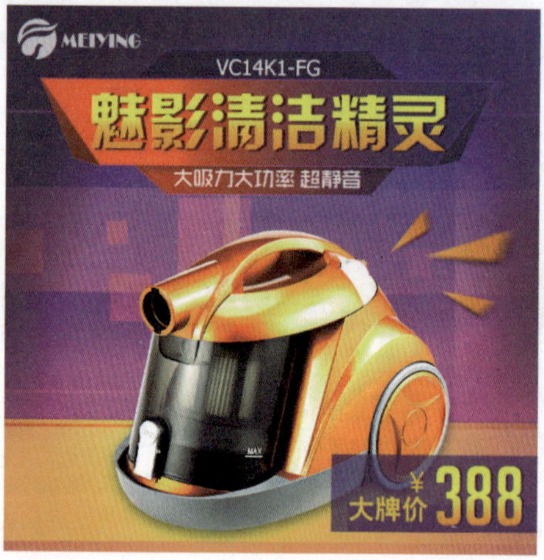

图3-131

3.4 本章小结

在本章中详细向读者介绍了产品推广图的表现形式和排版技巧，并通过推广图实例的设计制作，使读者能够在理解产品推广图设计理论的基础上掌握产品推广图的设计表现方法，确保在今后的工作中设计出精美的产品推广图。

04

Chapter

直通车推广

直通车是为淘宝卖家量身定做的一款精准推广工具，卖家可以通过类目推广、活动推广和计划推广实现产品的精准展现，从而为网店引入精准的流量。本章将向读者介绍有关直通车推广图片设计的相关知识。

4.1 了解直通车推广

淘宝直通车可以方便地让淘宝卖家在淘宝上推广自己的宝贝，具有广告位极佳、广告针对性强和按效果付费三大优势。可以说，淘宝直通车已经成为想在淘宝网上获得成功的卖家们的一门必修课。

4.1.1 什么是直通车

直通车是为淘宝卖家量身定制的，按点击付费的效果营销工具，实现产品的精准推广。淘宝直通车推广，使浏览者通过点击直通车图片，进入卖家的店铺，从而产生一次甚至多次的店铺内跳转流量，这种以点带面的关联效应可以降低推广的成本和提高整店的关联营销效果。

4.1.2 直通车的优势

使用直通车对网店产品进行推广的好处如下。

（1）当买家主动搜索产品时，在最优位置展示宝贝，超准推荐给每一位潜在的买家。

（2）被直通车推广的产品，大大提高了产品的曝光率，带来更多的潜在客户。

（3）只有想买同类产品的消费者才能看到你的产品，给卖家带来的都是有购买意向的点击，带来的顾客都是购买意向明确的买家。

（4）直通车能给整个店铺带来人气，一个点击带来的可能是几个成交，这种整体连锁反应，是直通车推广的最大优势，店铺人气逐渐就会提高了。

（5）可以参加更多的淘宝促销活动，参加后会有不定期的直通车用户专享的促销活动，加入直通车后，可以报名参加各种促销活动。

（6）在展示位上免费展示，买家点击才付费，自由设置日消费限额、投放时间、投放地域，有效控制卖家的开销，合理掌控成本。强大的防恶意点击技术，系统24小时不间断运行，保证点击真实有效。

（7）免费参加直通车培训，并且有优秀直通车卖家指点优化方案，迅速掌握直通车推广技巧。

4.1.3 直通车图片尺寸要求

直通车又分为店铺直通车和产品直通车，其区别除了设计尺寸不一样之外，其链接方式也不一样，店铺直通车链接到店铺首页或者店铺活动页面，而产品直通车链接到产品详情页面。

如图4-1所示为店铺直通车图片。

设计尺寸：
210 × 315px
展示尺寸：
180 × 270px（最小）

图4-1

如图4-2所示为产品直通车图片。

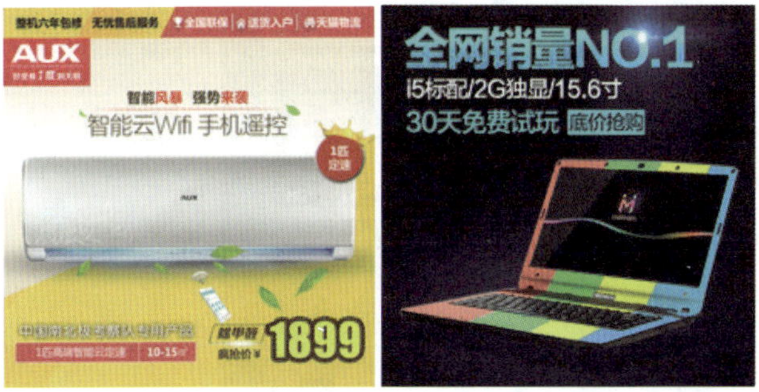

设计尺寸：
800px × 800px
展示尺寸：
200px × 200px（最小）

图4-2

因为直通车图片的尺寸会根据显示器分辨率的大小而自动调整尺寸大小，所以在设计直通车图片时需要注意该直通车图片在不同环境下的展示效果。

在淘宝网站的搜索框中输入产品关键字，点击搜索按钮后进入搜索结果页面，产品直通车图片显示在搜索列表右侧与底部，如图4-3所示。店铺直通车图片显示在搜索列表的右侧，位于产品直通车的下方，如图4-4所示。

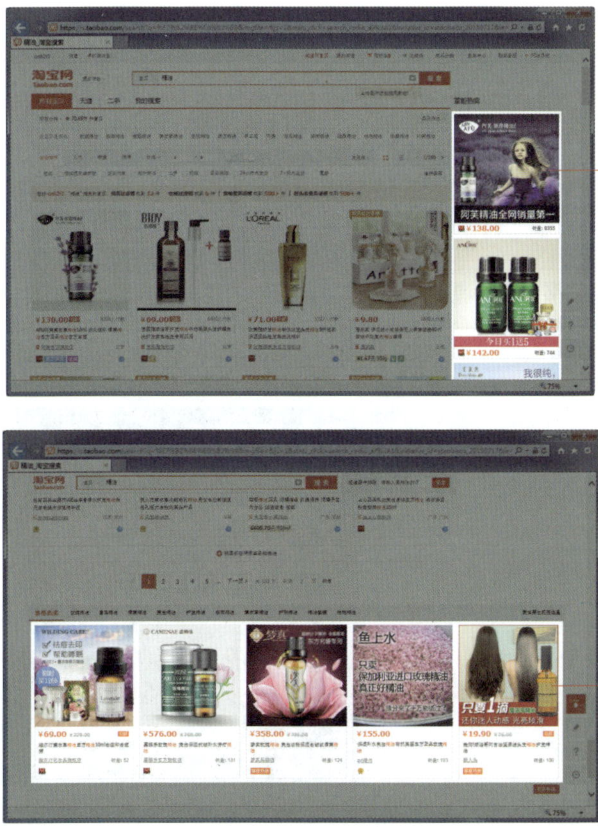

产品直通车图片

产品直通车图片

图4-3

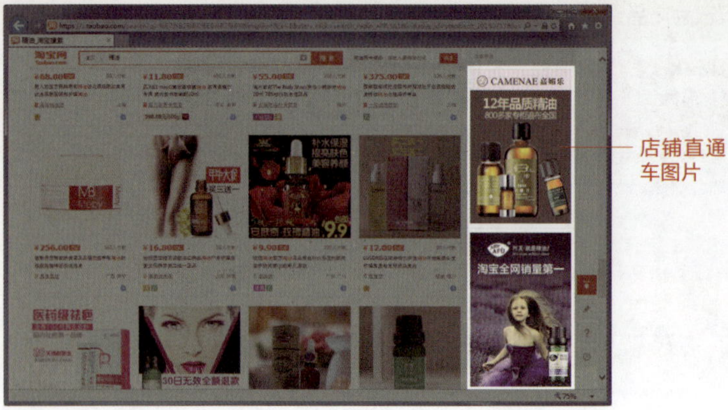

图4-4

4.2 直通车图片的构图方式

由于直通车图片点击后需要付费，所以产品一定要放置在直通车图片最显眼的位置，以免误导点击而产生不必要的扣费。因为直通车图片的展示效果较小，所以直通车图片的构图方式比较简洁，大部分情况下都需要根据产品图的特征来进行构图，下面向读者介绍几种常见的直通车构图方式。

4.2.1 左右构图

左右构图的方式比较适合产品比较细长的直通车图片，将产品图片放置在右侧，介绍文字放置在左侧，或者相反。

采用左右构图是一种非常常见的直通车构图方式，大方、严谨，但是设计的过程中注意选择合适的图形素材，并且文案的设计需要层次分明、表达清晰。如图4-5所示为采用左右构图设计的直通车图片。

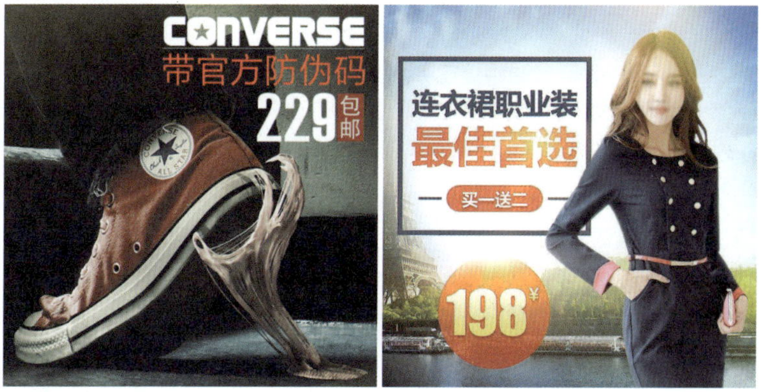

图4-5

4.2.2 上下构图

上下构图的方式比较适合产品较宽，放置到画面中后上下有较多剩余空间的直通车图片。如果产品偏向大气、稳重、有重量的感觉，可以将文字排列在产品的上方；如果产品偏向小巧、轻盈的感觉，可以将文字排列在产品的下方。如图4-6所示为采用上下构图设计的直通车图片。

图4-6

4.2.3 对角线构图

如果产品特别细长，例如笔、钓鱼竿等，这种类型的产品采用对角线构图的方式进行设计可以将产品展示得更大、更直观。另外，如果需要表现出产品的动感效果，通常会在设计中对产品进行倾斜处理，这时候也可以使用对角线构图的方式对其进行设计处理。如图4-7所示为采用对角线构图设计的直通车图片。

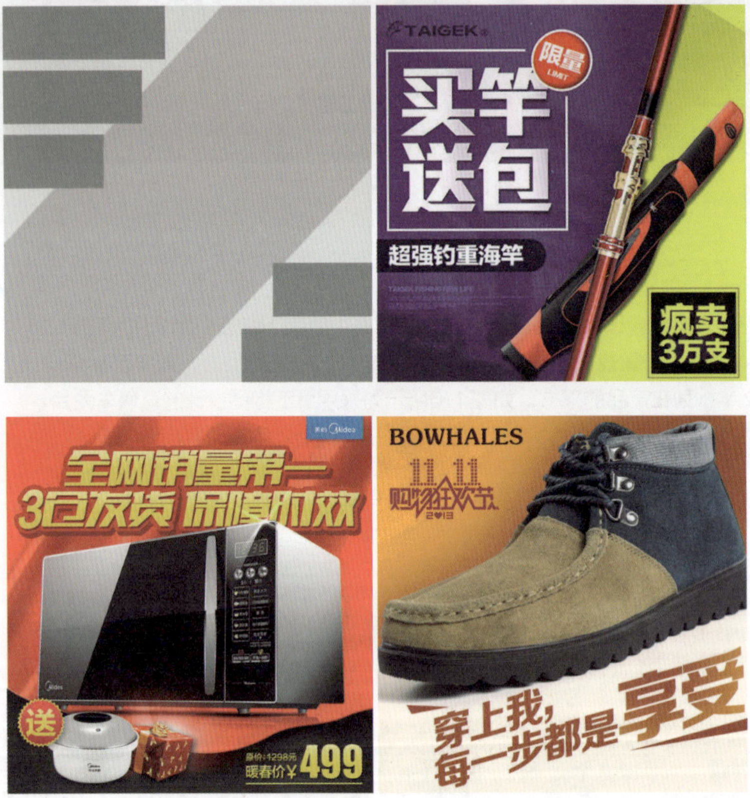

图4-7

4.2.4 居中构图

将产品放置在画面居中的位置，将相关的文案和图形分散摆放在各个角落，合理控制文字或图形的大小来使整个画面平衡。这里并不是要求必须使用文字或图形去占据画面的4个角，而是需要根据产品图片的形状及摆放，合理地控制好整个画面的构图，使整个设计画面均衡。如图4-8所示为采用居中构图设计的直通车图片。

图4-8

案例分析 | 美容产品直通车图片设计分析

整体评价：该直通车图片的设计简洁整齐，通过左右排版，使画面的结构简单清晰，通过棱角分明的图像，使画面看起来非常干净利落。文字放置于左侧中间位置，大小不一，凸显标题的关键字。

构图分析：该美容产品直通车图片采用左右构图方式，产品和文案内容都以竖立方式放置，使画面更加协调，Logo位于左上角，更加容易吸引浏览者眼球，背景层次分明，使画面具有强烈的空间感。

配色方案：粉红色为该直通车图片的主体颜色，与产品外观的色调相呼应，体现出女性的魅力，搭配大红色图形和文字，给人一种喜悦、温暖的感觉，白色文字使Logo更加醒目、更为突出。

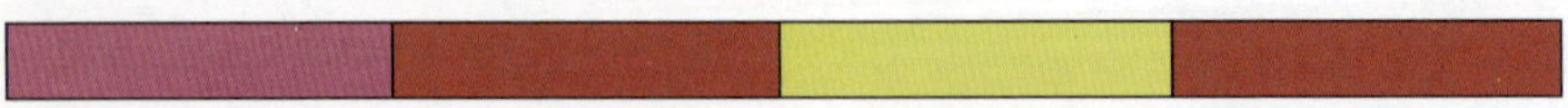

主色：魅力　　辅色：喜悦　　辅色：明亮　　文字颜色：突出

实战案例 | 设计电器直通车图片

源文件：光盘\源文件\第4章\电器直通车图片.psd　　视　频：光盘\视频\第4章\电器直通车图片.swf

● 案例分析

案例特点：本案例设计一款电器产品直通车图片，运用上下构图的方式对直通车图片进行构图，突出表现产品的视觉效果，让人感觉产品信息直观、明确。

制作思路与要点：在本案例的设计过程中，运用渐变的背景来烘托产品和信息的表现，对产品进行调色处理，使产品的外观更加亮丽。文案效果的处理是本实例的重点，在文案设计中运用渐变颜色和阴影等效果，重点突出主题文字内容，并且对商品价格文字进行了放大处理，使得关键信息明确、醒目，能够很好地吸引消费者的关注。

● 色彩分析

本案例所设计的家电直通车图片使用红紫色作为背景色调，搭配红色外观的产品和黄橙色渐变的文字效果，使得产品和文案内容在背景的衬托下非常醒目，使得内容层次清晰有质感，并且能够给人一种热情、美好的感受。

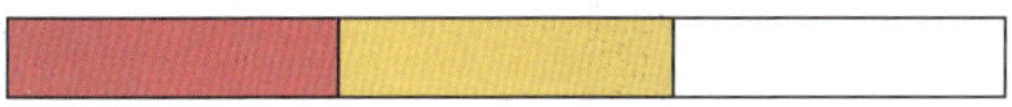

红色　　黄色　　白色

● 制作步骤

步骤 01 执行“文件>新建”命令，弹出“新建”对话框，新建一个空白文档，如图4-9所示。为画布填充黑色，新建名称为“背景”的图层组，新建图层，使用“画笔工具”，设置“前景色”为RGB（153、43、70），选择合适的笔触与大小，在画布中涂抹绘制，如图4-10所示。

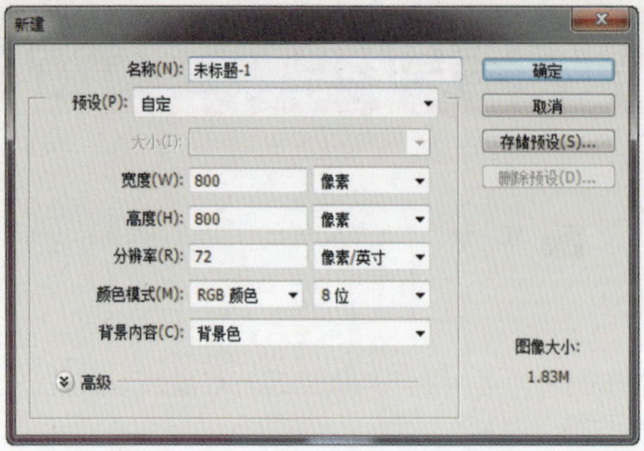

图4-9

图4-10

步骤02 使用相同的制作方法，新建图层，使用不同的颜色进行涂抹，效果如图4-11所示。新建图层，使用“钢笔工具”，在“选项”栏上设置“工具模式”为“路径”，在画布中绘制路径，按快捷键Shift+Enter，将路径转换为选区，如图4-12所示。

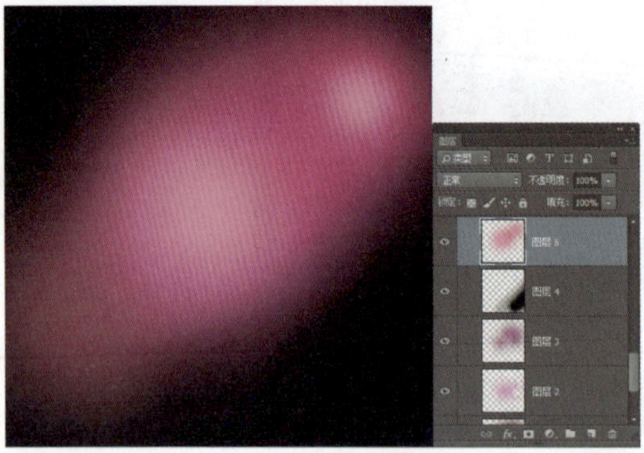

图4-11

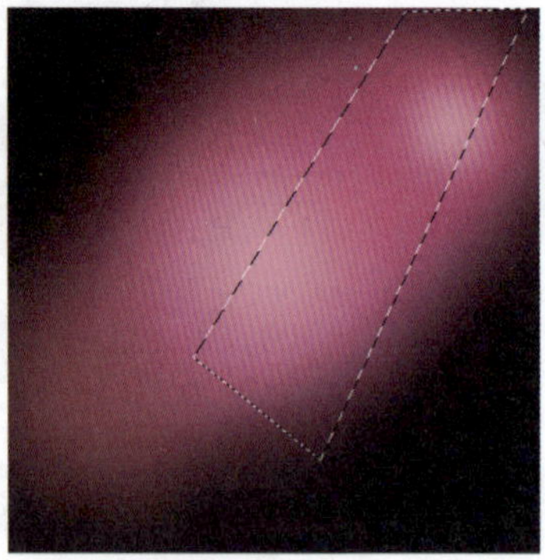

图4-12

步骤03 使用“渐变工具”，打开“渐变编辑器”对话框，设置渐变颜色，如图4-13所示。单击“确定”按钮，完成渐变颜色的设置，在选区中拖动鼠标填充线性渐变，并设置该图层的“不透明度”为20%，效果如图4-14所示。

图4-13

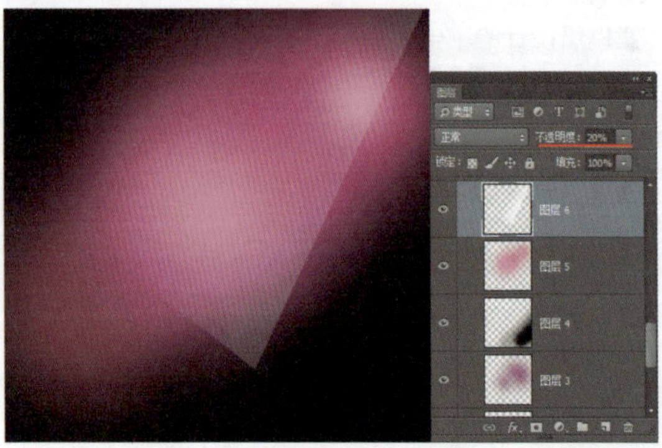

图4-14

步骤 04 使用相同的制作方法，完成相似图形的绘制，效果如图4-15所示。打开素材图像“光盘\源文件\第4章\素材\101.png”，将其拖入设计文档中，调整至合适的位置，如图4-16所示。

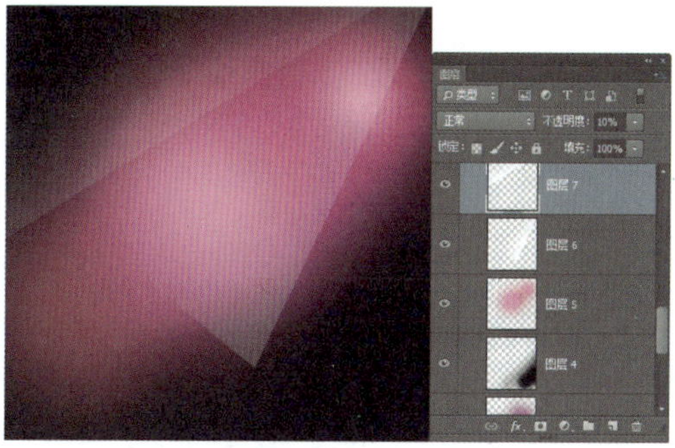

图4-15

图4-16

步骤 05 设置该图层的“混合模式”为“滤色”，“不透明度”为50%，为该图层添加图层蒙版，使用“画笔工具”，设置“前景色”为黑色，在蒙版中进行涂抹处理，效果如图4-17所示。新建名称为“产品”的图层组，使用“矩形工具”，在“选项”栏上设置“工具模式”为“形状”，“填充”为RGB（213、227、254），在画布中绘制矩形，如图4-18所示。

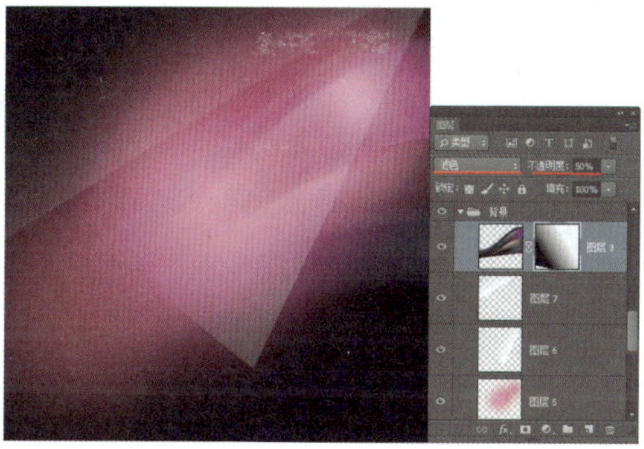

图4-17

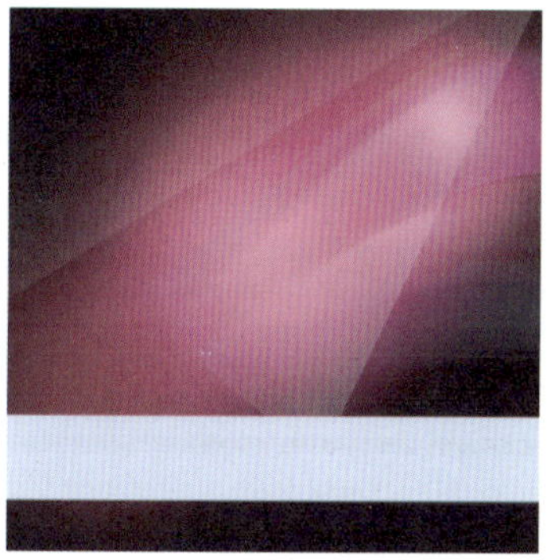

图4-18

步骤 06 使用相同的制作方法，完成相似图形的绘制，如图4-19所示。打开并拖入产品素材图像“光盘\源文件\第4章\素材\102.png”，调整至合适的位置，如图4-20所示。

图4-19

图4-20

步骤 07 复制"图层10"得到"图层10拷贝"图层，执行"编辑>变换>垂直翻转"命令，将图像垂直翻转，并向下移动调整到合适的位置，如图4-21所示。将该图层移至"图层10"下方，为该图层添加图层蒙版，在蒙版中填充黑白线性渐变，效果如图4-22所示。

图4-21

图4-22

步骤 08 在"图层10拷贝"上方新建图层，使用"椭圆选框工具"，在画布中绘制椭圆选区，执行"选择>修改>羽化"命令，弹出"羽化选区"对话框，参数设置如图4-23所示。单击"确定"按钮，为选区填充黑色，取消选区，为该图层添加图层蒙版，在蒙版中填充黑白对称渐变，效果如图4-24所示。

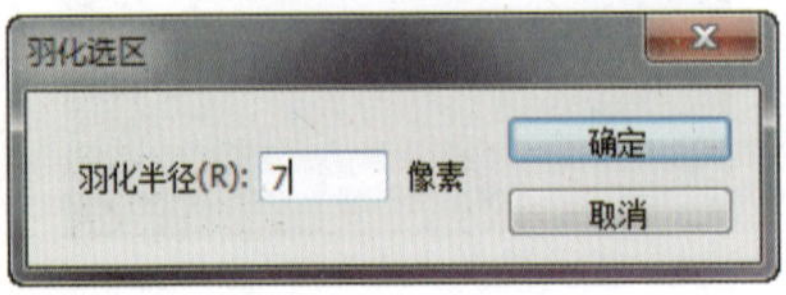

图4-23

图4-24

步骤 09 选择"图层10"，添加"亮度/对比度"调整图层，在弹出的"属性"面板中对相关选项进行设置，如图4-25所示。选中"亮度/对比度1"调整图层蒙版，载入"图层10"选区，按快捷键Shift+Ctrl+I，反向选择选区，在蒙版中填充黑色，效果如图4-26所示。

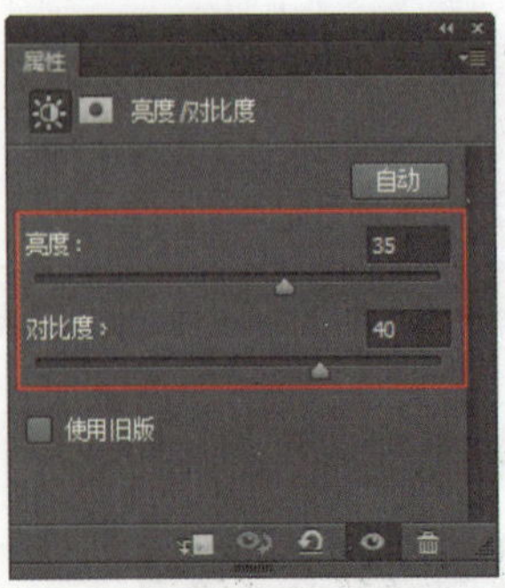

图4-25

图4-26

步骤 10 新建名称为Logo的图层组，使用“矩形工具”，在“选项”栏上设置“填充”为RGB（24、148、210），在画布中绘制矩形，如图4-27所示。打开并拖入素材图像“光盘\源文件\第4章\素材\103.png”，效果如图4-28所示。

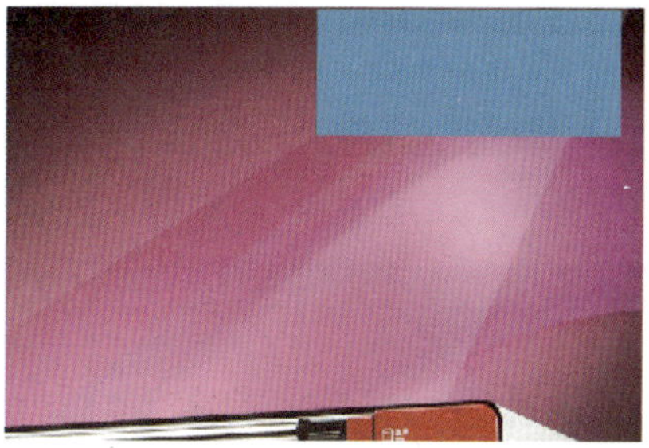

图4-27

图4-28

步骤 11 为该图层添加“颜色叠加”图层样式，对相关选项进行设置，如图4-29所示。单击“确定”按钮，完成“图层样式”对话框的设置，效果如图4-30所示。

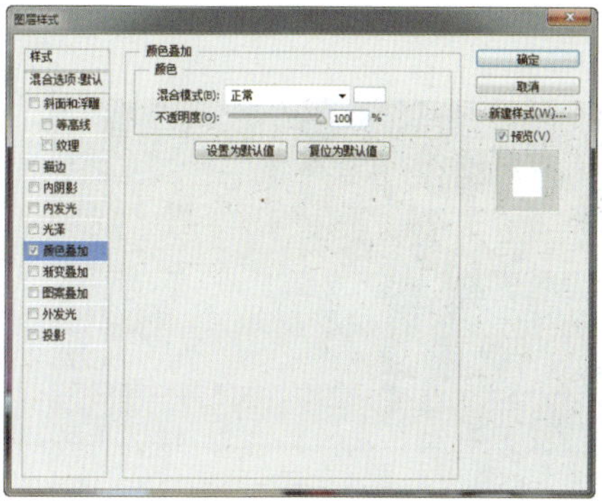

图4-29

图4-30

步骤 12 新建名称为“文案”的图层组，使用“横排文字工具”，在“字符”面板中设置相关选项，在画布中输入文字，如图4-31所示。选中相应的文字，在“字符”面板中设置相关选项，如图4-32所示。

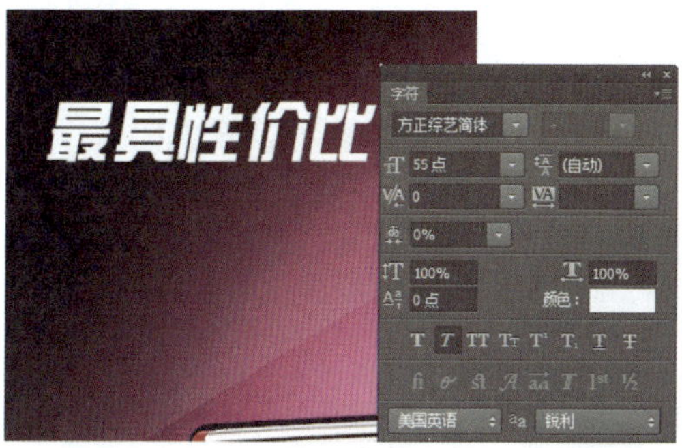

图4-31

图4-32

步骤13 执行“类型>转换为形状”命令，将文字图层转换为形状图层，使用“直接选择工具”，对文字相应的锚点进行调整，从而对文字进行简单的变形处理，效果如图4-33所示。为该图层添加“渐变叠加”图层样式，对相关选项进行设置，如图4-34所示。

图4-33

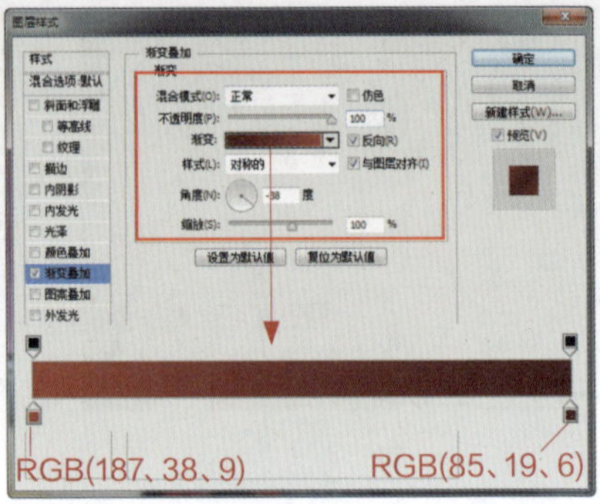

图4-34

步骤14 继续添加“投影”图层样式，对相关选项进行设置，如图4-35所示。单击“确定”按钮，完成“图层样式”对话框的设置，效果如图4-36所示。

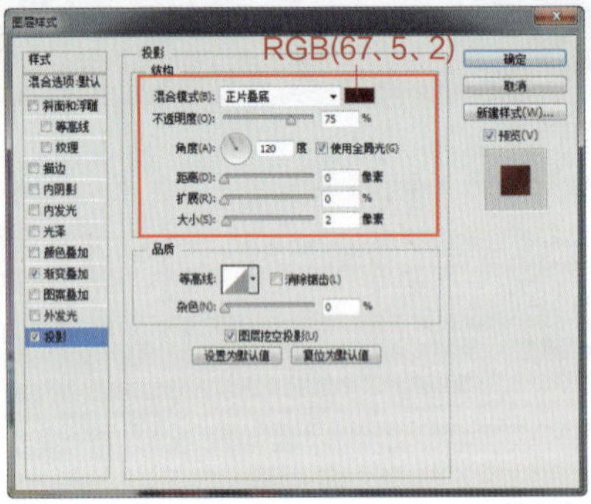

图4-35

图4-36

步骤15 复制该图层，清除复制得到的图层的图层样式，将复制得到的图形向上移动3像素，并为该图层添加“渐变叠加”图层样式，效果如图4-37所示。再次复制该图层，将其调整至两个图层的下方，清除该图层的图层样式，修改颜色为黑色，执行“滤镜>模糊>高斯模糊”命令，弹出“高斯模糊”对话框，参数设置如图4-38所示。

图4-37

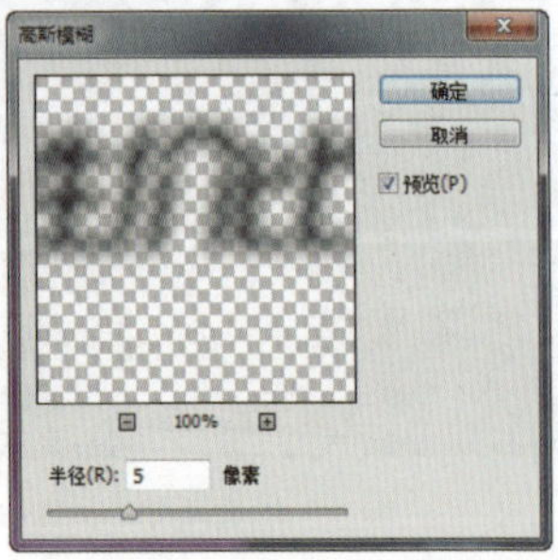

图4-38

步骤 16 单击“确定”按钮，完成“高斯模糊”对话框的设置，效果如图4-39所示。新建名称为“光效”的图层组，拖入相应的光影素材图像，并分别进行相应的调整和设置，效果如图4-40所示。

图4-39

图4-40

步骤 17 使用相同的制作方法，完成其他文字效果的制作，如图4-41所示。新建名称为“标签”的图层组，使用“椭圆工具”，在画布中绘制任意颜色的正圆形，如图4-42所示。

图4-41

图4-42

步骤 18 使用“椭圆工具”，在“选项”栏上设置“路径操作”为“减去顶层形状”，在刚绘制的正圆形上减去一个正圆形，得到需要的圆环图形，如图4-43所示。为该图层添加“渐变叠加”图层样式，对相关选项进行设置，如图4-44所示。

图4-43

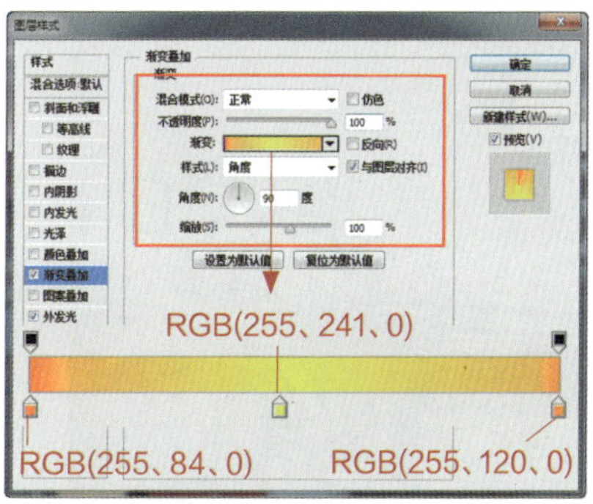

图4-44

步骤 19 继续添加“外发光”图层样式，对相关选项进行设置，如图4-45所示。继续添加“投影”图层样式，对相关选项进行设置，如图4-46所示。

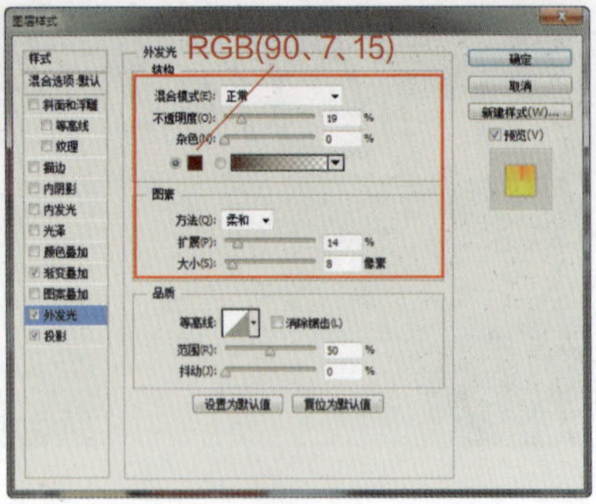

图4-45

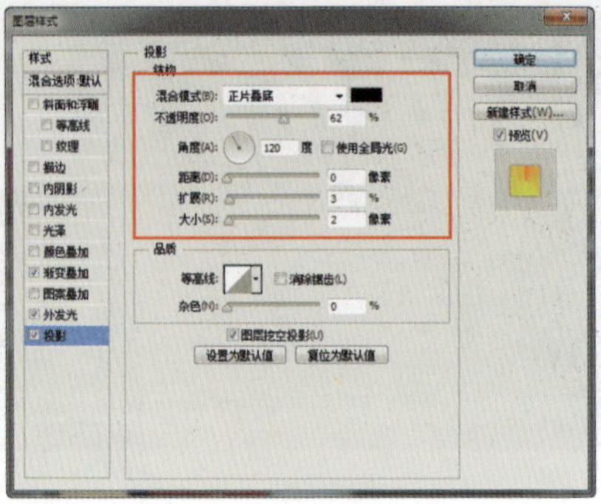

图4-46

步骤 20 单击“确定”按钮，完成“图层样式”对话框的设置，效果如图4-47所示。使用相同的制作方法，完成该部分图形和文字效果的制作，如图4-48所示。

图4-47

图4-48

步骤 21 新建图层，使用“钢笔工具”，在“选项”栏上设置“工具模式”为“路径”，在画布中绘制路径，如图4-49所示。使用“画笔工具”，设置“前景色”为白色，按F5键，打开“画笔”面板，参数设置如图4-50所示。

图4-49

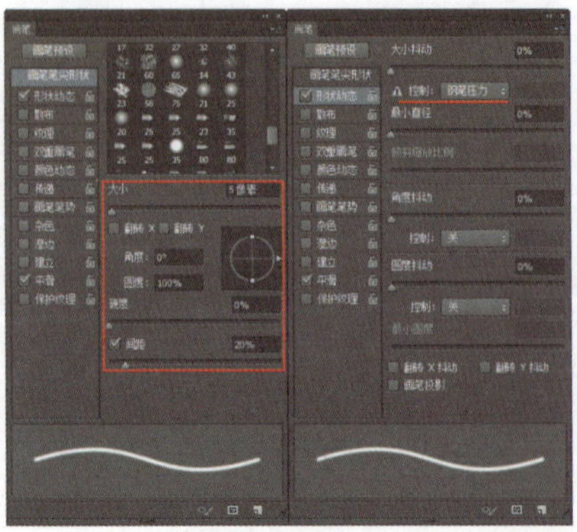

图4-50

步骤22 完成“画笔”面板的设置，打开“路径”面板，按住Alt键单击“用画笔描边路径”按钮，弹出“描边路径”对话框，参数设置如图4-51所示。单击“确定”按钮，使用画笔描边路径，效果如图4-52所示。

图4-51

图4-52

步骤23 为该图层添加“外发光”图层样式，对相关选项进行设置，如图4-53所示。单击“确定”按钮，完成“图层样式”对话框的设置，设置该图层的“填充”为85%，效果如图4-54所示。

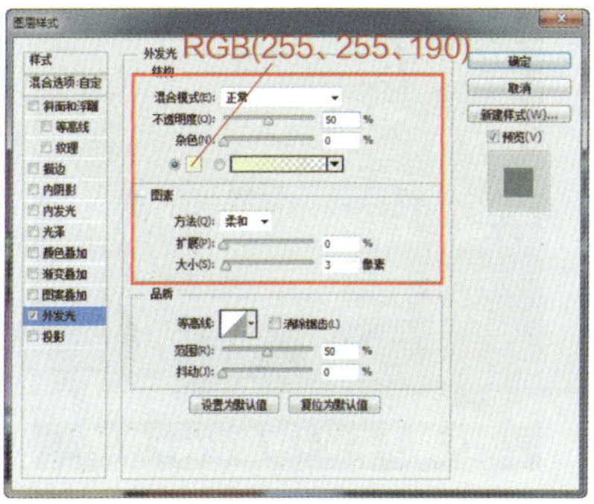

图4-53

图4-54

步骤24 使用相同的制作方法，完成相似图形的绘制，效果如图4-55所示。拖入相应的素材图像，制作出该素材图像的阴影，效果如图4-56所示。

图4-55

图4-56

步骤25 使用“多边形工具”，在“选项”栏上设置“填充”为RGB（217、18、30），在画布中绘制多边形，如图4-57所示。使用相同的制作方法，在画布中输入文字并添加相应的图层样式，效果如图4-58所示。

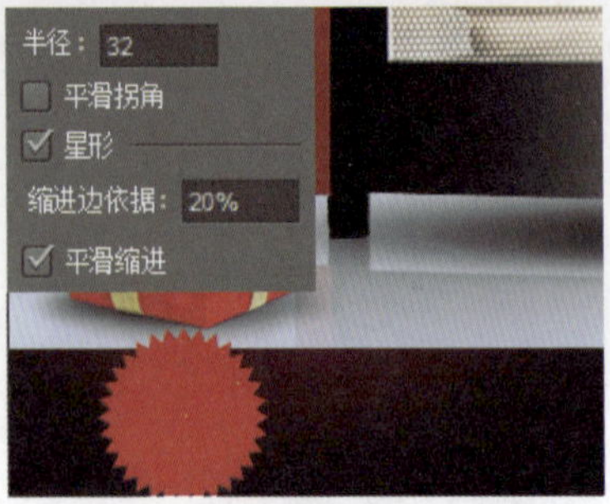

图4-57

图4-58

步骤26 使用相同的制作方法，完成文字下方阴影图形效果的制作，如图4-59所示。完成该家电直通车图片的设计制作，最终效果如图4-60所示。

图4-59

图4-60

4.3 直通车图片设计要领

很多因素都可以影响直通车图片的点击率。直通车图片通常可以多设计几种，使用不同的表现形式和不同的卖点来表现直通车图片，从而来测试直通车图片的点击率如何，最终确认使用什么样的直通车图片来做推广。

在直通车图片设计过程中，视觉效果差异化很重要，下面介绍几个直通车图片设计中需要注意的要点。

4.3.1 卖点明确

大多数设计师都知道少即是多的设计原则，可是在设计直通车图片的时候经常会因为表达信息过多而适得其反。其实一张设计出色的直通车图片能够通过一个卖点，很好地与消费者产生共鸣就够了，其他不是必要的信息都可以进行适当的简化处理。如图4-61所示为卖点明确的直通车图片。

图4-61

4.3.2 文案突出

产品的卖点可以直接通过产品图片或者产品创意图片来展示。当产品图片或是创意图片不足以简洁、准确地传达产品的卖点信息时，精细提炼富有创意的文案内容，辅助产品图片更好地传达产品卖点就显得非常重要了。如图4-62所示为文案突出的直通车图片。

图4-62

4.3.3 视觉差异化

视觉差异化可以分为产品图片拍摄创意差异化、直通车图设计排版差异化、卖点文案差异化等。在直通车图片设计过程中通过视觉差异化，区别于其他同类产品的直通车图片设计，使得所设计的直通车图片脱颖而出，从而吸引消费者点击。如图4-63所示为采用视觉差异化的直通车图片。

图4-63

案例分析 | 运动鞋直通车图片设计分析

整体评价：产品位于画面的明暗交界处，达到了很好的高光效果，体现了男性运动气息却不失稳重的气质，搭配大小不一、深浅不一的文字，详细描述产品内容的同时，使画面更加独特。

背景的明暗程度分明，渲染了很好的幽暗高光效果，与产品的颜色相吻合。

产品具有强烈的高光效果，使产品的视觉表现效果更突出。

黑白交错，大小不一，明度不同的文字更加体现出男性硬朗阳刚的一面。

特别的文案内容设计能够有效吸引消费者。

构图分析：该运动鞋直通车图片采用左右构图方式，将产品放置在画面的左侧，文案内容放置在右侧，并且文案内容右对齐。背景由几个色块明暗分明地结合在一起，使画面干净利落，将产品与文字放置于明暗交界处，更能凸显直通车画面的内容，使画面层次分明。

配色方案：使用灰色和土黄色搭配作为背景颜色，配合红色的产品图像，与画面主题相呼应，突出了运动主题。白色的文字清晰地介绍了产品信息。

主色：高贵　　辅色：激情　　辅色：幽暗　　文字颜色：清晰

实战案例 | 设计手机产品直通车图片

源文件：光盘\源文件\第4章\手机产品直通车图片.psd　视　频：光盘\视频\第4章\手机产品直通车图片.swf

● 案例分析

案例特点：本案例设计的手机产品直通车图片使用左右构图的方式，通过棱角分明的图形，配上较为方正的文字，使界面显得高端大气。

制作思路与要点：在直通车图片的设计中，要尽可能地展现出产品的特色和卖点，从而吸引消费者的眼球。本案例所设计的手机直通车图片，产品图像占画面的1/2，直观地展现出商品，通过在画布中绘制相应的不规则图形来表现文案内容，既丰富了画面的效果，又使得文案内容成为一个整体，并且文案部分的设计也是主次分明，突出产品的重要信息，整个画面给人一种简洁、直观、大气的感觉。

● 色彩分析

本案例所设计的手机直通车图片使用黑色作为画面的背景色，黑色可以给人一种高端的感觉，搭配黄色的图形设计，形成强烈的对比，给人带来视觉冲击。白色的文字使得文案内容清晰，整个画面的层次感强烈。

● 制作步骤

步骤 01 执行“文件>新建”命令，弹出“新建”对话框，新建一个空白文档，如图4-64所示。设置“前景色”为RGB（23、23、23），为画布填充前景色，如图4-65所示。

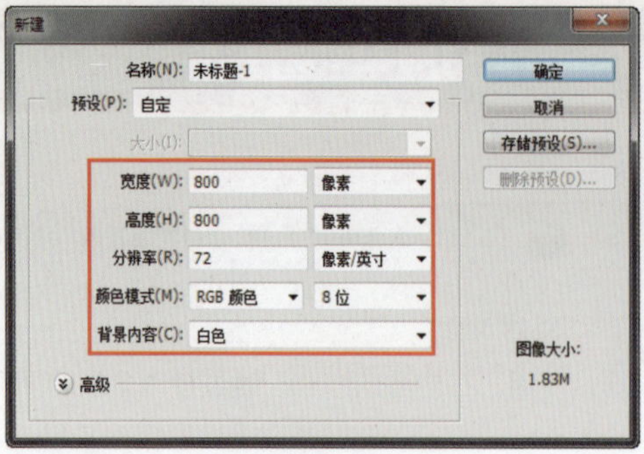

图4-64

图4-65

步骤02 新建名称为“背景”图层组，使用“矩形工具”在画布中绘制一个黑色矩形，如图4-66所示。为该图层添加图层蒙版，使用“渐变工具”，在蒙版中填充黑白线性渐变，如图4-67所示。

图4-66

图4-67

步骤03 选中该图层的图层蒙版，执行“滤镜>像素化>彩色半调”命令，弹出“彩色半调”对话框，参数设置如图4-68所示。单击“确定”按钮，完成“彩色半调”对话框的设置，效果如图4-69所示。

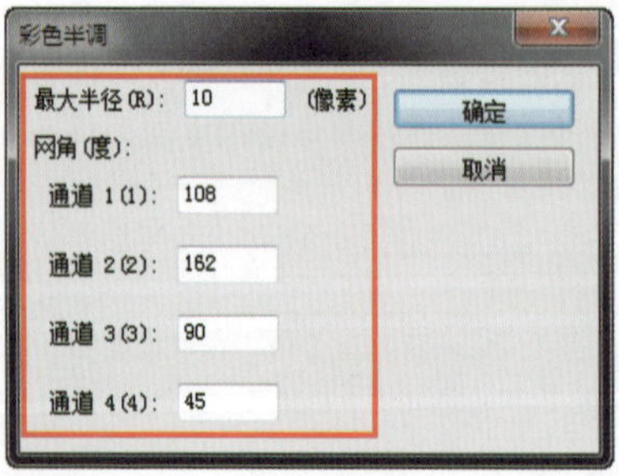

图4-68

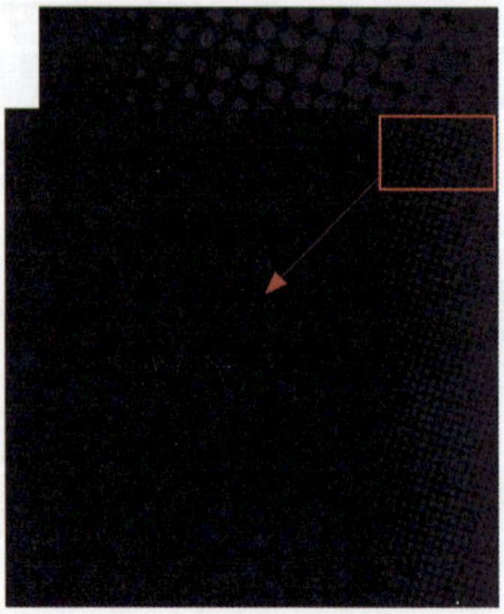

图4-69

步骤04 新建“图层1”，使用“画笔工具”，设置“前景色”为黑色，选择合适的笔触，设置“不透明度”为50%，在画布中进行涂抹，效果如图4-70所示。使用“矩形工具”，设置“填充”为RGB（252、

255、0），在画布中绘制矩形，并对该矩形进行旋转操作，调整到合适的位置，如图4-71所示。

图4-70

图4-71

步骤05 使用“钢笔工具”，设置“填充”为RGB（23、23、23），在画布中绘制形状图形，效果如图4-72所示。新建名称为“商品”的图层组，打开并拖入素材图像“光盘\源文件\第4章\素材\201.png”，效果如图4-73所示。

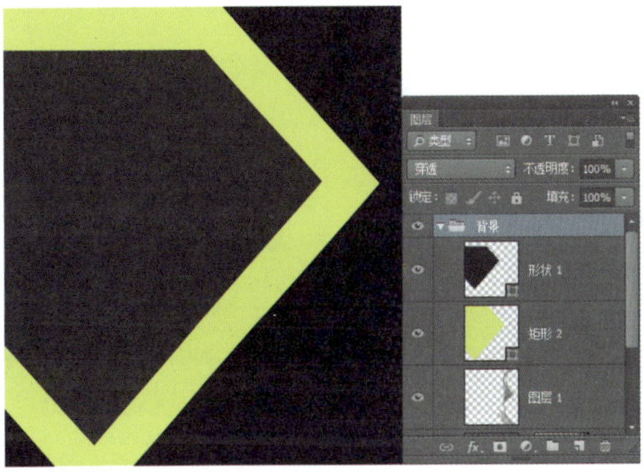

图4-72

图4-73

步骤06 使用相同的制作方法，拖入其他素材图像，效果如图4-74所示。新建图层，为画布填充黑色，执行“滤镜>渲染>镜头光晕”命令，弹出“镜头光晕”对话框，参数设置如图4-75所示。

图4-74

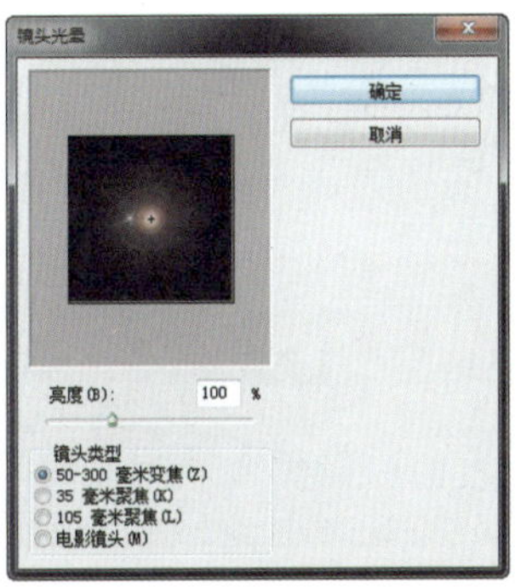

图4-75

步骤 07 单击“确定”按钮，完成“镜头光晕”对话框的设置。设置该图层的“混合模式”为“滤色”，调整图形到合适的大小和位置，效果如图4-76所示。打开并拖入素材图像“光盘\源文件\第4章\素材\203.png”，设置该图层的“混合模式”为“滤色”，“填充”为57%，如图4-77所示。

图4-76

图4-77

步骤 08 新建名称为“内容”图层组，使用“自定形状工具”，在“形状”下拉列表中选择相应的形状，在画布中绘制形状图形，如图4-78所示。多次复制该图层，并分别调整复制得到的图形到合适的位置，效果如图4-79所示。

图4-78

图4-79

步骤 09 使用“横排文字工具”，在“字符”面板中设置相关属性，在画布中单击并输入文字，如图4-80所示。使用“椭圆工具”，在画布中绘制一个白色正圆形，如图4-81所示。

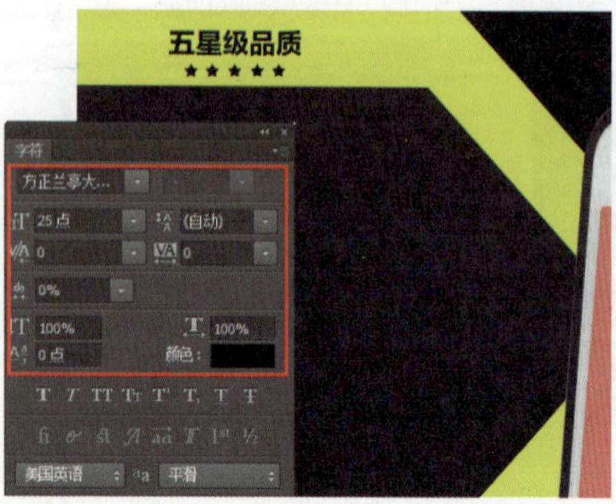

图4-80

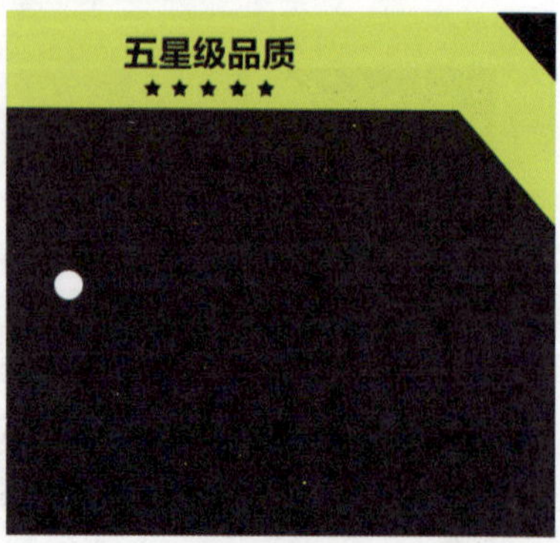

图4-81

步骤 10 使用相同的制作方法，完成相似图形效果的绘制，效果如图4-82所示。使用“横排文字工具”，在“字符”面板中设置相关属性，在画布中单击并输入相应文字，如图4-83所示。

图4-82

图4-83

步骤 11 使用相同的制作方法，在画布中输入其他文字并绘制相应的图形，效果如图4-84所示。打开并拖入素材图像“光盘\源文件\第4章\素材\204.png”，设置该图层的“混合模式”为“滤色”，“不透明度”为90%，效果如图4-85所示。

图4-84

图4-85

步骤 12 复制该图层，并对复制得到的图形进行调整，如图4-86所示。完成该手机产品直通车图片的设计制作，最终效果如图4-87所示。

图4-86

图4-87

4.4 直通车图片设计分类

在对直通车图片进行设计之前，首先需要了解产品，分析同类产品的直通车图片设计，并且搞清楚需求方向，然后有针对性地突出产品的某个特质，掩盖产品的不足，从而更好地提供直通车的点击率和转化率。

4.4.1 形象类产品直通车图片设计

形象类产品主要是产品本身形象，例如鞋帽、服饰等，对于这类产品消费者更关心的是款式和产品的价格，在这类产品直通车图片的设计中需要尽可能真实、完整地展现产品自身，并且可以通过不同的角度、合理的色彩搭配来烘托产品，产品文案内容要求简洁易懂，不需要过多的修饰。如图4-88所示为形象类产品直通车图片设计。

图4-88

4.4.2 品牌品质类产品直通车图片设计

品牌品质类产品直通车图片的设计重点在于突出表现品牌或产品的品质，给人一种高端大气的感觉。在设计这类直通车图片时，可以通过大量的留白空间来衬托产品，同时弱化文字内容。如图4-89所示为品牌品质类产品直通车图片设计。

图4-89

4.4.3 功能类产品直通车图片设计

功能类产品直通车图片的设计当然需要突出产品的功能，这类直通车图片的文案内容相对会较多一些，所以在对文案内容进行排版处理时要有一定的规律性，并且文案内容层次分明、重点突出。同时还可以通过精美的背景图片来烘托整个直通车图片的表现效果。如图4-90所示为功能类产品直通车图片设计。

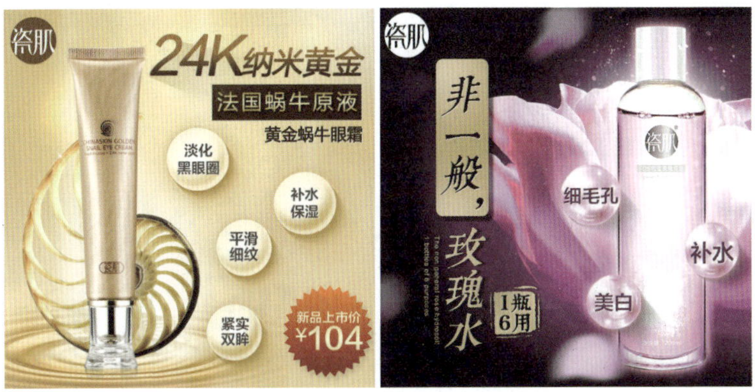

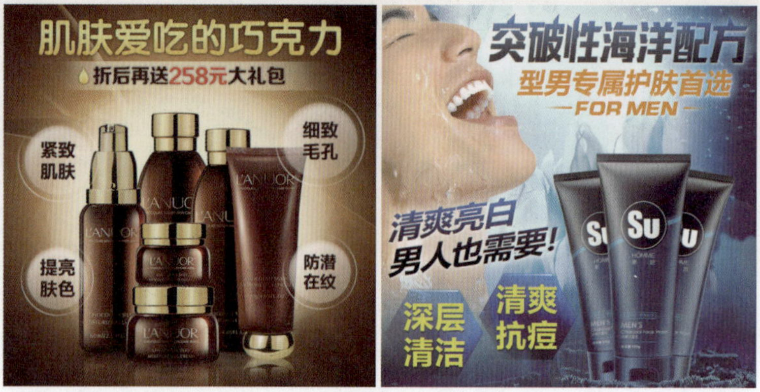

图4-90

4.4.4 活动促销类直通车图片设计

活动促销类直通车图片的设计重点在于色彩的搭配，通常活动促销类直通车图片会选择使用红色、黄色和橙色进行搭配，添加能够表现活动气氛的素材图像，给人喜庆、活跃的氛围。在文案的处理上，相对于其他类型的直通车图片，需要能够更加厚重和显眼，迅速抓住消费者的目光。如图4-91所示为活动促销类直通车图片设计。

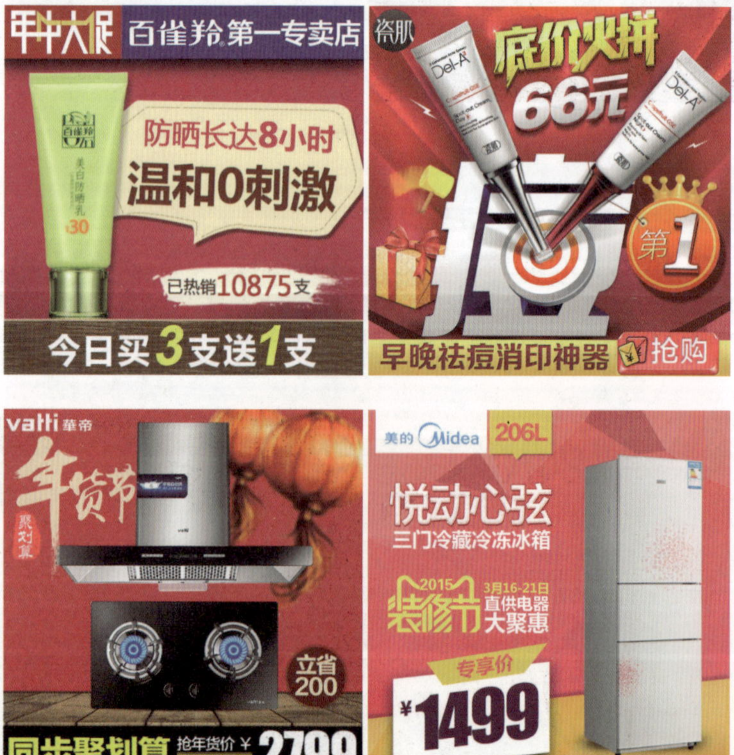

图4-91

案例分析 | 男装促销直通车图片设计分析

整体评价：使用牛仔布料的背景，配上人物的写真，直观地体现出该直通车的描述对象，同时突出男装的简单、帅气。使用刚正有力的字体，凸显出画面的大气。

构图分析：该男装促销直通车图片采用左右构图的方式，结构简单大方，将人物和活动内容左右放置，让浏览者直观、清晰地了解产品的卖点。将主题占满整个画面，使画面内容丰富多彩，突出店铺的高端大气。

配色方案：使用牛仔布料作为画面的背景，带来强有力的牛仔风格，配上黄色的图形，突出主题，清晰地介绍了宣传主题，搭配橙色和黑色文字，体现出男性的帅气。

主色：统一　　辅色：活跃　　辅色：大气　　文字颜色：突出

实战案例 | 设计化妆品促销直通车图片

源文件：光盘\源文件\第4章\化妆品促销直通车图片.psd　视　频：光盘\视频\第4章\化妆品促销直通车图片.swf

- **案例分析**

案例特点：本案例设计化妆品促销直通车图片，通过产品图像与文案内容的简约搭配，非常直观地体现产品促销信息，在画布中搭配一些促销图形，丰富画面的表现效果。

制作思路与要点：本案例所设计的直通车图片，利用各种各样的亮色图形，吸引买家的眼球。使用简约的倾斜图形来衬托文案，文案内容经过精简，使用大号字体进行突出，使得画面中主题突出，大大提高了商品的曝光率，给商家带来更多的潜在顾客。

- **色彩分析**

本案例所设计的化妆品直通车图片使用黄色作为背景色，黄色是一种明度很高的色彩，给人带来眼前一亮的感觉，搭配红色和紫色的文字和图形，有效地突出产品和信息。

黄色　红色　紫色

- **制作步骤**

步骤 01 执行“文件>新建”命令，弹出“新建”对话框，新建一个空白文档，如图4-92所示。设置“前景色”为RGB（255、240、1），为画布填充前景色，如图4-93所示。

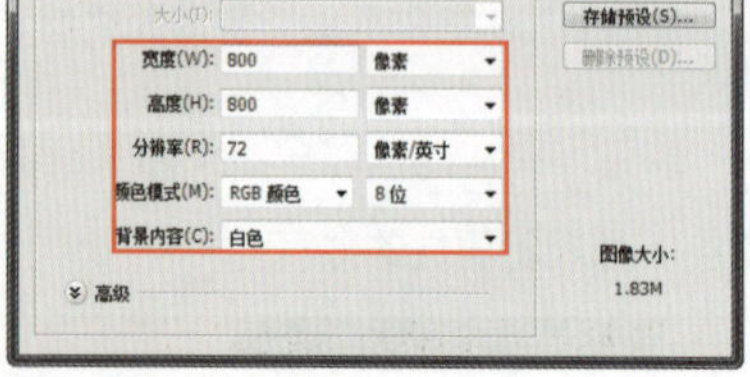

图4-92

图4-93

步骤 02 打开并拖入产品图像“光盘\源文件\第4章\素材\301.png”，效果如图4-94所示。使用相同的制作方法，拖入其他素材图像丰富画面的背景效果，如图4-95所示。

图4-94

图4-95

步骤 03 新建名称为“彩带”的图层组，使用“钢笔工具”，在“选项”栏上设置“工具模式”为“形状”，“填充”为RGB（255、0、148），在画布中绘制形状图形，效果如图4-96所示。使用相同的制作方法，绘制其他相似的形状图形，效果如图4-97所示。

图4-96

图4-97

步骤 04 新建名称为“文案背景”的图层组，使用“钢笔工具”，设置“填充”为RGB（203、203、201），在画布中绘制形状图形，如图4-98所示。使用相同的制作方法，完成相似图形效果的绘制，效果如图4-99所示。

图4-98

图4-99

步骤05 为“文案背景”图层组添加“投影”图层样式，对相关选项进行设置，如图4-100所示。单击“确定”按钮，完成“图层样式”对话框的设置，效果如图4-101所示。

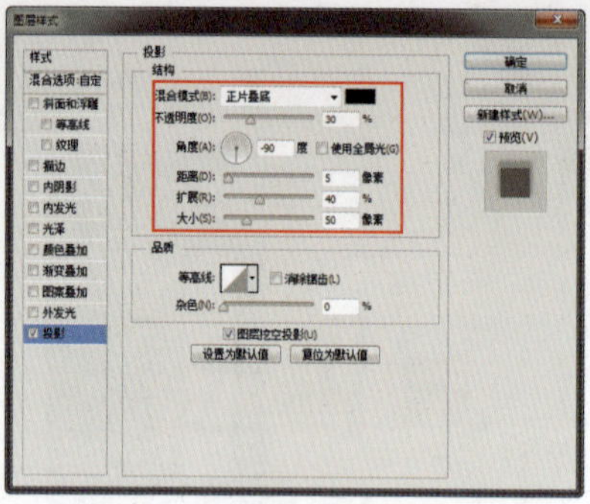

图4-100

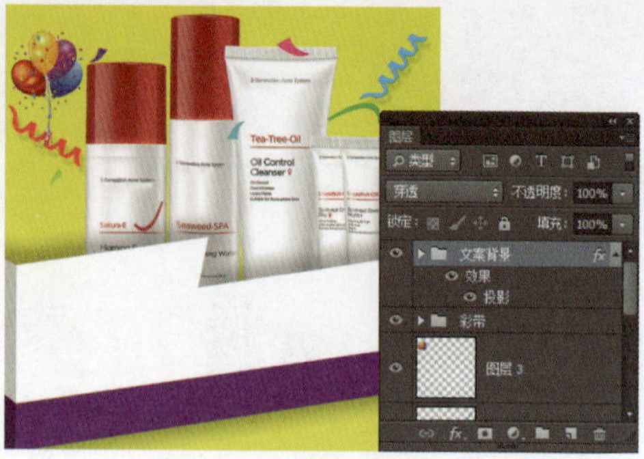

图4-101

步骤06 新建名称为“文案”的图层组，使用“横排文字工具”，在“字符”面板中设置相关属性，在画布中单击并输入文字，如图4-102所示。按快捷键Ctrl+T，对文字进行旋转和斜切操作，如图4-103所示。

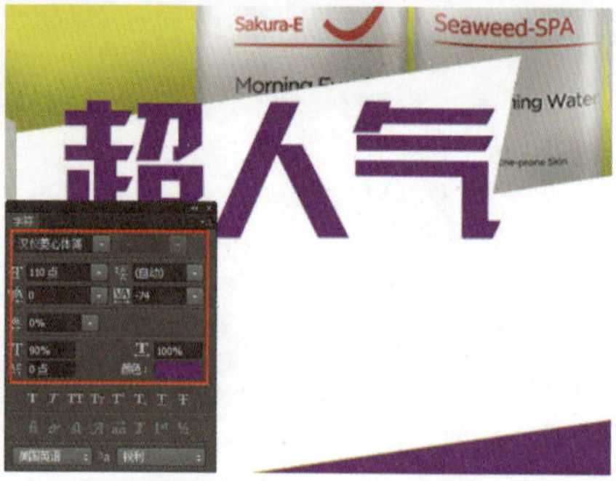

图4-102

图4-103

步骤07 使用相同的制作方法，完成其他文字效果的制作，效果如图4-104所示。为相应的文字图层添加“投影”图层样式，对相关选项进行设置，如图4-105所示。

图4-104

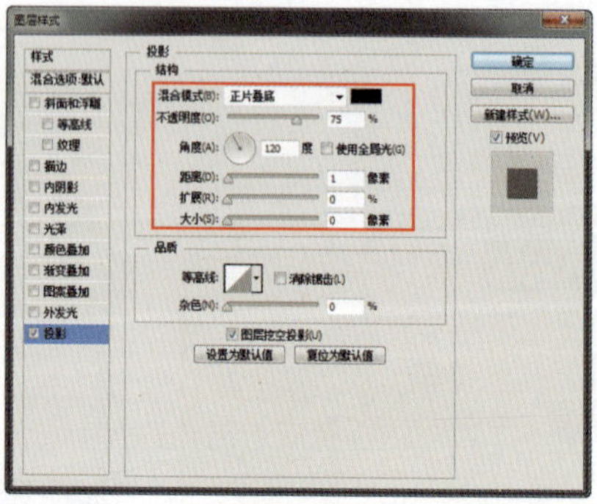

图4-105

步骤08 单击“确定”按钮，完成“图层样式”对话框的设置，效果如图4-106所示。新建名称为“赠送”的图层组，使用“钢笔工具”，设置“填充”为RGB（255、0、18），在画布中绘制形状图形，效果如图4-107所示。

图4-106

图4-107

步骤09 为该图层添加“投影”图层样式，对相关选项进行设置，如图4-108所示。单击“确定”按钮，完成“图层样式”对话框的设置，效果如图4-109所示。

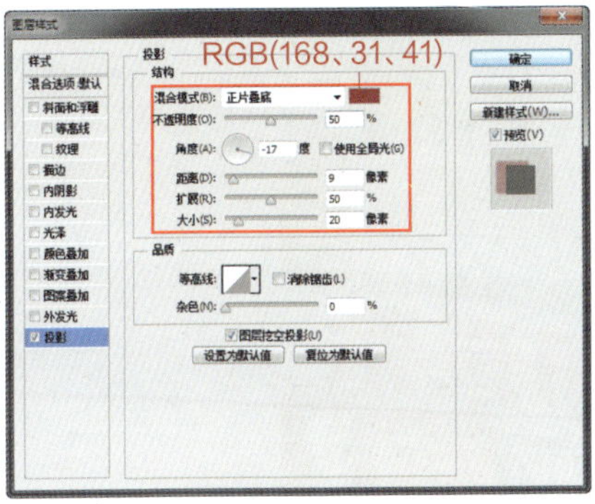

图4-108

图4-109

步骤10 使用相同的制作方法，完成相似图形效果的绘制，效果如图4-110所示。为图层添加图层蒙版，使用“渐变工具”，在蒙版中填充黑白径向渐变，并设置“不透明度”为50%，效果如图4-111所示。

图4-110

图4-111

步骤11 使用“椭圆工具”，设置“填充”为RGB（255、242、0），在画布中绘制正圆形，如图4-112所示。使用相同的制作方法，完成其他内容的制作，效果如图4-113所示。

图4-112

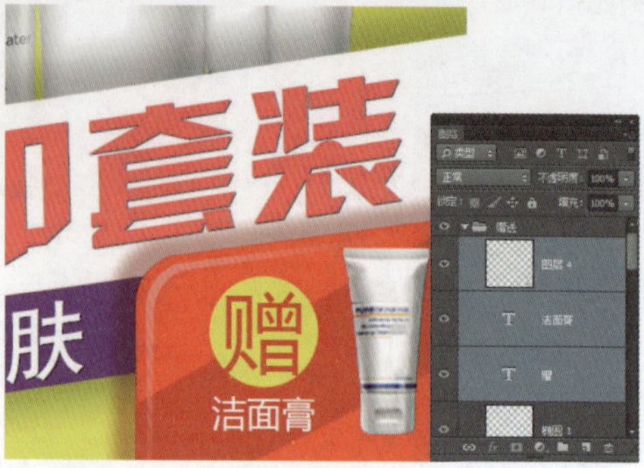

图4-113

步骤12 完成该化妆品促销直通车图片的设计制作，最终效果如图4-114所示。

图4-114

4.5 直通车图片设计技巧

大家都很清楚，做直通车推广最直接的目的就是吸引消费者点击。如何才能做到呢？自然与直通车图片的设计是否出色有很大的关系，本节将向读者介绍一些直通车图片的设计技巧。

4.5.1 创意合成

通过夸张、比喻的手法突出表现产品的某个卖点，要求图片的合成效果精美，并且能够很好地贴合产品文案主题。这种创意合成的直通车图片能够给浏览者留下深刻的印象，从而取得良好的品牌营销效果。如图4-115所示为创意合成的直通车图片。

图4-115

4.5.2 合理使用季节元素

在设计过程中可以根据产品的特点和类型，搭配一些随季节变化而变化的色调或素材，这样不仅可以看到产品与不同颜色、风格搭配的多样性，还能够展现产品的与众不同。如图4-116所示为合理使用季节元素的直通车图片。

图4-116

4.5.3 拉近距离

在设计过程中还可以适当地将产品进行放大处理，拉近产品与浏览者眼睛之间的距离，使产品的表现更真实、更具有质感，整个直通车图片的画面更加丰满、整洁，从而更具有视觉冲击力。如图4-117所示为拉近距离的直通车图片。

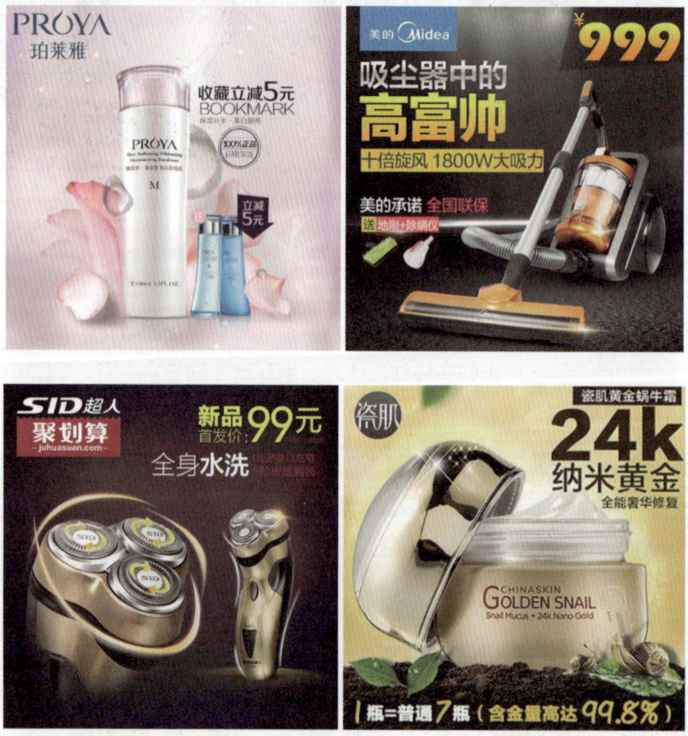

图4-117

4.5.4 渲染意境和氛围

合理地使用素材图像作为直通车图片的背景，从而有效地渲染出图片的意境，它或是唯美清新、或是霸气威武，衬托出产品的形象或功能。这种类型的表现手法要求设计师能够很好地把握画面整体的色彩和光影。如图4-118所示为渲染意境和氛围的直通车图片。

图4-118

4.5.5 使用网络用语和隐喻

通过时下非常流行的网络用语，或者是富有创意的词语来打动消费者，此类设计因为用语比较新颖，色彩、字体排版一般采用比较活泼的表现形式，因为此类直通车图片的重点在于文案内容，所以主题文字的层次要求清晰，但也不能太弱化产品。如图4-119所示为使用网络用语和隐喻的直通车图片。

图4-119

4.5.6 强调情感

在直通车图片的设计中经常运用图文结合的方式来表达情感，吸引消费者的注意力和好奇心，从而点击该直通车图片进入详情页进一步了解详细信息。如图4-120所示为强调情感的直通车图片。

图4-120

案例分析 | 蜂蜜产品直通车图片设计分析

整体评价：将大自然图像作为直通车图片的背景，从而有效地渲染出图片的意境，衬托出产品的形象，将产品特点置于画面的主要视觉部位，加以烘托处理，使浏览者在看到画面的瞬间立即感受到，并对其产生兴趣，从而达到刺激购买欲望的促销目的。

构图分析：运用夸张手法，将产品置于城市天空的白云之间，形象地表述了产品的来源，也阐述了产品是纯天然且健康的食品，产品位于画面的正中间，给浏览者带来视觉上的冲击，更加容易吸引眼球。

配色方案：该直通车界面以从天空向下鸟瞰的图片作为背景，添加绿色和金色的形状，与自然相结合，突出产品的绿色、纯天然，使用白色的文字，使画面内容清晰明了。

主色：理智　辅色：突出　辅色：自然　文字颜色：清晰

实战案例 | 设计情人节促销直通车图片

源文件：光盘\源文件\第4章\情人节促销直通车图片.psd　视　频：光盘\视频\第4章\情人节促销直通车图片.swf

● 案例分析

案例特点： 本案例设计一款情人节促销直通车图片，充分利用素材图像来渲染画面的意境和氛围，有效地表现出情人节的温馨和浪漫主题，能够有效地突出表现产品。

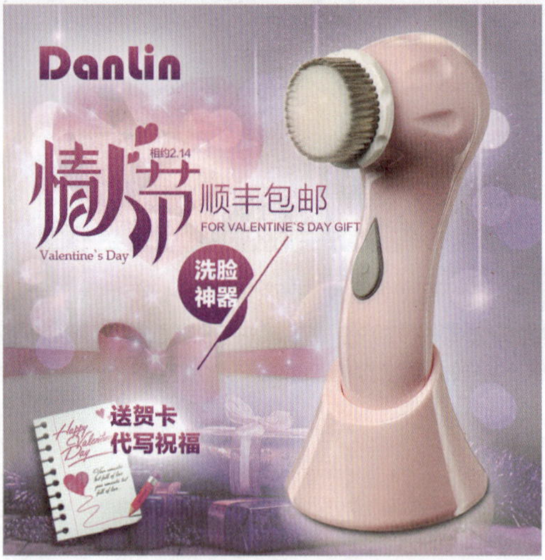

制作思路与要点： 本案例所设计的情人节促销直通车图片，通过使用节日素材图像的合成并进行调整处理，作为画面的背景，烘托出情人节的浪漫氛围。而在主题文字的设计中，对主题文字进行变形处理，从而突出节日主题，整个图片设计色调统一、主题突出。

● 色彩分析

本实例所设计的情人节直通车图片以紫色作为主体颜色，带给人一种浪漫和神秘的感觉，与粉红色搭配，使得页面的色彩统一，白色的柔和背景使页面给人一种舒适的视觉效果。

灰紫色　　紫红　　白色

● 制作步骤

步骤 01 执行“文件>新建”命令，弹出“新建”对话框，新建一个空白文档，如图4-121所示。新建名称为“背景”的图层组，打开并拖入素材图像“光盘\源文件\第4章\素材\401.jpg”，设置该图层的“不透明度”为55%，效果如图4-122所示。

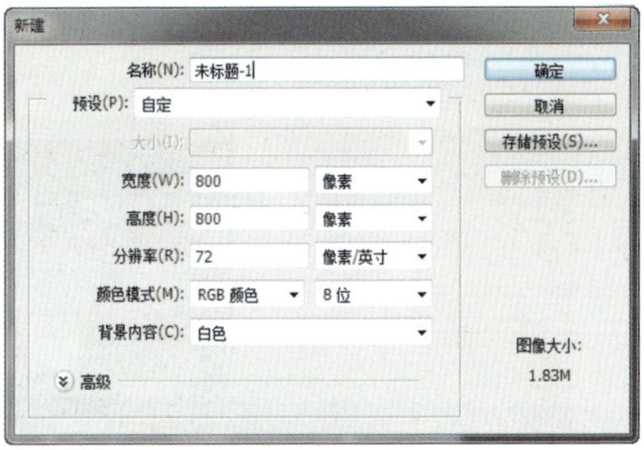

图4-121

图4-122

步骤02 添加“色相/饱和度”调整图层，在“属性”面板中对相关选项进行设置，如图4-123所示。完成“色相/饱和度”调整图层的添加，为该图层创建剪贴蒙版，效果如图4-124所示。

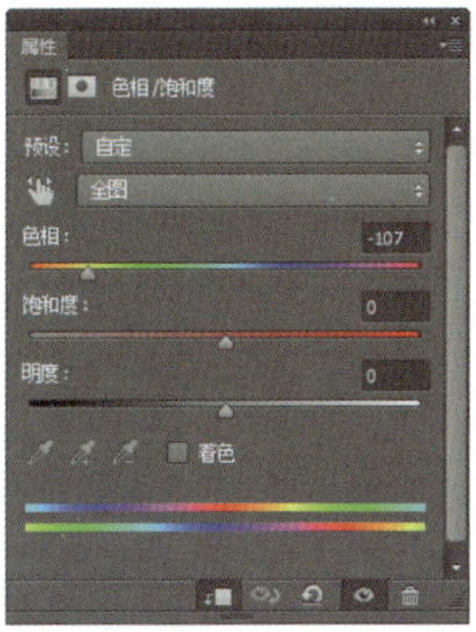

图4-123

图4-124

步骤03 使用相同的制作方法，拖入其他素材图像，如图4-125所示。为该图层添加图层蒙版，使用“画笔工具”，设置“前景色”为黑色，选择合适的笔触与大小，在蒙版中进行涂抹，设置该图层的“不透明度”为79%，效果如图4-126所示。

图4-125

图4-126

步骤04 添加“色相/饱和度”调整图层，在“属性”面板中对相关选项进行设置，并为该图层创建剪贴蒙版，效果如图4-127所示。新建图层，为该图层填充白色，设置该图层的“不透明度”为24%，效果如图4-128所示。

图4-127

图4-128

步骤 05 为该图层添加图层蒙版，使用“画笔工具”，设置“前景色”为黑色，在“选项”栏上设置“不透明度”为50%，在蒙版中涂抹，效果如图4-129所示。新建图层，使用“画笔工具”，设置“前景色”为白色，在“选项”栏上设置“不透明度”为20%，选择合适的笔触与大小，在画布中涂抹，如图4-130所示。

图4-129

图4-130

步骤 06 使用相同的制作方法，完成相似图形的绘制，效果如图4-131所示。打开并拖入产品图像“光盘\源文件\第4章\素材\403.png”，效果如图4-132所示。

图4-131

图4-132

步骤 07 复制“图层6”得到“图层6拷贝”图层，将刚复制的图层调整到“图层6”下方，执行“编辑>变换>垂直翻转”命令，将图形垂直翻转，并向下移动至合适的位置，效果如图4-133所示。为该图层添加图层蒙版，使用“画笔工具”，设置“前景色”为黑色，在蒙版中进行涂抹，设置该图层的“不透明度”为53%，效果如图4-134所示。

图4-133

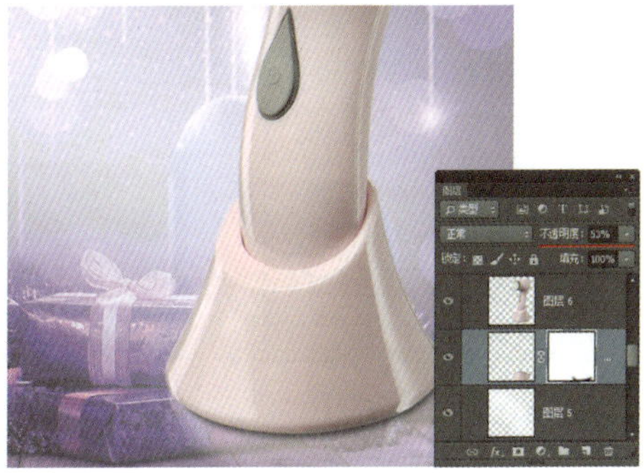

图4-134

步骤 08 为“图层6”添加“外发光”图层样式，对相关选项进行设置，如图4-135所示。单击“确定”按钮，完成“图层样式”对话框的设置，效果如图4-136所示。

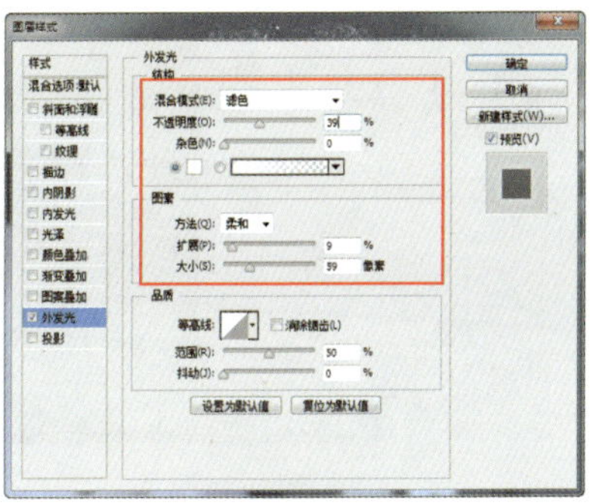

图4-135

图4-136

步骤 09 在“图层6”上方添加“色相/饱和度”调整图层，在弹出的“属性”面板中对相关选项进行设置，如图4-137所示。完成“色相/饱和度”调整图层的添加，为该图层创建剪贴蒙版，效果图4-138所示。

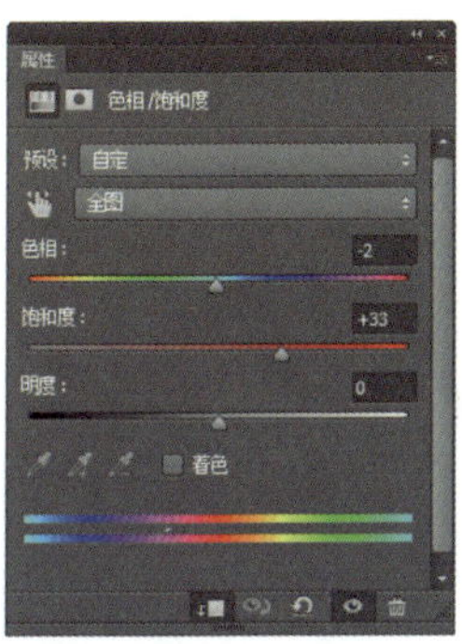

图4-137

图4-138

步骤 10 继续添加“曲线”调整图层，在弹出的“属性”面板中对曲线进行设置，如图4-139所示。完成“曲线”调整图层的添加，为该图层创建剪贴蒙版，效果图4-140所示。

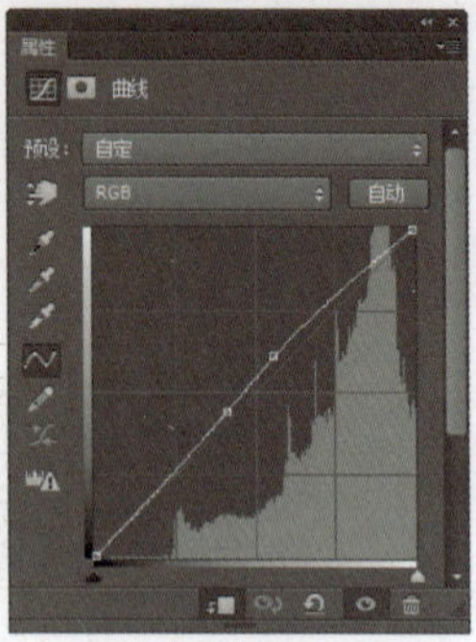

图4-139

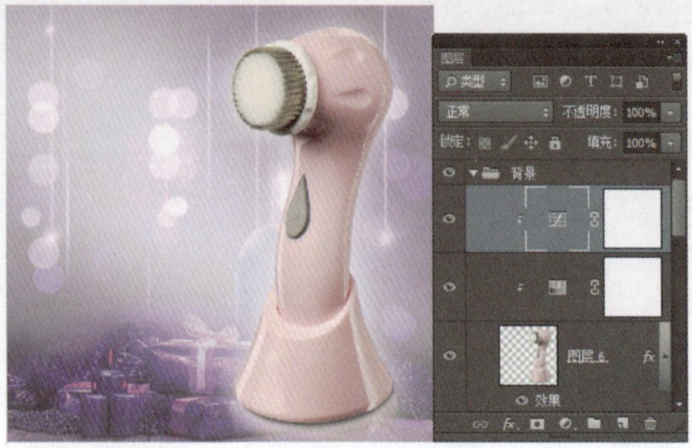

图4-140

步骤 11 使用相同的制作方法，拖入其他素材图像并分别进行处理，效果如图4-141所示。新建名称为“情人节”的图层组，使用“横排文字工具”，在“字符”面板中设置相关属性，在画布中输入文字，如图4-142所示。

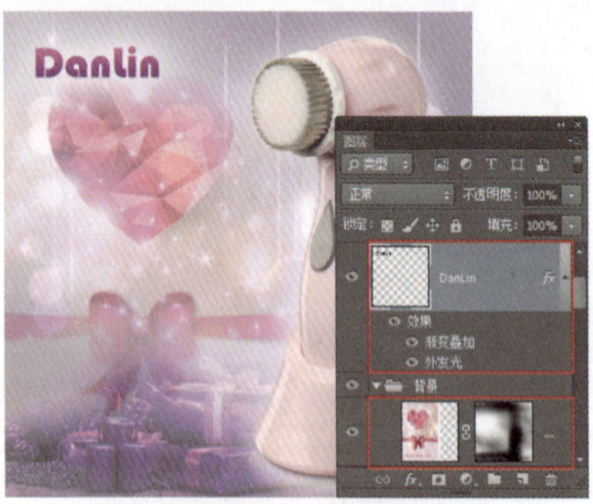

图4-141

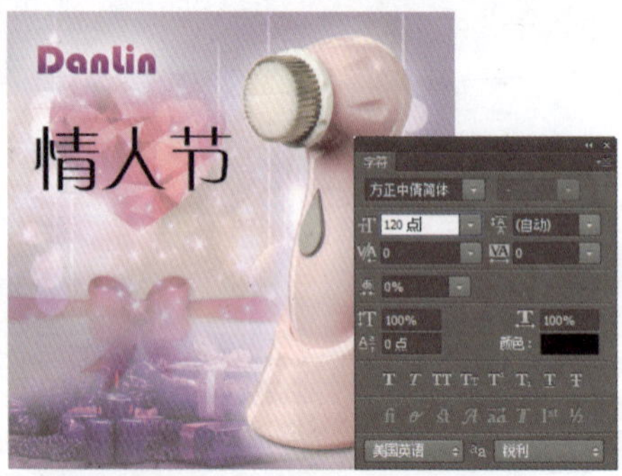

图4-142

步骤 12 分别对各文字的相关属性进行设置，调整文字的效果，如图4-143所示。执行“类型>转换为形状”命令，将文字图层转换为形状图层，使用“直接选择工具”，选中文字相应的锚点进行调整，删除相应的图形并绘制相应的图形，制作出变形文字，如图4-144所示。

图4-143

图4-144

步骤 13 为该图层添加“渐变叠加”图层样式，对相关选项进行设置，如图4-145所示。单击“确定”按钮，完成“图层样式”对话框的设置，效果如图4-146所示。

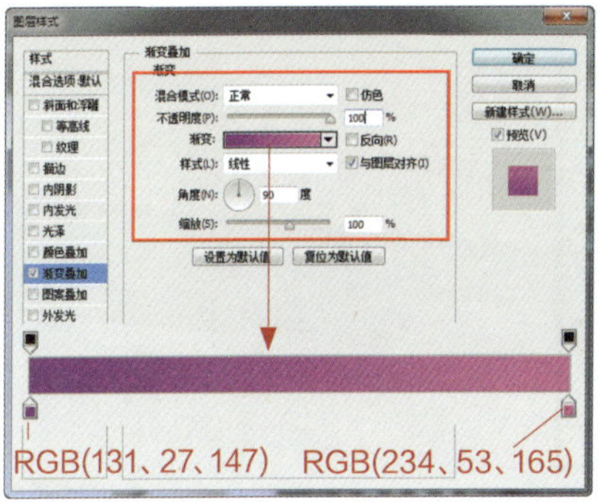

图4-145

图4-146

步骤 14 使用“自定形状工具”，在“选项”栏上的“形状”下拉面板中选择合适的形状，设置“填充”为RGB（234、53、165），在画布中绘制形状图形，如图4-147所示。使用“直接选择工具”，选中图形上相应的锚点，进行调整，效果如图4-148所示。

图4-147

图4-148

步骤 15 使用相同的制作方法，完成其他图形和文字效果的制作，如图4-149所示。使用“椭圆工具”，在画布中绘制黑色的正圆形，如图4-150所示。

图4-149

图4-150

步骤 16 为该图层添加“渐变叠加”图层样式，对相关选项进行设置，如图4-151所示。单击“确定”按钮，完成“图层样式”对话框的设置，效果如图4-152所示。

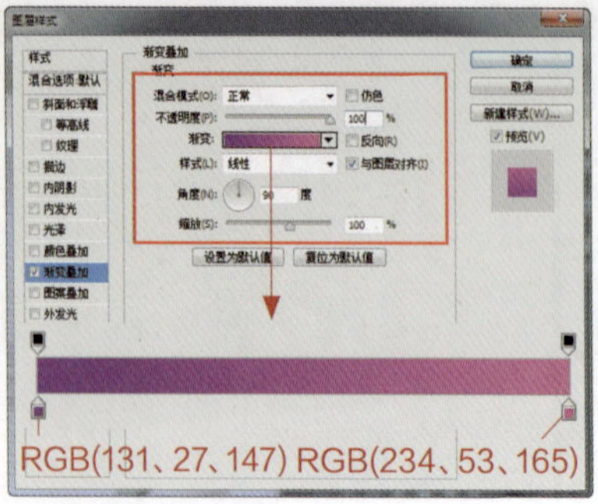

图4-151

图4-152

步骤 17 为该图层添加图层蒙版，使用“钢笔工具”，在“选项”栏上设置“工具模式”为“路径”，在画布中绘制路径，按快捷键Ctrl+Enter将路径转换为选区，反向选区，为选区填充黑色，效果如图4-153所示。复制“椭圆1”图层得到“椭圆1拷贝”图层，删除该图层的图层蒙版，调整至合适的位置，如图4-154所示。

图4-153

图4-154

步骤 18 为该图层添加图层蒙版，使用“钢笔工具”，在“选项”栏上设置“工具模式”为“路径”，在画布中绘制路径，按快捷键Ctrl+Enter将路径转换为选区，反向选区，为选区填充黑色，如图4-155所示。使用相同的制作方法，完成相似图形和文字的制作，如图4-156所示。

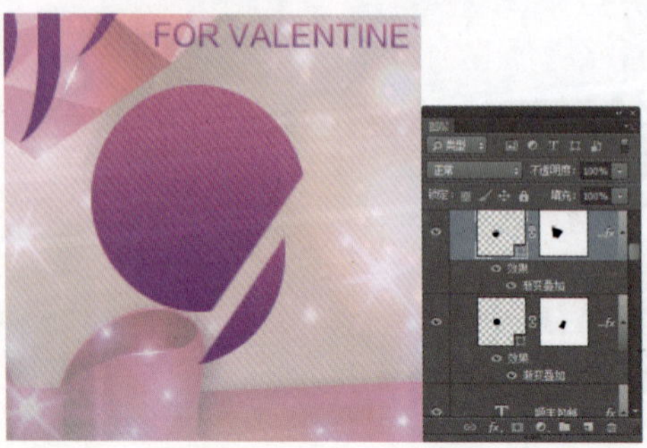

图4-155

图4-156

步骤 19 为“情人节”图层组添加“外发光”图层样式，对相关选项进行设置，如图4-157所示。单击“确定”按钮，完成“图层样式”对话框的设置，效果如图4-158所示。

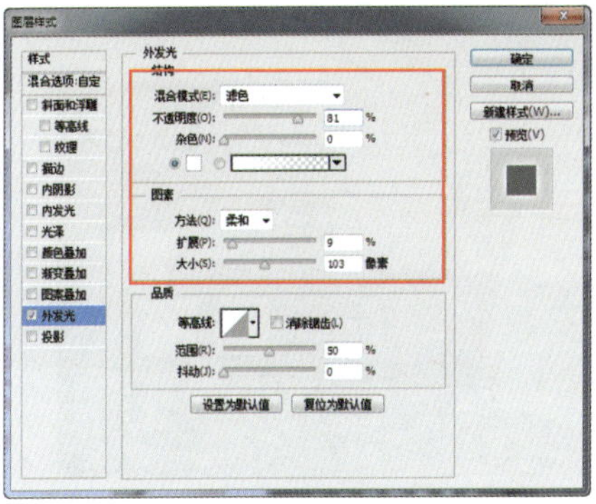

图4-157

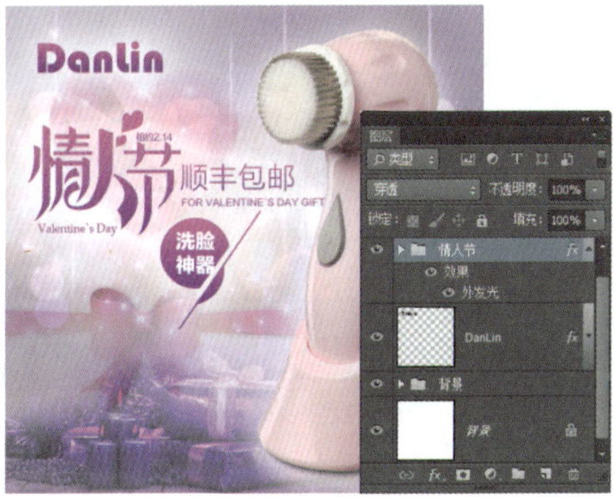

图4-158

步骤 20 新建名称为“贺卡”的图层组，打开并拖入素材图像“光盘\源文件\第4章\素材\405.png”，效果如图4-159所示。为该图层组添加“投影”图层样式，对相关选项进行设置，如图4-160所示。

图4-159

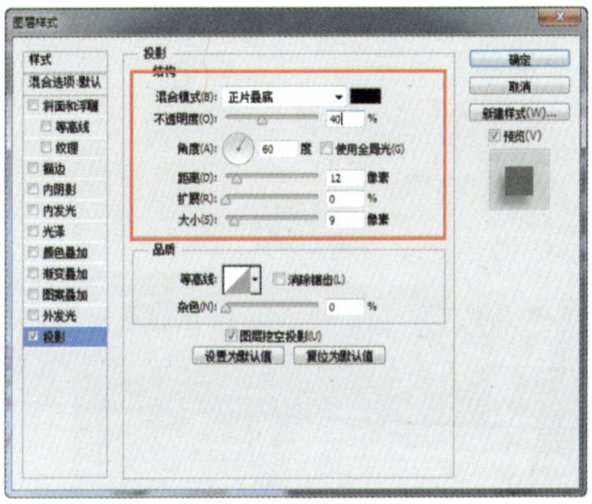

图4-160

步骤 21 单击“确定”按钮，完成“图层样式”对话框的设置，效果如图4-161所示。为该图层添加图层蒙版，使用“画笔工具”，设置“前景色”为黑色，在蒙版中进行涂抹绘制，效果如图4-162所示。

图4-161

图4-162

步骤22 添加“色相/饱和度”调整图层，在弹出的“属性”面板中对相关选项进行设置，如图4-163所示。完成“色相/饱和度”调整图层的添加，为该图层创建剪贴蒙版，效果图4-164所示。

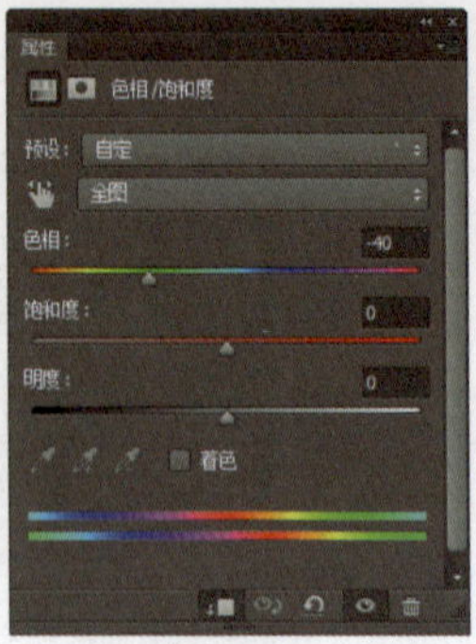

图4-163

图4-164

步骤23 使用相同的制作方法，在画布中输入文字并为其添加相应的图层样式，如图4-165所示。完成情人节促销直通车图片的设计制作，最终效果如图4-166所示。

图4-165

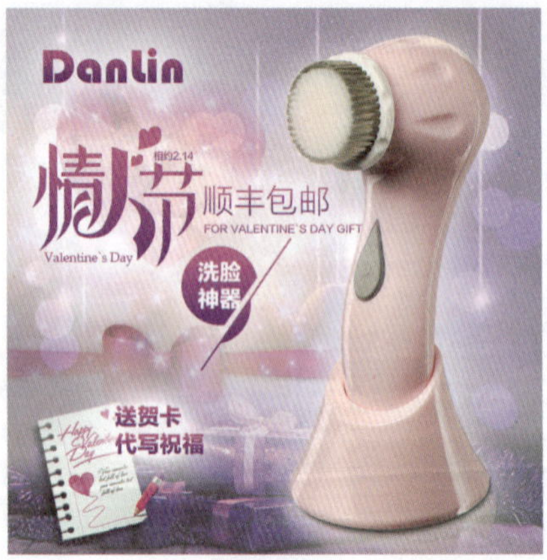

图4-166

4.6 本章小结

本章向读者介绍了淘宝直通车的相关知识以及直通车图片的设计要求和技巧，并通过多个典型的直通车图片案例的设计制作讲解了直通车图片的制作和表现方法。通过对本章内容的学习，读者需要理解并掌握直通车图片的设计规范和方法。

05

Chapter

钻展推广

“钻石展位”是淘宝图片类广告位自动竞价平台，是专为有更高信息发布需求的卖家量身定制的产品。精选了淘宝最优质的展示位置，通过竞价排序。性价比高，适用于店铺、品牌及爆款的推广。

5.1 了解钻展推广

在钻石展位投放产品广告，前期需要经过投入产出比预算，并不是随便就能决定的。因为毕竟是花钱做的广告，如果没有足够的把握能带来效益，商家也不会贸然行事。因此，在钻石展位投放广告前，对钻展图片的设计要求也是十分严格的，从投放的目标到创意制作过程，要思考的东西很多。

5.1.1 什么是钻展

钻展即淘宝网站中的钻石展位，是专门为有更高信息发布需求的卖家量身定制的产品，比较适合中等以上的卖家，因为如果想获得不错的推广效果，就要花费大量的资金。

钻石展位是按照流量竞价售卖广告位的，计费单位是"每千次浏览单价"，即广告所在的页面被打开1000次所需要收取的费用。钻石展位不仅适合发布宝贝信息，更适合发布店铺促销、店铺活动、店铺品牌推广。可以在为店铺带来巨大流量的同时增加买家对店铺的好感，增强买家的黏度。如图5-1所示的首页的大图广告就是钻石展位。

图5-1

5.1.2 钻展的优势

钻石展位是面向全网精准流量实时竞价的展示广告平台，以精准定向为核心，凭借淘宝海量的用户数据和多维定向功能，为客户提供广告位购买、精准定向、创意策略、效果监测和数据分析等一站式全网广告投放解决方案，帮助客户实现更高效、更精准的全网数字营销。钻石展位有以下几个优势。

（1）超低门槛：即使花很少的钱也可以在淘宝网站最有价值的展示位上发布信息。

（2）超炫展现：展现形式绚丽，展现位置更大，展现效果更好。

（3）超优产出比：不展现不收费，自由组合信息发布的时间、位置、花费，轻松达到最优异的产出比。

（4）范围广：覆盖全国80%的网上购物人群，每天超过15亿次展现机会。

（6）定向准确：目标定向性强，可以定向21类主流购物人群，直接生成订单。

（7）实时竞价：投放计划随时调整，并实时生效参与竞价。

5.1.3 钻展的展示位置

钻石展位的主要优势在于它不仅可以推广单品，还可以推广整个店铺。钻展的展示位置包括淘宝首页以及其他频道页面。

（1）淘宝首页

淘宝首页流量巨大，对于资金雄厚的大卖家来说，投放首页的钻石展位可以带来巨大的流量，从而带来更多的顾客，如图5-2所示为淘宝首页上的钻石展位。

淘宝网站中有多处钻石展位，各展位对图片尺寸的要求都不相同。在设计之前需要根据淘宝网站对于该钻石展位的图片尺寸和大小要求进行设计制作。

图5-2

（2）各频道焦点图和通栏

钻石展位只要展示了就要收费，最好选择和自己的产品相匹配的垂直频道进行投放。如图5-3所示为淘宝网女鞋频道首页的钻石展位。

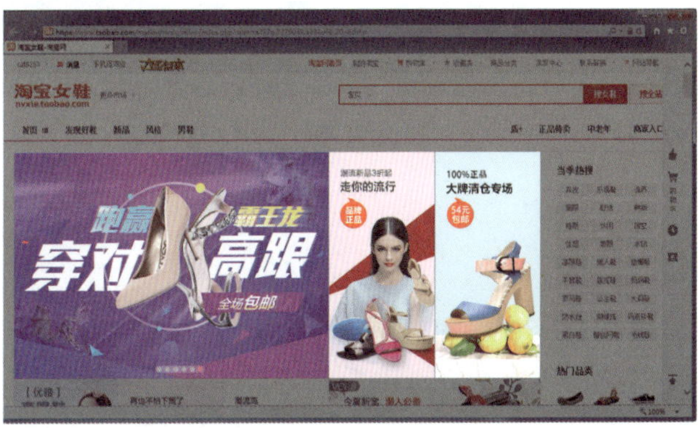

图5-3

（3）特卖促销频道

在淘宝特卖、天天特价等促销频道首页也有钻石展位，如图5-4所示为天天特价频道首页中的钻石展位。

图5-4

（4）广告网站联盟

广告网站联盟是指集合各大小网站媒体资源组成广告联盟，通过联盟平台帮助广告主实现广告投放，并进行广告投放数据监测统计的网站广告组织投放形式。如图5-5所示为新浪网站的广告位。

图5-5

5.1.4 钻展图片的要求

淘宝网站对钻展图片有明确的要求。

（1）淘宝网站首页不允许出现Flash动画形式的产品广告，所以只能使用JPG或者GIF格式的图片。

（2）在钻展图片的设计中建议使用方正字体，以及宋体、黑体。

（3）所投放的钻展图片必须清晰，一个模糊的钻展图片不但影响视觉效果，还会降低点击率。

（4）图片中严禁出现鼠标的手形、箭头等形状，从而避免对浏览者产生诱导。

（5）图片严禁出现假分页、翻页；严禁出现视频模式。

（6）图片中不能出现杂志、媒体、明星推荐、QS认证等字样。

（7）图片严禁出现拼接形式，不得出现白色竖条。

（8）钻展图片的创意设计中不能出现月销千件、全网最低、销量冠军、顶级等类似以网站名义进行宣传或虚假描述给浏览者造成误导的字眼。

（9）禁止使用未经授权的图片、明星和模特。

（10）钻展图片设计中避免恶俗、色情等元素。

5.2 钻展图片的主题

钻石展位适合相对成熟的卖家，首先要求卖家设计制作漂亮的钻展图片，其次要求卖家有活动、促销等发布意识，可以以最适合的噱头推广最合适的产品。

5.2.1 品牌——传达品牌理念

推广店铺品牌的主要优势在于对整个店铺进行推广，对店铺整体销售额提升会有很大的作用。推广店铺是钻石展位中用得比较多的广告形式。成功的钻石展位推广往往能引爆店铺的销量，前提是先把店铺装修好，各种促销活动要吸引人，才能把引进的流量转化成成交量，否则流量暴涨却不能提升成交量，也是失败的广告。

店铺要想快速打造品牌，可以利用名人效应，签约模特，突出品牌定位和个性，例如裂帛、七格格这样的店铺，它们的模特能让人直接联想到它们的品牌。小众品牌在设计方向上可以向与自身店铺定位相似的品牌靠拢。如图5-6所示为突出品牌的钻展图片。

图5-6

5.2.2 促销——新品折扣、清仓促销

在钻石展位上投放广告很多时候都是为了短时间大量吸引浏览者的关注和浏览，从而拉动产品的销售，广告图片的构成就需要产品素材配合店铺的活动方案。在钻展图片的设计过程中需要着重体现以下几个关注点。

（1）价格优势

价格依然是吸引消费者的最重要的因素，所以在产品的定价上要比同类产品偏低，在图片的设计中要突出价格文字的表现，如图5-7所示。

图5-7

（2）包邮

产品是否包邮会给消费者带来很大的心理影响，需要抓住消费者心理，突出产品包邮信息，如图5-8所示。

图5-8

（3）时间限制

促销的时间范围能够给浏览者造成心理上的紧迫感，促成产品销售，如图5-9所示。

图5-9

（4）视觉冲击

设计出色的广告图片总是能够在第一时间抓住浏览者的眼睛，给浏览者很强烈的视觉冲击力，促使浏览者点击广告图片，了解产品信息，如图5-10所示。

图5-10

5.2.3　单品——打造爆款、以点带面

大中型卖家都知道，想要推广自己的所有产品是不可能的，因为一般店主没有精力也没有资金去推广那么多的宝贝。所以要在推广之前分析自己店里的宝贝，选一件或者几件比较有优势、与众不同的宝贝进行推广。

可以将店铺中的热卖单品或季节性主打产品制作成广告图片投放到钻石展位，打造出店铺中的爆款产品，达到以点带面的效果。如图5-11所示为爆款单品的钻展图片。

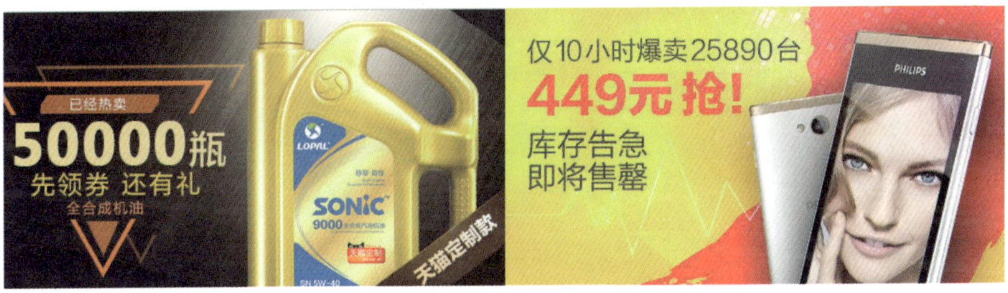

图5-11

5.2.4　节日——依托节日做活动

借助各种传统、非传统的节日作为活动主题，增强活动促销宣传力度，从而吸引更多的浏览者进入店铺，了解商品、促进店铺的销量。如图5-12所示为节日活动的钻展图片。

图5-12

案例分析 | 运动服装钻展图片设计分析

整体评价：广告的背景色和促销产品颜色上相呼应，使广告色彩统一，红色字体重点突出了产品折扣信息，可以有效吸引消费者的关注，从而促成产品的销售带来效益。而广告的整体设计没有过多花哨的修饰，设计简洁而清晰。

构图分析：广告整体内容安排合理，使用左右构图，左侧为店标和促销信息，并且采用左对齐的方式，促销产品的图片占据整个画面的右半部分，充分表现产品外观，整个画面的结构和内容清晰、直观。

配色方案：使用了非常清新的浅黄色作为该运动服装钻展图片的主色调，表现出活力、清新和自然，搭配绿色的文案内容和红色的折扣信息文字，使得整个画面整体色调统一、自然，重点信息突出。

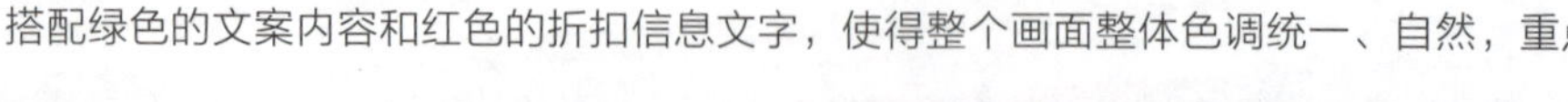

主色：柔和　　辅色：清新　　辅色：突出　　文字颜色：自然

实战案例 | 设计小家电钻展图片

源文件：光盘\源文件\第5章\小家电钻展图片.psd　　视　频：光盘\视频\第5章\小家电钻展图片.swf

● **案例分析**

案例特点：本实例设计一款小家电钻展宣传图片，通过对背景运用条纹状图形进行处理，使得整个画面具有很强烈的空间感和立体感，给人留下比较深刻的印象。

制作思路与要点：本实例所设计的小家电钻展图片，首先通过绘制矩形图形，灵活地进行调整和相互拼接，从而得到强烈的空间感背景。其次通过添加高光图形和调整图层，使整个画面更加明亮，最后在画面中添加产品图像并输入文案内容进行排版，整个画面给人一种时尚、靓丽、富有空间感的印象。

● **色彩分析**

本实例所设计的小家电钻展图片使用多种明度和纯度较高的色彩进行搭配，营造出一种时尚、活跃的氛围，主题文字采用与背景蓝色形成对比的黄色，有效地突出主题内容，整个画面的配色让人感觉鲜亮、时尚。

● **制作步骤**

步骤 01 执行“文件>新建”命令，弹出“新建”对话框，新建一个空白文档，如图5-13所示。设置“前景色”为RGB（1、156、231），为画布填充前景色，如图5-14所示。

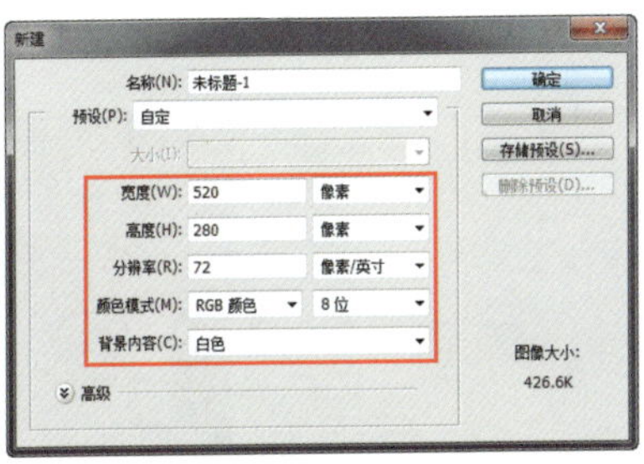

图5-13

图5-14

步骤 02 新建名称为“背景”的图层组，使用“矩形工具”，在“选项”栏上设置“工具模式”为“形状”，“填充”为RGB（249、248、99），在画布中绘制矩形，效果如图5-15所示。使用“添加锚点工具”，在刚绘制的矩形边缘添加锚点，使用“直接选择工具”，选中矩形左下角的锚点，拖动该锚点调整图形，效果如图5-16所示。

图5-15

图5-16

步骤 03 使用相同的制作方法，完成相似图形效果的绘制，效果如图5-17所示。使用“直线工具”，在“选项”栏上设置“粗细”为2像素，在画布中绘制一条白色直线，设置该图层的“混合模式”为“叠加”，“不透明度”为40%，效果如图5-18所示。

图5-17

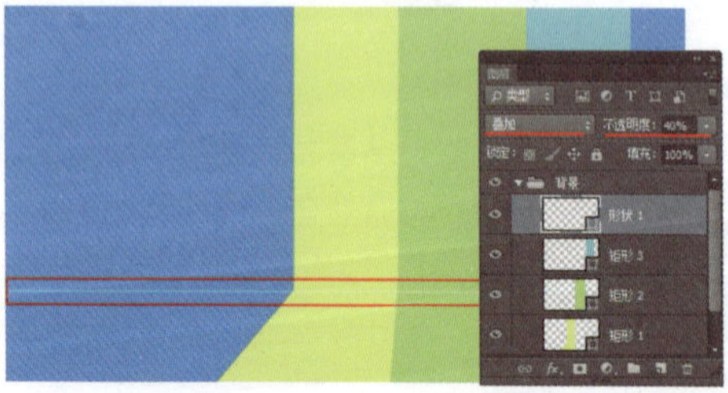

图5-18

步骤 04 新建“图层1”，使用“画笔工具”，设置“前景色”为白色，选择合适的笔触并设置画笔不透明度，在画布中相应的位置涂抹，效果如图5-19所示。设置该图层的“混合模式”为“叠加”，“不透明度”为80%，效果如图5-20所示。

图5-19

图5-20

步骤 05 新建“图层2”，使用“矩形选框工具”，在画布中绘制矩形选区，如图5-21所示。使用“渐变工具”，打开“渐变编辑器”对话框，设置从黑色到透明的渐变颜色，如图5-22所示。

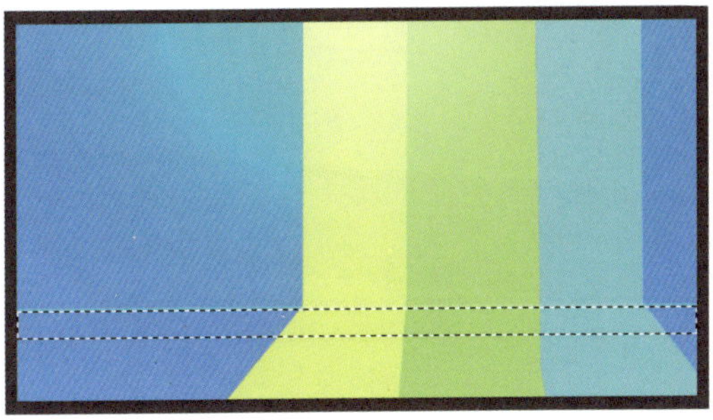

图5-21

图5-22

步骤 06 完成渐变颜色的设置，在选区中拖动鼠标填充线性渐变，取消选区，设置该图层的“不透明度”为20%，效果如图5-23所示。使用相同的方法，完成相似图形效果的绘制，效果如图5-24所示。

图5-23

图5-24

步骤 07 在“图层3”上方添加“色阶”调整图层，在“属性”面板中对相关选项进行设置，如图5-25所示。完成“色阶”调整图层的添加，设置该图层的“不透明度”为85%，效果如图5-26所示。

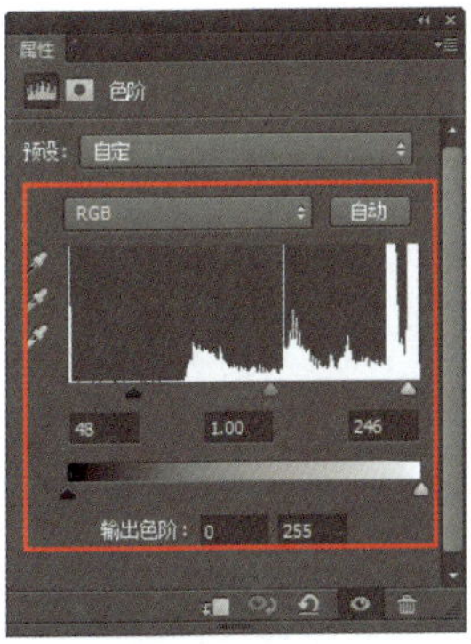

图5-25

图5-26

步骤 08 新建名称为“装饰”的图层组，使用“钢笔工具”，设置“填充”为RGB（59、239、253），在画布中绘制形状图形，如图5-27所示。使用相同的制作方法，完成相似图形效果的绘制，效果如图5-28所示。

图5-27

图5-28

步骤 09 新建名称为“商品”的图层组，打开并拖入产品图像“光盘\源文件\第5章\素材\101.png”，效果如图5-29所示。复制“图层4”得到“图层4拷贝”图层，载入“图层4拷贝”图层选区，并为选区填充黑色，取消选区，如图5-30所示。

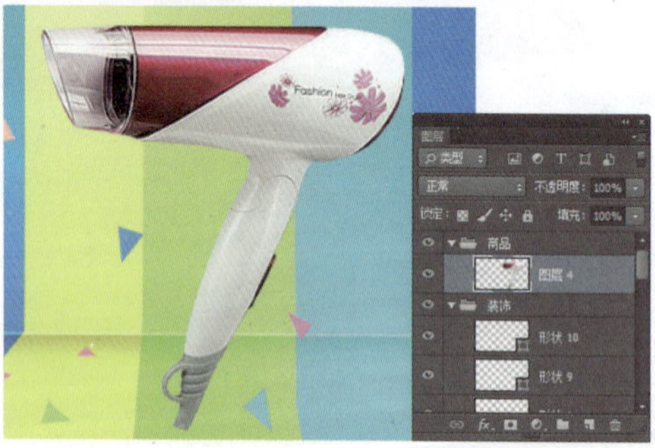

图5-29

图5-30

步骤 10 执行“滤镜>模糊>高斯模糊”命令，弹出“高斯模糊”对话框，参数设置如图5-31所示。单击“确定”按钮，应用“高斯模糊”滤镜，将该图像进行斜切操作，调整到合适的位置，调整该图层至“图层4”下方，并设置“不透明度”为20%，效果如图5-32所示。

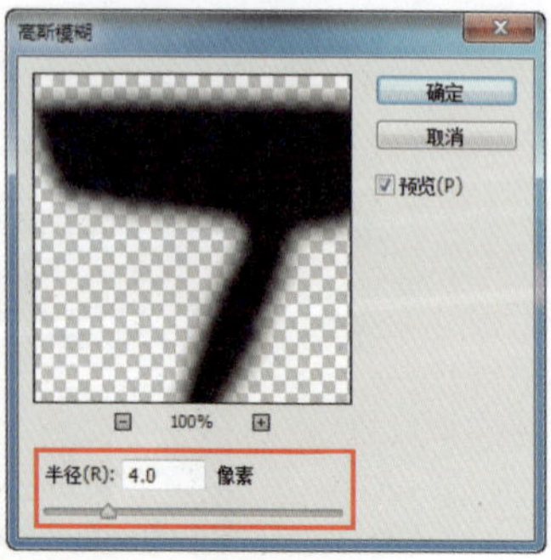

图5-31

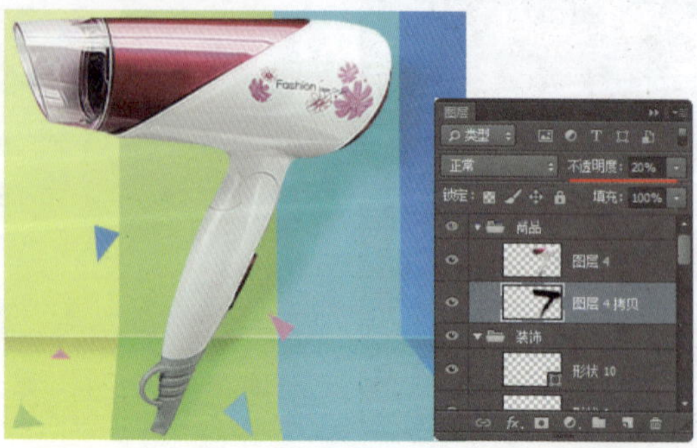

图5-32

步骤11 为该图层添加图层蒙版，使用“渐变工具”，在蒙版中填充黑白线性渐变，效果如图5-33所示。使用相同的制作方法，在产品图像上绘制相应的高光图形来提亮产品，效果如图5-34所示。

图5-33

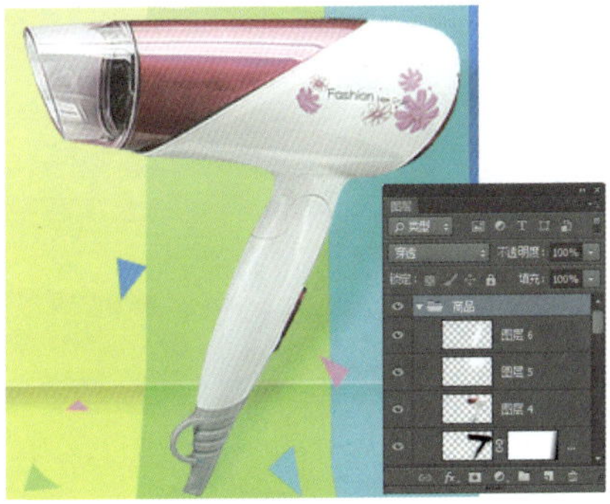

图5-34

步骤12 新建名称为“文字”的图层组，打开并拖入素材图像“光盘\源文件\第5章\素材\102.png”，效果如图5-35所示。使用“横排文字工具”，在“字符”面板中设置相关属性，在画布中单击并输入文字，如图5-36所示。

图5-35

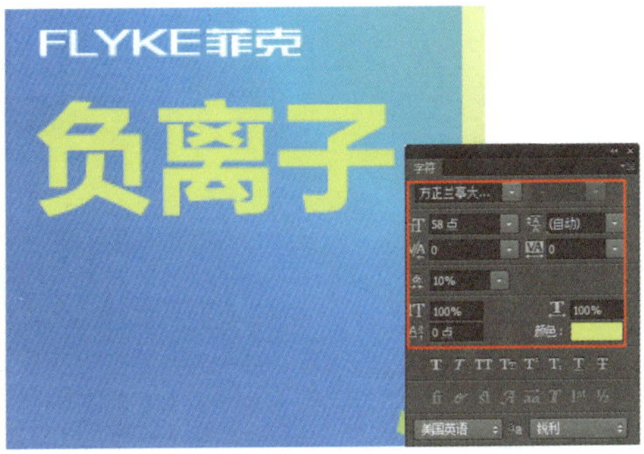

图5-36

步骤13 新建“图层8”，使用“画笔工具”，设置“前景色”为白色，选择合适的笔触，在画布中进行涂抹，设置该图层的“不透明度”为70%，为该图层创建剪贴蒙版，效果如图5-37所示。使用相同的制作方法，完成相似文字效果的制作，效果如图5-38所示。

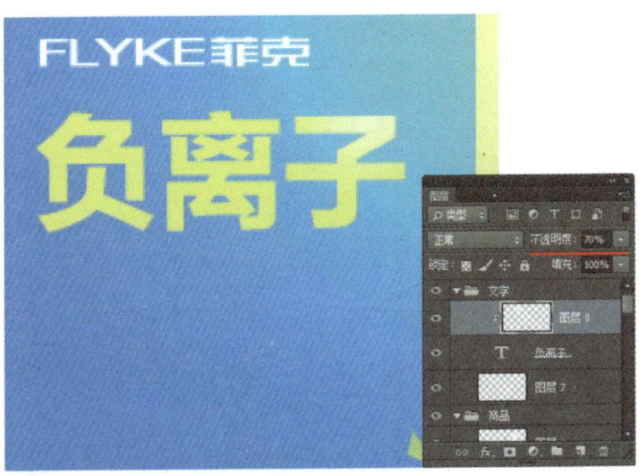

图5-37

图5-38

步骤 14 使用“圆角矩形工具”，设置“填充”为RGB（0、200、251），“半径”为2像素，在画布中绘制圆角矩形，如图5-39所示。复制该图层，将复制得到的图形调整到合适的大小，修改填充颜色为RGB（0、125、184），效果如图5-40所示。

图5-39

图5-40

步骤 15 使用相同的制作方法，输入其他文字内容，效果如图5-41所示。在“文字”图层组上方添加“色阶”调整图层，在“属性”面板中对色阶相关选项进行设置，如图5-42所示。

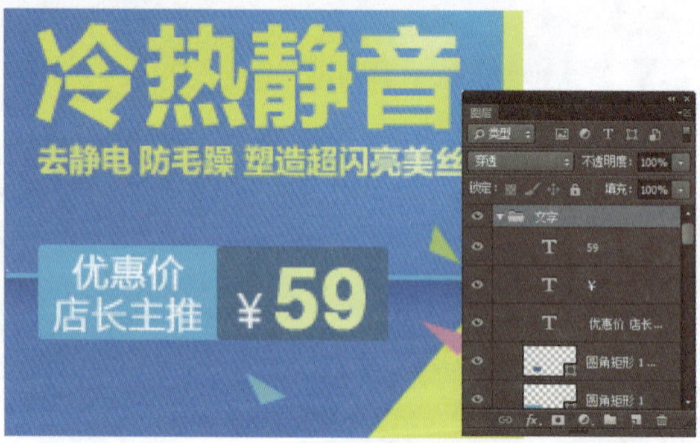

图5-41

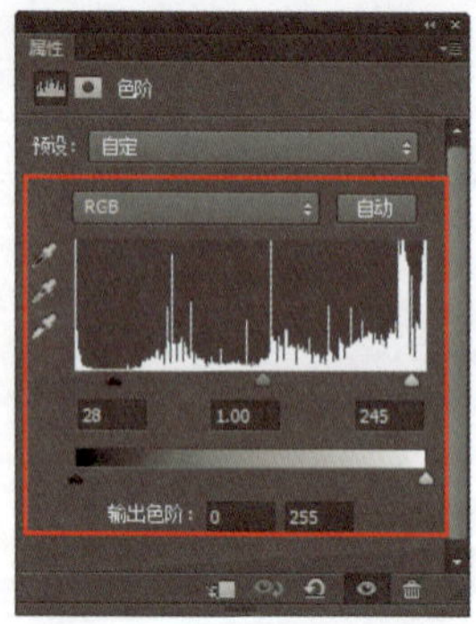

图5-42

步骤 16 完成“色阶”调整图层的添加，效果如图5-43所示。按快捷键Ctrl+Shift+Alt+E，得到“图层9”，执行“滤镜>锐化>USM锐化”命令，弹出“USM锐化”对话框，参数设置如图5-44所示。

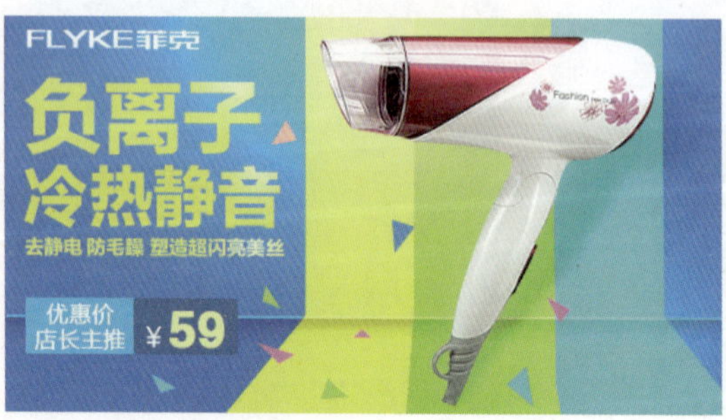

图5-43

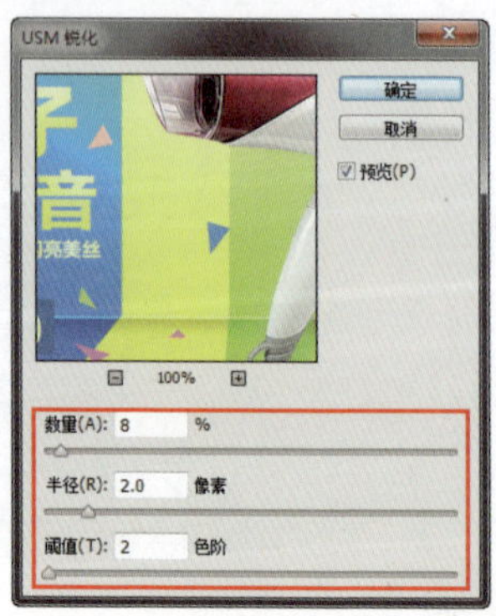

图5-44

步骤 17 单击“确定”按钮，完成“USM锐化”对话框的设置，完成该小家电钻展图片的设计制作，最终效果如图5-45所示。

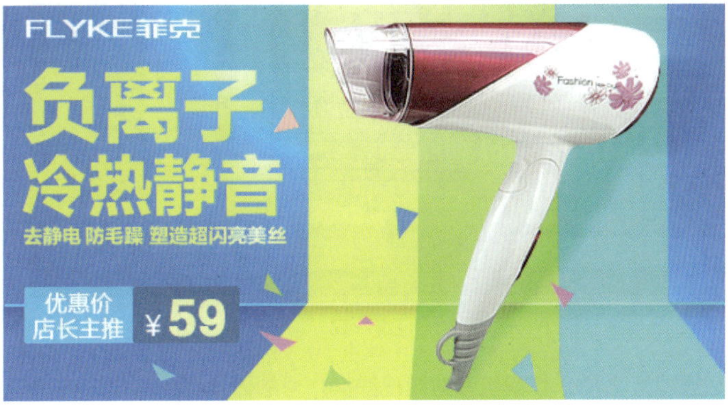

图5-45

5.3 钻展广告投放

钻石展位是比较高端的一种营销工具，其优势在于，除直接引入流量达成销售之外，还有一种广告理念的灌输。目前钻石展位的广告投放，大部分还停留在引进流量阶段，而忽略了品牌广告的宣传，这是错误的。利用好钻石展位的视觉冲击因素，对于品牌的知名度拓展是至关重要的。

5.3.1 使用钻展的目的

如图5-46所示，这个钻展图片的广告词重点是产品名称和产品价格，可以看出，店铺展示的主题对买家的吸引力完全在于价格。这种素材的好处在于低价折扣的冲击可以大大地提高点击率。不足之外在于，假如这张钻展图片的点击率为1%，那么对于99%的展示是完全浪费的，因为在该钻展图片中没有任何店铺和品牌的宣传。

图5-46

如图5-47所示，这个钻展图片的展示是比较成功的，广告词主要展示产品的低价格并且还可以赢取大奖，同时也显示了商品的品牌，有助于品牌的推广。

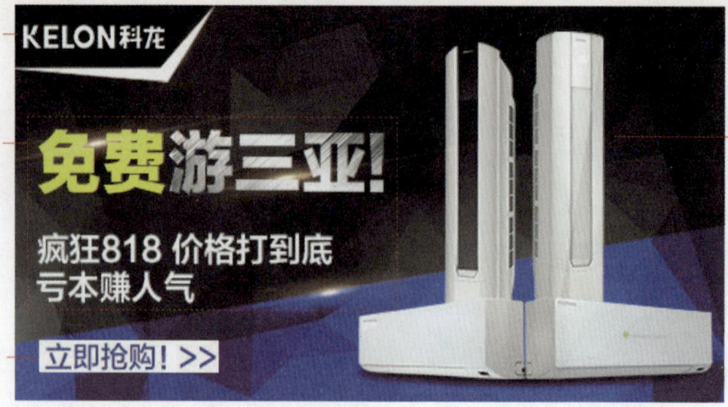

图5-47

在设计制作钻展图片之前，卖家应该对自己的推广目的做详细的分析，先搞清楚自己要的是什么。有需求，才能有明确的计划。对于自有品牌商、知名品牌商以及季节产品、非季节产品，都应该有不同的投放策略。所以卖家应该搞清楚自己的目的，在设计钻展图片的时候才能有针对性地进行突出展现。

5.3.2 打造爆款

通过良好的策划运营能力，以一款爆款产品带动整个店铺的销售。这种对爆款的打造和流量深入运作的方法，是可以借鉴的。这种爆款的钻展图片主要考虑的是流量引入的精准性，所以在人群定位和店铺定位上应该是足够精确的，其选择位置为首页流量较大的广告位，也可以分析出是为了保证足够大的流量基数，来实现比较精准的引流目的的。如图5-48所示为打造爆款产品的钻展图片。

图5-48

5.3.3 活动引流

钻展图片的引流一般是分季节性的，以固定日期为促销主题，整个店铺策划层层相扣的活动。这种引流方法的特征是，预算大，占据位置多，持续时间短，属于一种爆发性质的促销。

这类钻展图片的投放在短时间内引入巨大流量，带来巨大的销售额，实现当期盈利，但是需要通过精密策划来实现促销行为。如图5-49所示为实现活动引流的一系列投放在不同位置的钻展图片。

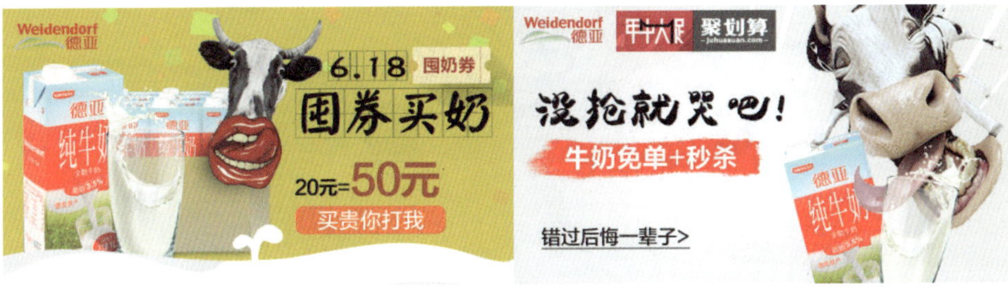

图5-49

5.3.4 品牌广告

品牌广告以树立产品品牌形象，提高品牌的市场占有率为直接目的，突出传播品牌在消费者心目中确定的位置的一种广告，短期内可以提升销量和建立品牌的长期价值。这类钻展广告的持续投放，需要通篇的策划和良好的品牌形象定位。如图5-50所示为品牌广告的钻展图片。

图5-50

案例分析 | 化妆品钻展图片设计分析

整体评价：该化妆品钻展图片打破设计常规，使用卡通的方式来表现广告内容，能够给人留下深刻的印象，并且在广告中运用网络用语作为主题文案，更容易使消费者产生好感。

亲切逗笑和带有爱意的广告语会给让人眼前一亮，让消费者浏览时带有愉悦的心情，为产品增加好感度。

品牌Logo

产品图片

构图分析：该钻展图片的设计采用左右构图方式，产品放置在画面的右侧，并且所占面积只有画面的1/3，而左侧的2/3的面积都用于卡通形象与主题文字内容的表现，亲切逗笑和带有爱意的广告语可以吸引消费者的注意力以及给消费者带来愉悦的心情。

配色方案：该钻展图片的色调统一，使用浅蓝色作为画面的背景色调，搭配不同明度和纯度的蓝色图形和文字，画面的色调非常统一，并且与品牌和产品的色调统一，给人一种和谐的印象。

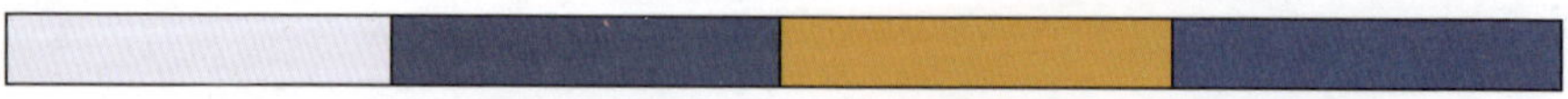

主色：温和　　辅色：理想　　辅色：活泼　　文字颜色：统一

实战案例 | 设计女鞋钻展图片

源文件：光盘\源文件\第5章\女鞋钻展图片.psd　　视　频：光盘\视频\第5章\女鞋钻展图片.swf

● 案例分析

案例特点：本案例设计女鞋钻展图片，尽情体现该店铺的特色，给浏览者带来浓厚的春夏气息。

制作思路与要点：在本实例的女鞋钻展图片设计中，使用色彩图形对画面进行分割，并运用三角形的图形拼接，使画面背景产生强烈的时尚感，运用炫彩的边框突出产品的表现，搭配有一定倾斜度的文案内容，使整个画面充满动感和时尚。

● 色彩分析

本实例所设计的女鞋钻展图片使用青蓝色作为主色调，给人带来清凉的感觉，使用蓝色和红色等多彩色作为点缀带给人时尚的青春气息，搭配白色和黑色的文字，给人一种简约、直观和大方的感觉。

青蓝色　　黑色　　白色

● 制作步骤

步骤01 执行“文件>新建”命令，弹出“新建”对话框，新建一个空白文档，如图5-51所示。使用“钢笔工具”，在“选项”栏上设置“工具模式”为“形状”，“填充”为RGB（64、173、90），在画布中绘制形状图形，效果如图5-52所示。

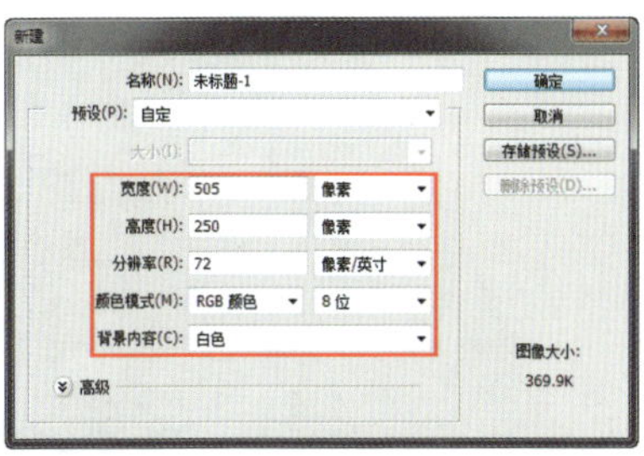

图5-51

图5-52

步骤 02 新建名称为“三角形”的图层组，使用“自定形状工具”，设置“填充”为RGB（74、151、130），在“形状”下拉列表中选择相应的形状，在画布中绘制形状图形，效果如图5-53所示。复制该图层，将复制得到的图形进行垂直翻转操作，向右移至合适的位置，修改该图形的填充颜色为RGB（82、168、144），如图5-54所示。

图5-53

图5-54

步骤 03 多次复制该图形，分别调整复制得到的图形到合适的位置并填充颜色，效果如图5-55所示。复制“三角形”图层组，将复制得到的图形调整到合适的位置，效果如图5-56所示。

图5-55

图5-56

步骤 04 多次复制“三角形”图层组，并分别调整复制得到的图形到合适位置，铺满绿色底部范围，效果如图5-57所示。选中所有“三角形”图层组，按快捷键Ctrl+E，合并图层，执行“图层>创建剪贴蒙版”命令，创建剪贴蒙版，效果如图5-58所示。

图5-57

图5-58

步骤05 按快捷键Ctrl+T，对形状图形进行旋转操作，效果如图5-59所示。使用“钢笔工具”，设置“填充”为RGB（32、112、96），在画布中绘制形状图形，并设置该图层的“不透明度”为50%，效果如图5-60所示。

图5-59

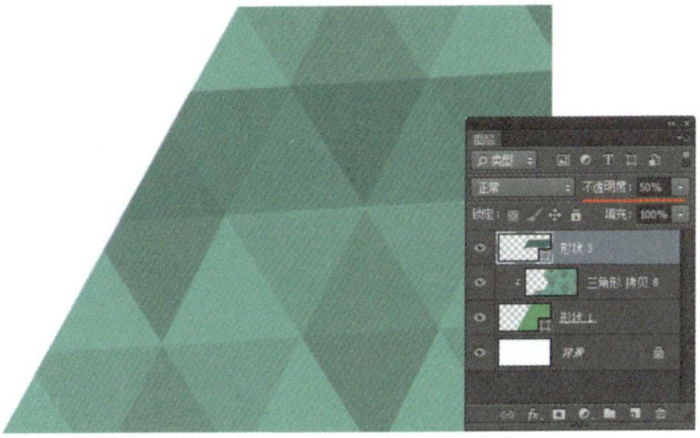

图5-60

步骤06 新建名称为“内容”的图层组，使用“钢笔工具”，在“选项”栏上设置“工具模式”为“路径”，在画布中绘制路径，如图5-61所示。使用“横排文字工具”，在“字符”面板中设置相关属性，在画布中沿着路径输入文字，效果如图5-62所示。

图5-61

图5-62

步骤07 使用相同的制作方法，完成其他文字效果的制作，效果如图5-63所示。使用“矩形工具”，在画布中绘制黑色矩形，并对该矩形进行斜切处理，效果如图5-64所示。

图5-63

图5-64

步骤 08 为该图层添加“投影”图层样式，对相关选项进行设置，如图5-65所示。单击“确定”按钮，完成“图层样式”对话框的设置，效果如图5-66所示。

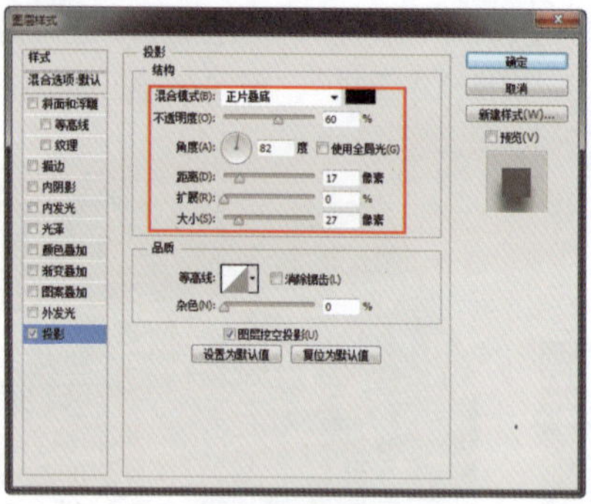

图5-65

图5-66

步骤 09 使用相同的制作方法，完成相应文字的输入，效果如图5-67所示。使用“矩形工具”，在画布中绘制黑色矩形，效果如图5-68所示。

图5-67

图5-68

步骤 10 使用“矩形工具”，在“选项”栏上设置“路径操作”为“减去顶层形状”，在刚绘制的矩形上减去一个矩形，得到需要的矩形边框图形，效果如图5-69所示。为该图层添加“渐变叠加”图层样式，对相关选项进行设置，如图5-70所示。

图5-69

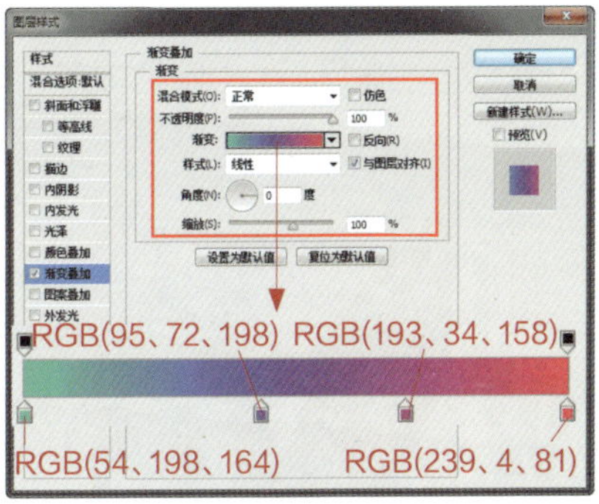

图5-70

步骤 11 单击“确定”按钮，完成“图层样式”对话框的设置，按快捷键Ctrl+T，对图形进行斜切操作，效果如图5-71所示。为该图层添加图层蒙版，使用“矩形选框工具”，在画布中绘制矩形选区，并为选区填充黑色，效果如图5-72所示。

图5-71

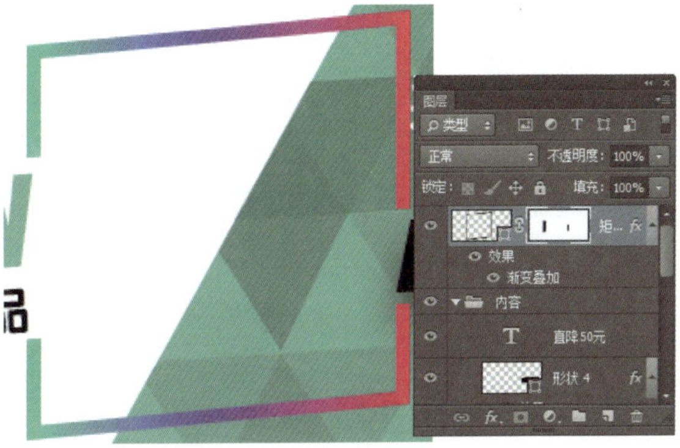

图5-72

步骤 12 打开并拖入素材图像“光盘\源文件\第4章\素材\201.png”，效果如图5-73所示。使用相同的制作方法，拖入其他素材图像，效果如图5-74所示。

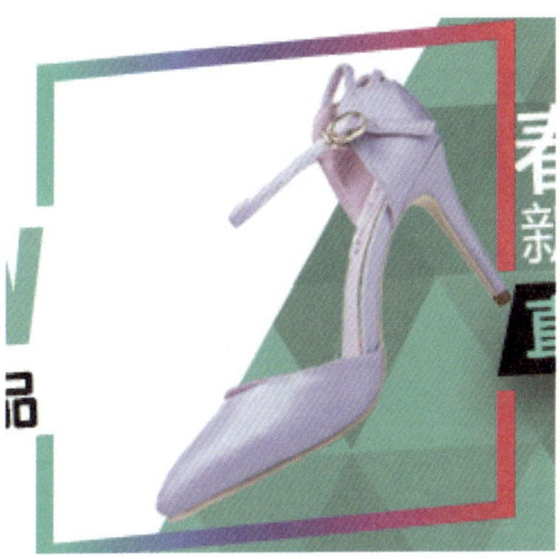

图5-73

图5-74

步骤13 新建名称为“标题”的图层组，使用相同的制作方法，完成相似图形效果的绘制，如图5-75所示。使用“横排文字工具”，在“字符”面板中设置相关属性，在画布中输入文字，如图5-76所示。

图5-75

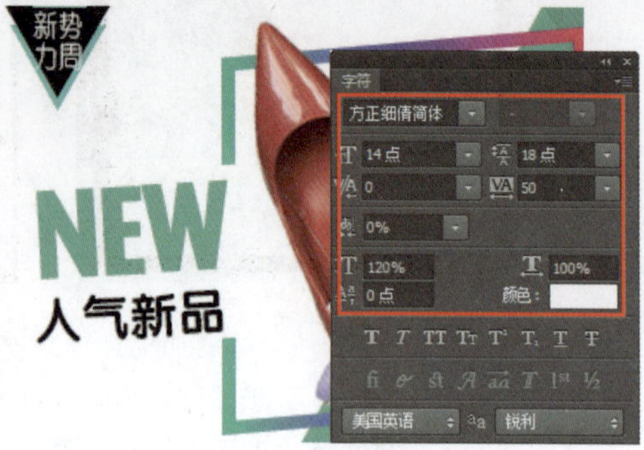

图5-76

步骤14 完成该女鞋钻展图片的设计制作，最终效果如图5-77所示。

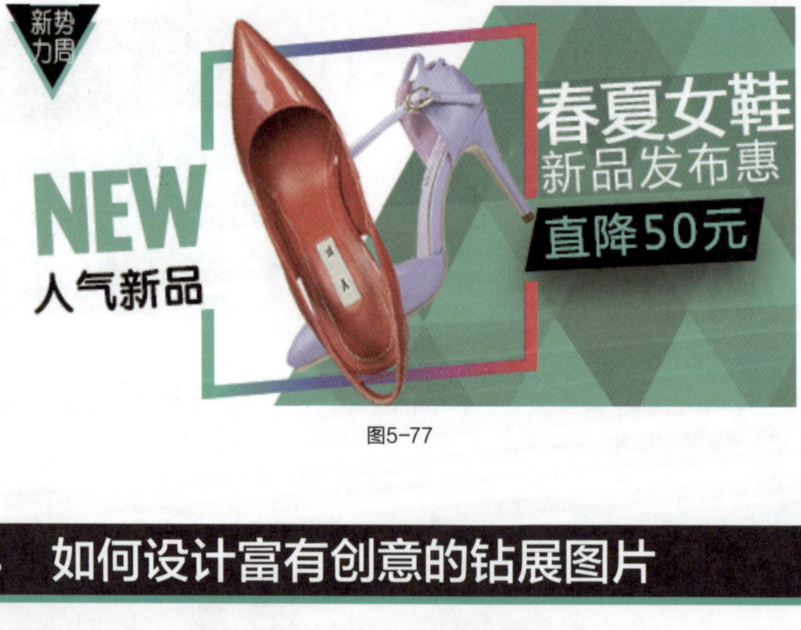

图5-77

5.4 如何设计富有创意的钻展图片

在设计钻展图片时通常都需要设计好几版，有的是更换背景色，有的是用不同的画面去表现，然后综合比较哪种组合更具有创意，更能够打动和吸引消费者。

5.4.1 突出产品卖点

要想使消费者产生购买产品的冲动，在钻展图的设计过程中一定要突出表现产品的卖点，清晰美观的产品图是基础，在此基础上创造出新颖的排列组合。如图5-78所示为设计精美的钻展图片。

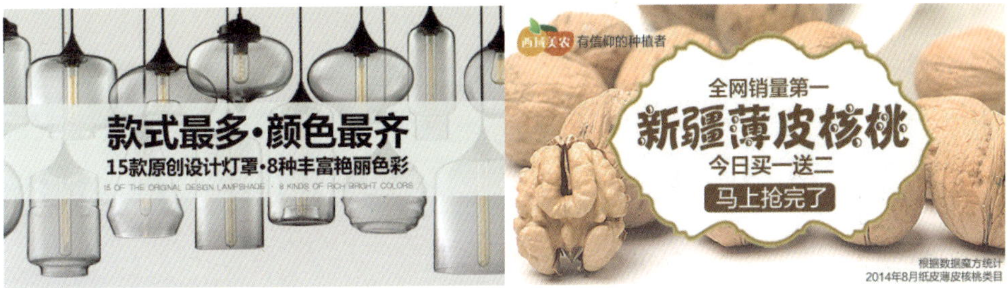

图5-78

5.4.2 优秀的文案

最优秀的创意应该是文案跟设计融为一体，抠出任何一部分看起来都比较平淡，但是融合在一起就会很有创意。最好是在写文字的时候，脑海中就已经有了设计的模型。

钻展图片的文案创意需要注意以下几点。

（1）关键信息内容的设置要摆放到重要的视觉位置，例如产品信息、折扣促销信息。

（2）字体不宜过多，尽量保持1~2种，在不影响文字辨识度的情况下，小字号更容易使画面显得精致、有品位。

（3）对于表现情感的钻展图片，可以使用衬线字体，可以使得广告画面显得更精致、有爱。

（4）在确定钻展图片文案内容之前，应该要注重考虑受众、目标和收益元素。只有了解消费者的想法、抓住消费者的心理、了解消费者的兴趣点，才能给消费者灌输产品的理念。如图5-79所示为设计精美的钻展图片。

图5-79

5.4.3 合适的主题风格

钻展图片的主题风格尽量与店铺的风格相统一，这样容易使消费者对店铺的品牌和形象形成统一的认知。如图5-80所示为设计精美的钻展图片。

图5-80

5.4.4 布局

钻展图片的构图布局形式与直通车图片的构图形式类似，可以采用左右、上下、倾斜等多种布局方式，只要适合表现产品卖点即可。如图5-81所示为设计精美的钻展图片。

图5-81

案例分析 | 食品促销钻展图片设计分析

整体评价： 该食品促销钻展图片使用了温馨和热情的黄色和橙色作为背景色调，搭配产品和卡通形象，让人觉得温馨，而夸张的广告字体能够给人带来视觉冲击感，并且颜色是反差较大的色彩，可以有效地区分内容层次。

构图分析： 该食品促销钻展图片采用了上下构图的方式，上面安排店铺名称和促销信息，下面是促销产品和卡通形象，整个广告布局的结构和内容清晰明确。

配色方案： 该钻展图片的背景主要采用了黄色和橙色作为主色调，表现出温馨、柔和的印象，搭配白色和绿色的促销信息，能够有效地突出促销信息的显示效果。

主色：温馨　　辅色：热情、柔和　　辅色：健康　　文字颜色：突出

实战案例 | 设计双12促销钻展图片

源文件：光盘\源文件\第5章\双12促销钻展图片.psd　　视　频：光盘\视频\第5章\双12促销钻展图片.swf

● **案例分析**

案例特点：本案例设计一款双12促销钻展图片，使用放射状的图形将消费者的目光集中在画面的中心位置，带给消费者一种时尚、潮流的感觉。

制作思路与要点：本案例设计的双12促销钻展图片是一系列促销活动中的其中一个，针对女性消费群体。在设计过程中运用圆形将相关的产品、主题和促销信息集中在一起，非常直观。通过不同颜色和层次的圆形相互叠加，使得画面和信息内容层次感非常强烈。

● **色彩分析**

本案例设计的双12促销钻展图片以红色作为主体颜色，带给人一种激情和活力的感觉，与黄色和白色搭配，使得内容层次清晰，给人一种直观、舒适的视觉效果。

红色　　黄色　　白色

● **制作步骤**

步骤 01 执行“文件>新建”命令，弹出“新建”对话框，新建一个空白文档，如图5-82所示。设置“前景色”为RGB（231、58、97），为画布填充前景色，效果如图5-83所示。

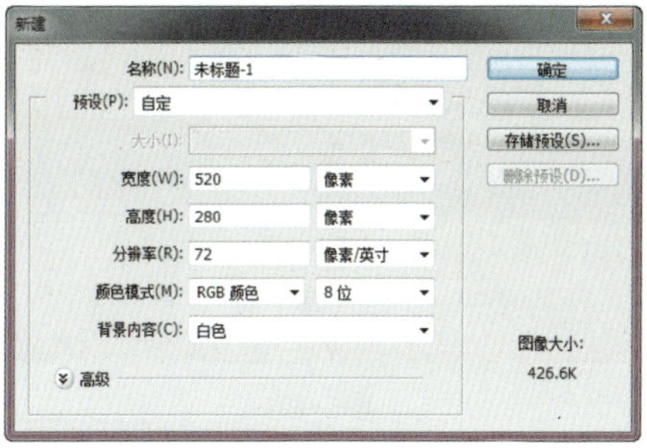

图5-82

图5-83

步骤 02 新建名称为“背景”的图层组，使用“钢笔工具”，在“选项”栏上设置“工具模式”为“形状”，“填充”为RGB（211、42、79），在画布中绘制形状图形，效果如图5-84所示。复制“形状1”图层得到“形状1 拷贝”图层，按快捷键Ctrl+T，显示自由变换框，设置变换中心点位置，如图5-85所示。

图5-84

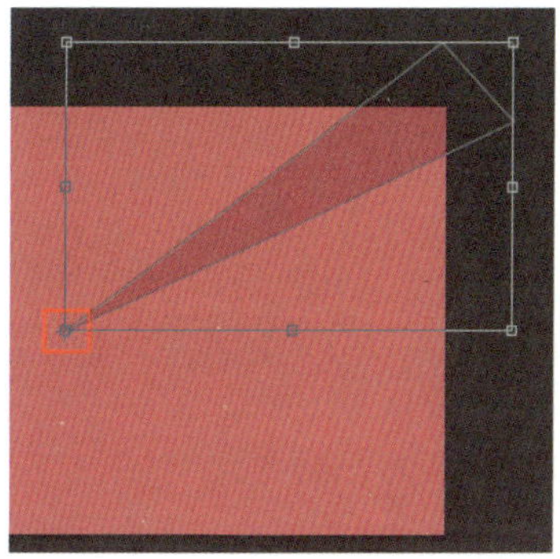

图5-85

步骤 03 在“选项”栏上设置“旋转”为30度，将复制得到的图形进行旋转，确认变换操作，效果如图5-86所示。按住Ctrl+Shift+Alt键不放，多次按T键，多次复制并旋转图形，效果如图5-87所示。

图5-86

图5-87

步骤 04 新建名称为“内容”的图层组，使用“矩形工具”，在“选项”栏上设置“填充”为RGB（254、214、39），在画布中绘制矩形，效果如图5-88所示。使用“添加锚点工具”，在刚绘制的矩形两侧添加锚点，如图5-89所示。

图5-88

图5-89

步骤05 使用“直接选择工具”，选中刚添加的锚点，对其进行调整，得到需要的图形，效果如图5-90所示。为该图层添加“描边”图层样式，对相关选项进行设置，如图5-91所示。

图5-90

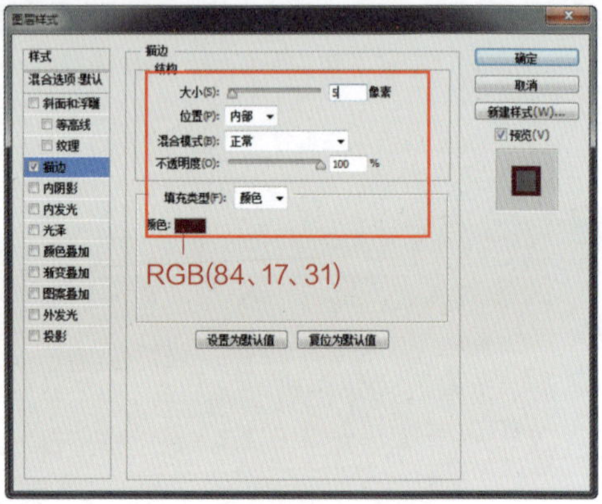

图5-91

步骤06 继续添加“内阴影”图层样式，对相关选项进行设置，如图5-92所示。为该图层添加“投影”图层样式，对相关选项进行设置，如图5-93所示。

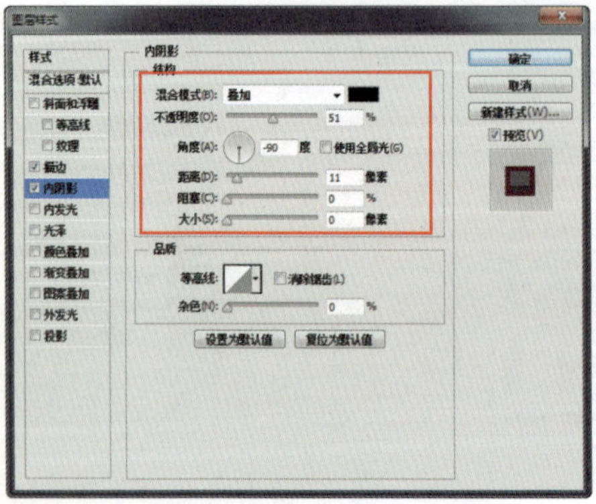

图5-92

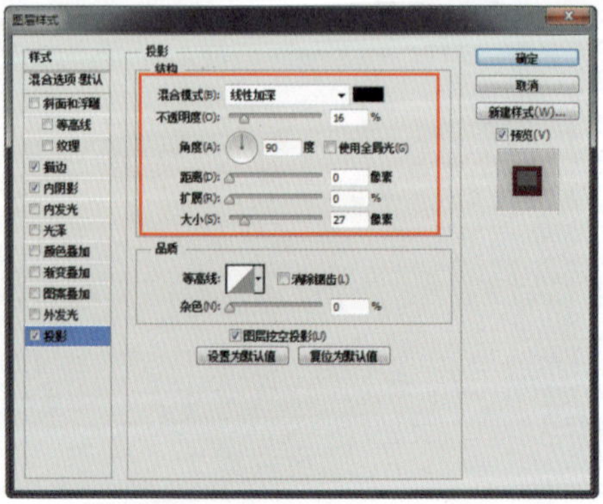

图5-93

步骤07 单击“确定”按钮，完成“图层样式”对话框的设置，效果如图5-94所示。使用“椭圆工具”，在“选项”栏上设置“填充”为RGB（224、50、87），在画布中绘制正圆形，效果如图5-95所示。

图5-94

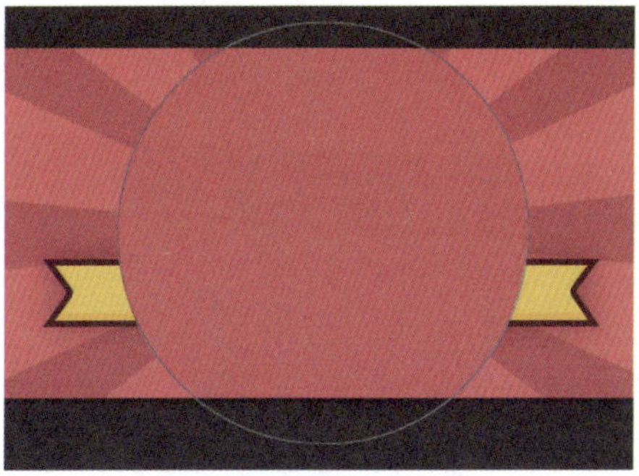

图5-95

步骤 08 为该图形添加相应的“描边”和“投影”图层样式，效果如图5-96所示。使用“矩形工具”，在“选项”栏上设置“填充”为RGB（89、18、33），在画布中绘制矩形，如图5-97所示。

图5-96

图5-97

步骤 09 使用相同的制作方法，完成相似图形的绘制，效果如图5-98所示。新建名称为“星星”的图层组，使用“自定形状工具”，在“选项”栏上设置“填充”为RGB（255、215、40），在“形状”下拉面板中选择合适的形状，在画布中绘制形状图形，如图5-99所示。

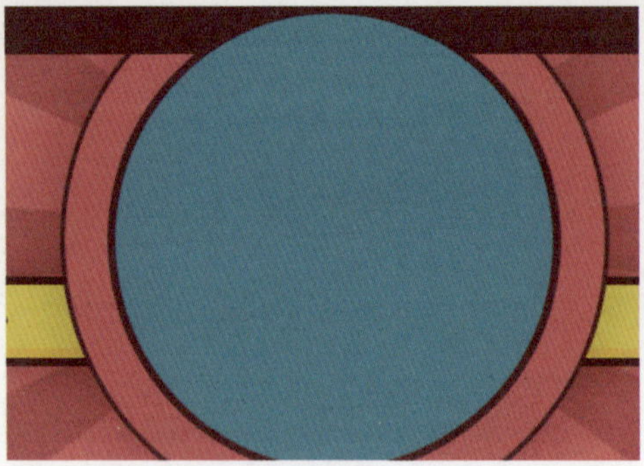

图5-98

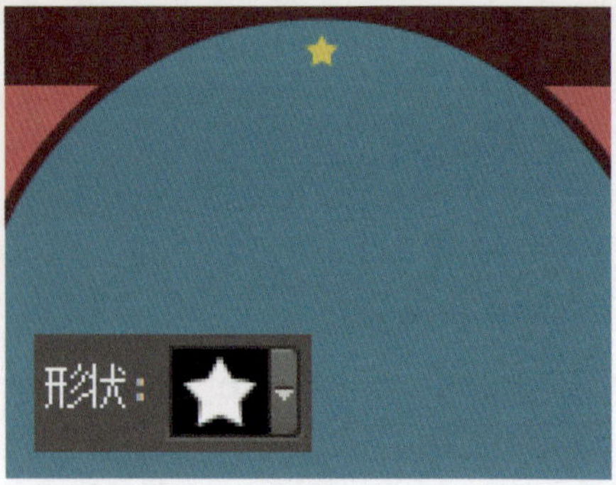

图5-99

步骤 10 复制“形状2”图层得到“形状2拷贝”图层，执行“编辑>变换>旋转”命令，在“选项”栏上设置“旋转”为20度，将旋转的图形调整至合适的位置，如图5-100所示。使用相同的制作方法，绘制出相似的图形效果，如图5-101所示。

图5-100

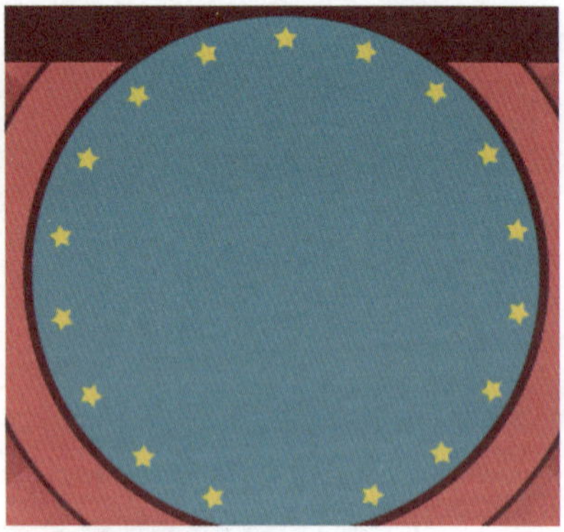

图5-101

步骤 11 使用相同的制作方法，绘制出其他星星图形效果，如图5-102所示。打开并拖入素材图像“光盘\源文件\第5章\素材\301.png”，效果如图5-103所示。

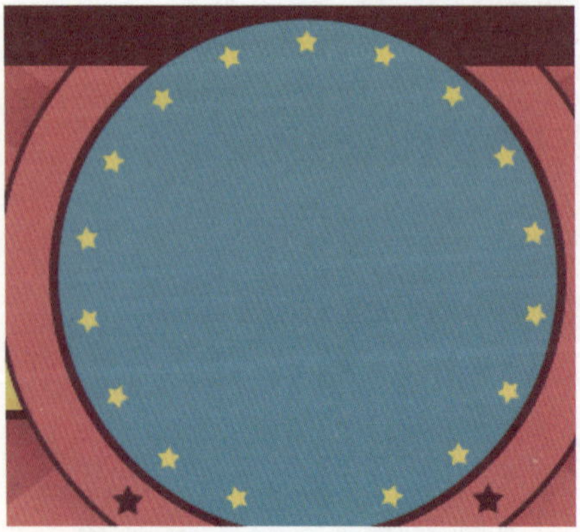

图5-102

图5-103

步骤 12 使用“椭圆工具”，在“选项”栏上设置“工具模式”为“路径”，在画布中绘制正圆形路径，如图5-104所示。使用“横排文字工具”，在“字符”面板中设置相关属性，在刚绘制的路径上单击输入路径文字，效果如图5-105所示。

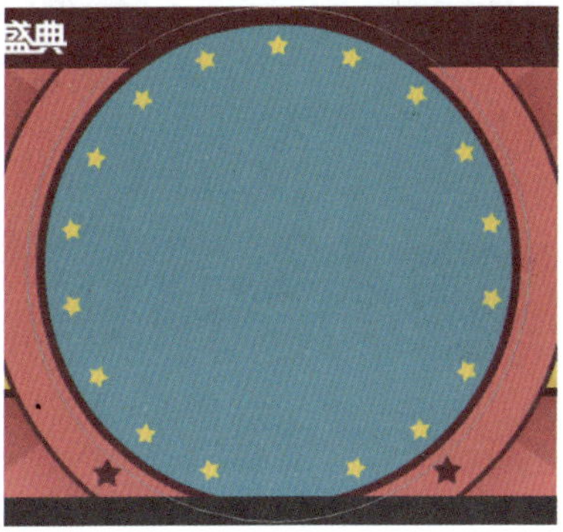

图5-104

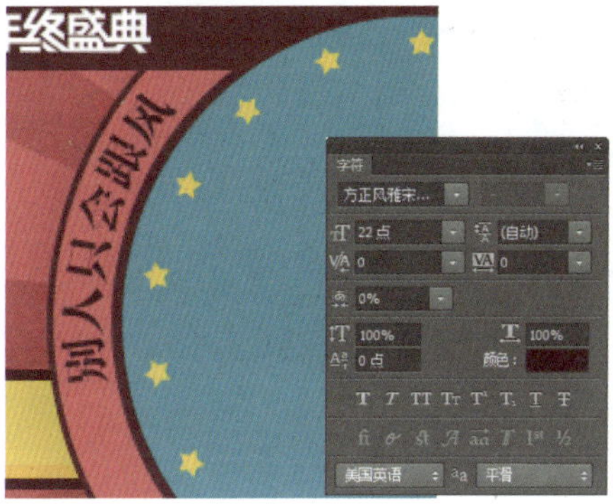

图5-105

步骤 13 使用相同的制作方法，完成相似路径文字的制作，效果如图5-106所示。使用相同的制作方法，完成相似图形的绘制，效果如图5-107所示。

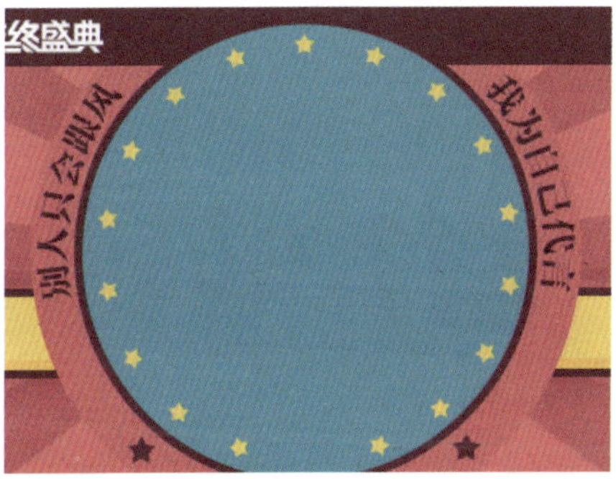

图5-106

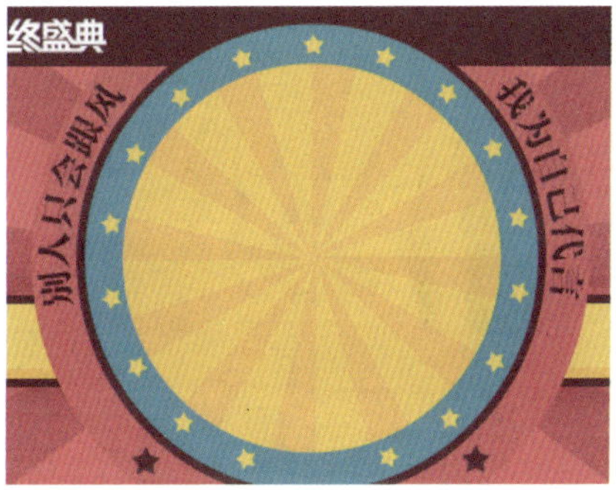

图5-107

步骤 14 打开并拖入素材图像“光盘\源文件\第5章\素材\302.png”，效果如图5-108所示。为该图层添加“外发光”图层样式，对相关选项进行设置，如图5-109所示。

图5-108

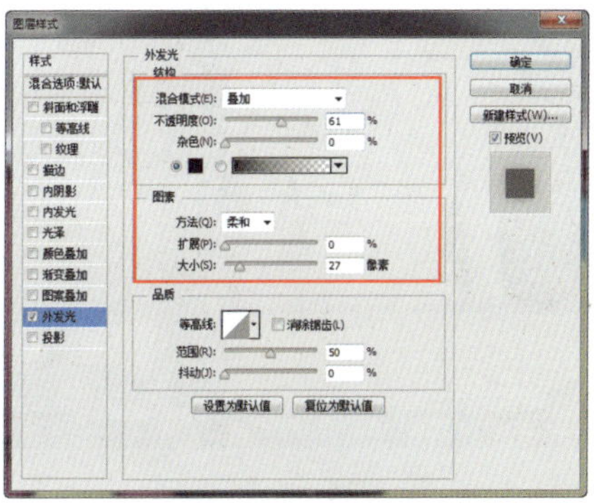

图5-109

步骤 15 单击“确定”按钮，完成“图层样式”对话框的设置，效果如图5-110所示。使用相同的制作方法，拖入其他素材图像并分别进行处理，效果如图5-111所示。

图5-110

图5-111

步骤 16 使用“圆角矩形工具”，在“选项”栏上设置“填充”为RGB（255、215、40），“半径”为30像素，在画布中绘制圆角矩形，如图5-112所示。使用“圆角矩形工具”，在“选项”栏上设置“路径操作”为“合并形状”，在刚绘制的圆角矩形上添加一个圆角矩形，效果如图5-113所示。

图5-112

图5-113

步骤 17 为该图层添加“描边”“内阴影”和“投影”图层样式，效果如图5-114所示。使用相同的制作方法，完成相似图形和文字的制作，效果如图5-115所示。

图5-114

图5-115

步骤 18 使用“椭圆工具”，在画布中绘制白色的正圆形，如图5-116所示。使用“多边形工具”，在“选项”栏上设置“路径操作”为“合并形状”，“边”为3，在刚绘制的正圆形上添加一个三角形，效果如图5-117所示。

图5-116

图5-117

步骤 19 为该图层添加“描边”图层样式，对相关选项进行设置，如图5-118所示。单击“确定”按钮，完成“图层样式”对话框的设置，在画布中输入相应的文字，效果如图5-119所示。

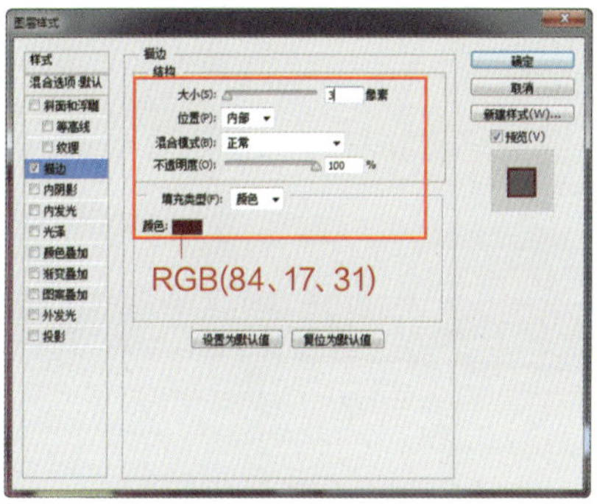

图5-118

图5-119

步骤 20 完成双12促销钻展图片的设计制作，最终效果如图5-120所示。

图5-120

5.5 本章小结

钻展是运用较多的一种店铺推广方式，利用好钻展推广可以取得和直通车推广一样的效果。在本章中向读者介绍了有关钻展的相关知识，以及钻展图片设计的一些技巧和方法，并通过案例的设计制作讲解了钻展图片的设计表现方法。通过本章内容的学习，读者需要了解钻展推广，并掌握钻展图片的设计。

06

Chapter

聚划算和淘宝客推广

大家都知道，销售量是建立在流量基础之上的，如果没有几个顾客光临店铺，销售量自然也就会很少。所以无论是大卖家还是刚起步的小卖家，都会挖空心思地在思考各种方法来提高店铺流量。聚划算和淘宝客推广是为店铺带来流量的另外两种推广方式，在本章中将为读者介绍有关聚划算和淘宝客推广的相关知识，以及以设计中需要注意的问题。

6.1 了解聚划算

随着团购的火热，作为拥有商家最多的淘宝网怎么能错过这个机会？于是，淘宝网推出了自己的团购频道——聚划算。

6.1.1 什么是聚划算

聚划算中的“聚”是团购的实质解析，“划算”是指商品物美价廉，让客户真正体验到聚划算平台上产品的划算。聚划算秉承“精挑细选、极致性价比、真相决定品质”的核心价值主张。依托广大的商家和买家，聚划算一经推出就受到了很多人的关注。淘宝网的卖家把它当作推广网店、打造人气产品的好方法，网购买家能花更少的钱就买到自己中意的产品，聚划算实现了淘宝网卖家和买家的双赢。

6.1.2 聚划算图片尺寸大小说明

如图6-1所示为聚划算网站首页（http://ju.taobao.com）中的产品图片，图片显示尺寸为300像素×200像素。

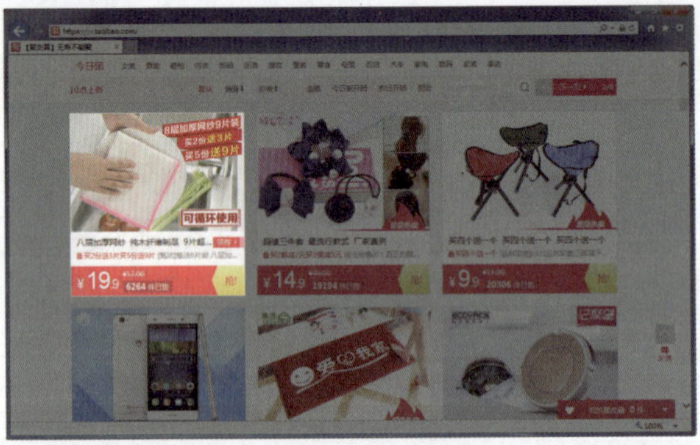

图6-1

如图6-2所示为聚划算产品详情页面中的图像，图片显示尺寸为445像素×296像素。

图6-2

对于所上传的聚划算图片尺寸要求是960像素×640像素，也就是说设计师在设计聚划算图片时需要设计为960像素×640像素的尺寸大小，这样即可以保证图片在网站中不同位置显示的效果，也可以保证图片缩放后图片中的产品不会变形和不清晰。

6.2 聚划算图片如何构图

产品在图片中的面积不能过小，但也不要撑满整个画面，占整个画面的2/3为宜，如图6-3所示。家具、家居等商品可以考虑实景拍摄，但要保证产品不小于画面中其他布局中的物品，如图6-4所示。

图6-3

图6-4

对于服装类的商品，模特照片往往是竖版构图的，这时可以将图片版面水平分成几个板块分别展示服装的正面和背面，在提供了丰富的图片信息的同时，画面构图也显得美观，如图6-5所示。

图6-5

也可以考虑将服装的不同色彩或款式图进行并列显示，效果也不错，如图6-6所示。

图6-6

如果产品有细节特征需要表现的时候，也可以通过产品主视图与产品细节图片相搭配的方式进行构图，但是切忌画面分割过细，如图6-7所示。

图6-7

案例分析 | 聚划算促销宣传海报设计分析

整体评价： 将产品展示在两侧，配上菱形背景，像衣柜一样列出产品，主题文案在最中间的位置，很显眼，画面内容清晰明了，整体画面看起来十分喜庆。

被商品围绕的主题格外突出，稍有倾斜的字体，使画面线条明显，使主题更加新颖。

商品以展览的形式放置在画面两侧，体现了该店铺的商品种类多样。

构图分析： 该聚划算促销宣传海报以平铺的菱形为背景，将产品在两边陈列出来，使画面更加整齐有条理，将主题放置在中间，并且使用大小不一的字体，来凸显出主题，使画面层次分明，呼应主题。

配色方案： 使用红色作为该画面的主体颜色，渲染了一种喜庆欢快的气氛，搭配黄色和白色，使画面看起来和谐、自然，让画面的内容更加清晰。

主色：鲜艳	辅色：喜庆	辅色：欢乐	文字颜色：清晰

实战案例 | 设计聚划算促销店铺宣传广告

源文件：光盘\源文件\第6章\聚划算促销店铺宣传广告.psd　视　频：光盘\视频\第6章\聚划算促销店铺宣传广告.swf

● 案例分析

案例特点：本案例设计一款聚划算促销店铺宣传广告，通过简约的画面表现主题，简单直接，主题非常明确。

制作思路与要点：店铺参加聚划算促销活动之前需要在店铺中进行宣传，本案例所设计的聚划算促销店铺宣传广告非常简约，使用灰色的背景搭配主题文字和店铺中的产品图片，简单直接地表明宣传的主题，许多时候简约的设计也会起到非常好的宣传效果。

● 色彩分析

本案例所设计的聚划算促销店铺宣传广告使用浅灰色作为背景主色调，搭配红色的主题文字。主题文字的显示效果非常显眼，整体色调简洁、明快，使人一眼就能看清广告的重点信息。

浅灰色　红色　深灰色

● 制作步骤

步骤 01 执行“文件>新建”命令，弹出“新建”对话框，新建一个空白文档，如图6-8所示。设置“前景色”为RGB（238、238、240），为画布填充前景色。新建“图层1”，使用“画笔工具”，设置“前景色”为白色，在画布中进行涂抹绘制，设置该图层的“不透明度”为66%，效果如图6-9所示。

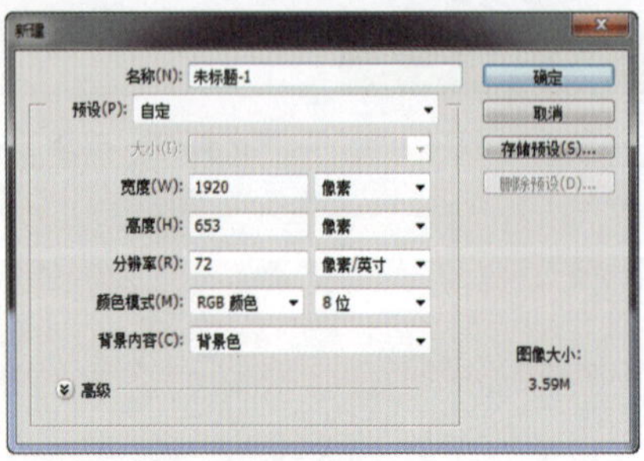

图6-8

图6-9

步骤02 新建名称为“产品”的图层组，打开并拖入素材图像“光盘\源文件\第6章\素材\101.png”，如图6-10所示。复制“图层2”得到“图层2拷贝”图层，执行“编辑>变换>垂直翻转”命令，向下移至合适的位置，为该图层添加图层蒙版，在蒙版中填充黑白线性渐变，设置该图层的“不透明度”为50%，效果如图6-11所示。

图6-10

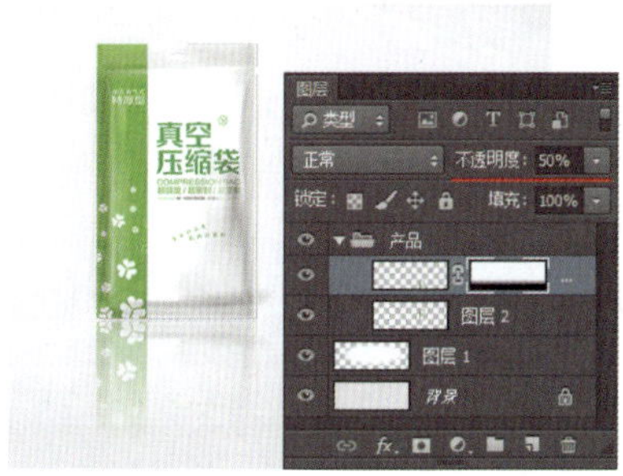

图6-11

步骤03 使用“圆角矩形工具”，在“选项”栏上设置“半径”为10像素，在画布中绘制黑色圆角矩形，效果如图6-12所示。将该图层栅格化为普通图层，执行“滤镜>模糊>高斯模糊”命令，弹出“高斯模糊”对话框，参数设置如图6-13所示。

图6-12

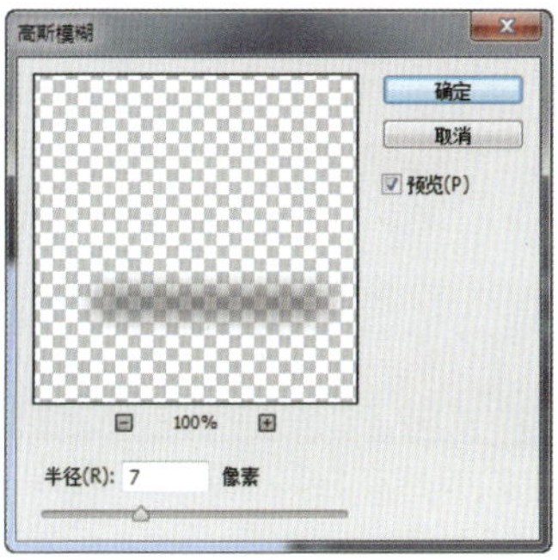

图6-13

步骤04 单击“确定”按钮，完成“高斯模糊”对话框的设置，将“圆角矩形1”图层调整到“图层2”下方，效果如图6-14所示。使用相同的制作方法，完成相似图形的绘制，如图6-15所示。

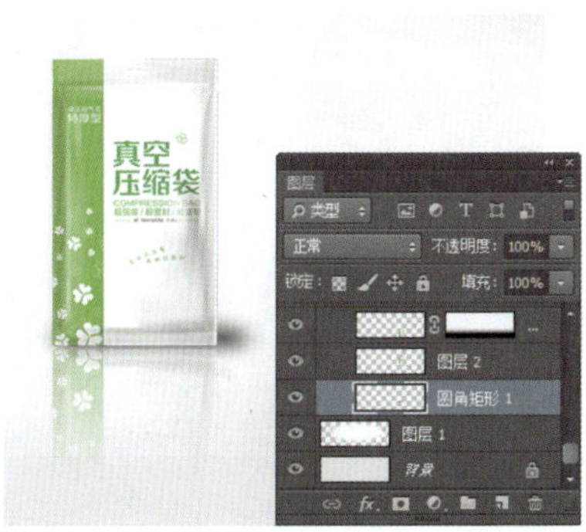

图6-14

图6-15

步骤 05 使用“钢笔工具”，在“选项”栏上设置“工具模式”为“形状”，“填充”为RGB（228、39、75），在画布中绘制形状图形，如图6-16所示。为该图层添加“投影”图层样式，对相关选项进行设置，如图6-17所示。

图6-16

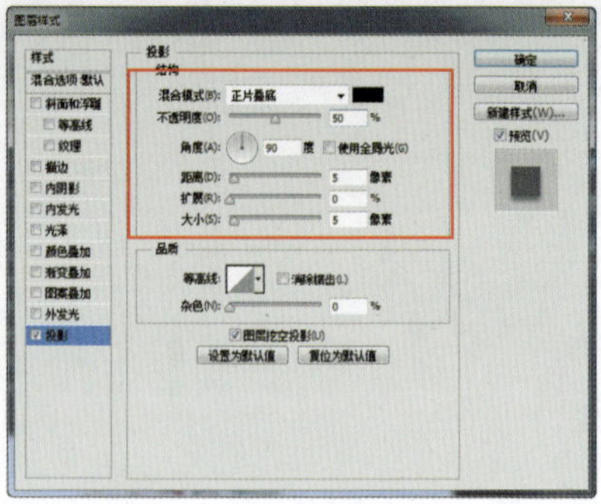

图6-17

步骤 06 单击“确定”按钮，完成“图层样式”对话框的设置，效果如图6-18所示。使用“横排文字工具”，在“字符”面板中设置相关选项，在画布中输入文字，如图6-19所示。

图6-18

图6-19

步骤 07 使用相同的制作方法，输入相应的文字并绘制直线图形，效果如图6-20所示。新建名称为“聚划算”的图层组，使用“椭圆工具”，在“选项”栏上设置“填充”为无，“描边”为RGB（240、133、163），“描边宽度”为2点，在画布中绘制正圆形，效果如图6-21所示。

图6-20

图6-21

步骤 08 复制刚绘制的正圆形，将复制得到的正圆形等比例缩小，效果如图6-22所示。使用“直线工具”，在“选项”栏上设置“填充”为RGB（236、30、88），“描边”为无，在画布中绘制直线，效果如图6-23所示。

图6-22

图6-23

步骤 09 使用“圆角矩形工具”，在“选项”栏上设置“半径”为5像素，在画布中绘制白色的圆角矩形，如图6-24所示。为该图层添加“投影”图层样式，对相关选项进行设置，如图6-25所示。

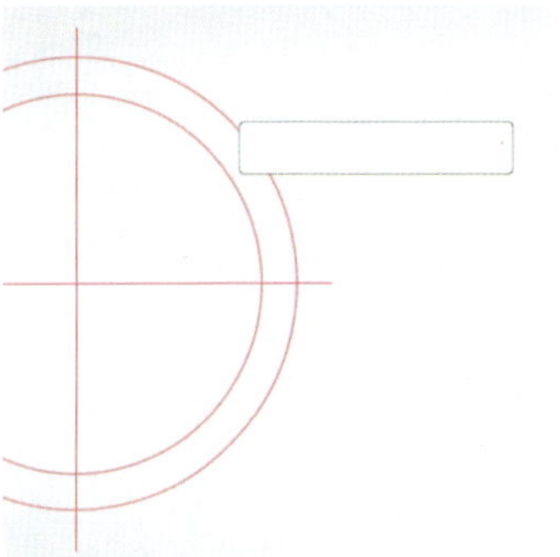

图6-24

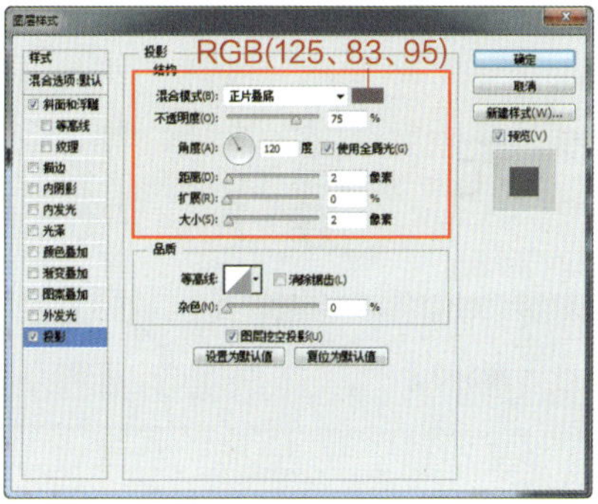

图6-25

步骤 10 单击“确定”按钮，完成“图层样式”对话框的设置，效果如图6-26所示。使用相同的制作方法，完成其他内容的制作，效果如图6-27所示。

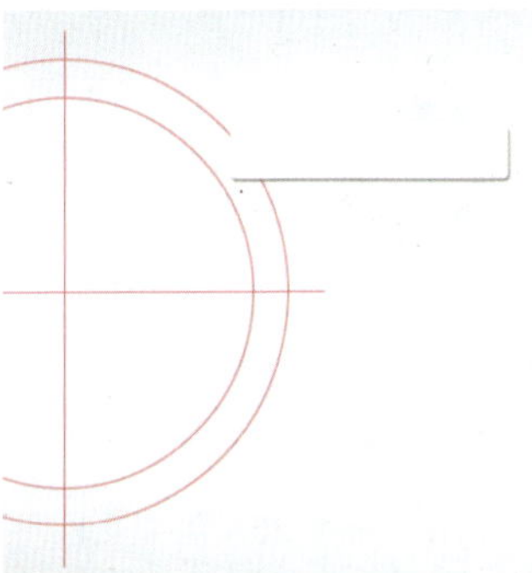

图6-26

图6-27

步骤11 新建名称为“优惠券”的图层组，使用相同的制作方法，完成相似图形和文字的制作，效果如图6-28所示。使用“直线工具”，在“选项”栏上设置“填充”为RGB（75、66、63），“描边”为白色，“描边宽度”为2点，在“描边类型”下拉列表中选择“更多选项”按钮，弹出“描边”对话框，参数设置如图6-29所示。

图6-28

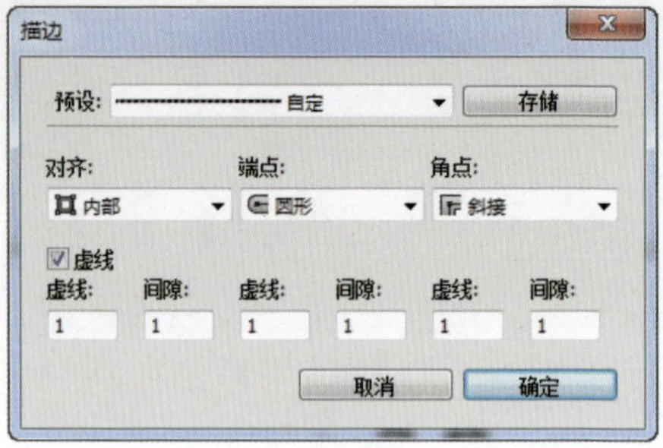

图6-29

步骤12 单击“确定”按钮，完成“描边”对话框的设置。在画布中绘制一条虚线，效果如图6-30所示。使用相同的制作方法，完成相似图形的绘制，效果如图6-31所示。

图6-30

图6-31

步骤13 使用“椭圆工具”，在“选项”栏上设置“填充”为RGB（51、51、51），在画布中绘制正圆形，效果如图6-32所示。使用“椭圆工具”，在“选项”栏上设置“路径操作”为“减去顶层形状”，在刚绘制的正圆形上减去一个正圆形，得到需要的图形，效果如图6-33所示。

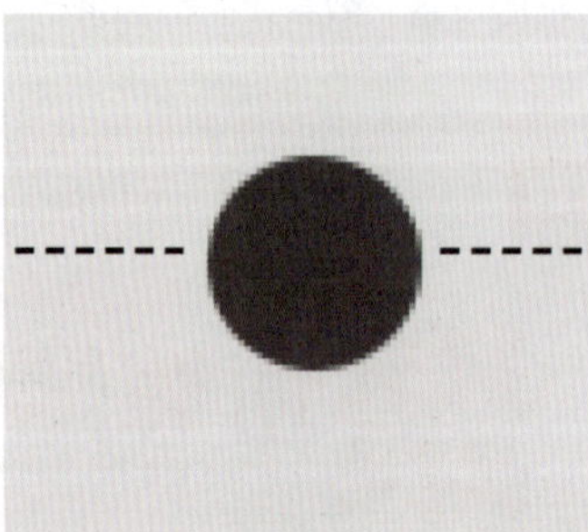

图6-32

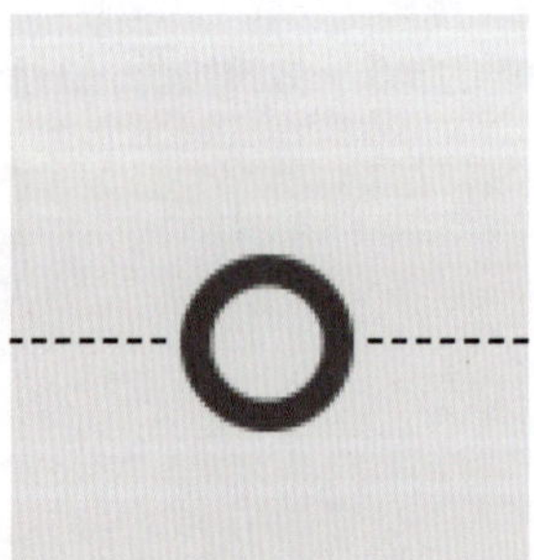

图6-33

步骤14 使用“椭圆工具”，设置“填充”为RGB（51、51、51），在画布中绘制正圆形，如图6-34所示。使用相同的制作方法，完成相似内容的制作，效果如图6-35所示。

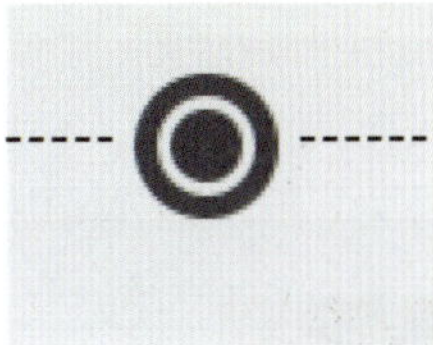

图6-34

图6-35

步骤 15 完成该聚划算促销店铺宣传广告的设计制作，最终效果如图6-36所示。

图6-36

6.3 聚划算产品图片规范

为了让商品能更好地展示给消费者，聚划算制定了标题及图片的规范。主要是在画面主体、元素、色彩、氛围等构成是否和谐，构图形式、元素的取舍及构成，画面质感等方面进行优化。

一幅好图要有一个鲜明的主题，或是表现一个人，或是表现一件物，主题必须明确，毫不含糊，使消费者的目光一下子就投向设计的主体，一眼就能看得出来；画面必须整洁，只包括那些有利于把视线引向设计主题的内容，而排除或压缩那些可能分散注意力的内容。标题同样建议突出商品特性及重要卖点。如图6-37所示为聚划算产品展示的整体构成形式。

图6-37

6.3.1 商品图片优化

建议图片背景只选择真实拍摄的实景或者单色背景其中的一种（包括同一色调的渐变），不建议使用多色或者多个实拍背景，不建议出现水印。如图6-38所示为使用单色和实景为背景的聚划算图片。

图6-38

建议在聚划算图片中不要使用画中画，商品图片需要展示多个主体（模特、商品）时，要保持同类主体（模特、商品）之间比例一致且背景统一，不建议多色商品展示与色卡展示同时使用。如图6-39所示为多个主体同时展示的设计表现。

图6-39

Logo或店标需要统一放置在聚划算图片的左上角位置，并且Logo或店标不能添加底色，Logo或店标的显示尺寸不超过180像素×120像素，如图6-40所示。

图6-40

聚划算图片中除Logo以外不建议添加任何的文字内容，如果一定要添加文字内容，不得使用规定以外的任何其他字体（规定字体是指方正兰亭黑_GBK），文字颜色不限，不建议添加渐变、描边、投影等效果。如图6-41所示为添加文字的聚划算图片效果。

图6-41

6.3.2 商品长标题优化

规定内容：品牌名+商品属性功能+商品名称+货号。

规定内容的字数应控制在60个字节或30个汉字字符以内，系统会自动添加“包邮”“限购”“已质检”等信息。不得添加中括号、加号等标点符号，包括品牌名称上也不得添加各种括号。品牌名称中中英文可同时出现，但不得重复使用。

建议在规定内容之后添加一些营销性文案来补充信息，营造购物氛围，但一定要在规定内容之后显示。

建议内容中的营销文案中不要包含“之最”“跳楼”“放血”“史上”等夸大描述的字眼，也不要使用“专供”“特供”“最佳”等容易产生误导的字眼。

6.3.3 商品短标题优化

规定内容：品牌名+商品名称。

规定内容的字数控制在24个字节或12个汉字字符以内，尽量在语义明确的前提下简化对商品名称的描述。规定内容中可以省略品牌名，不得省略商品名称，不得同时使用中英文品牌名。

案例分析 | 聚划算婴儿产品图设计分析

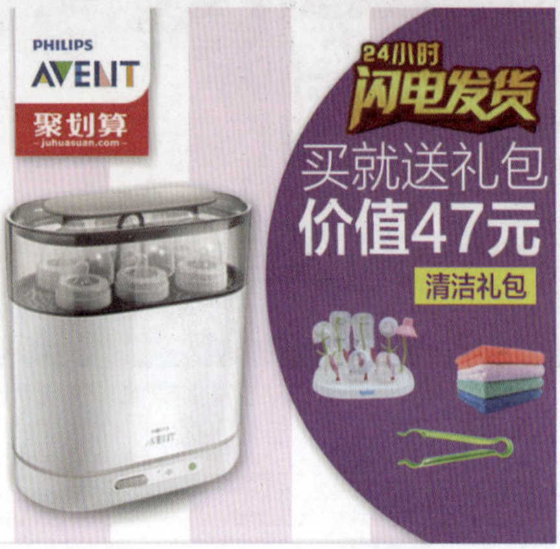

整体评价：该聚划算产品图颜色搭配鲜艳却不失温和，产品与Logo位于左侧，右侧以突出的形状呈现出内容，两者颜色形成对比，使画面具有空间感，形成鲜明的反差，更能吸引浏览者的关注。

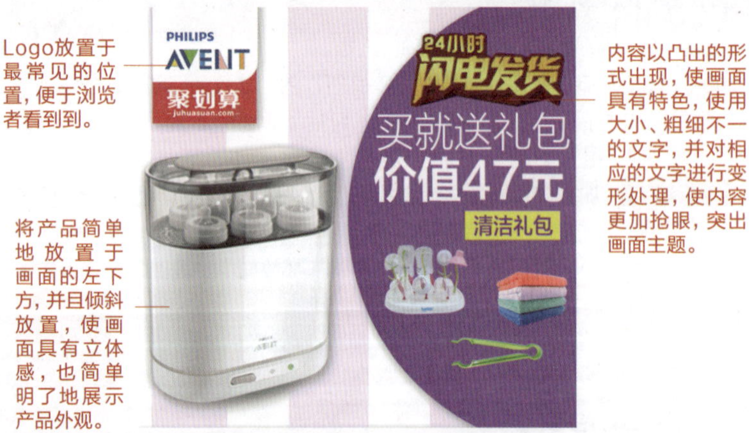

构图分析：该产品聚划算主图整体分为左右两大块，左侧上方放置Logo，便于浏览者快速定位，下面展示了商品图片，简单大方地给出商品样图，右侧是以突出的形状来阐述产品相关信息，给人感觉画面是一前一后的，具有强烈的立体感。

配色方案：背景色使用淡紫色和白色的条纹交替构成，搭配紫色的图形，使画面颜色统一，带给人一种显眼却不刺眼的感觉，使用黄色图形，突出图片内容，使画面吸引眼球。

主色：温柔　　辅色：显眼　　辅色：突出　　文字颜色：清晰

实战案例 | 设计聚划算产品主图

源文件：光盘\源文件\第6章\聚划算产品主图.psd　　视　频：光盘\视频\第6章\聚划算产品主图.swf

● 案例分析

案例特点：本案例设计一款聚划算产品主图，重点突出产品的展示，搭配简单的文字信息，使消费者能够感受到产品的魅力。

制作思路与要点：本案例设计的聚划算产品主图使用渐变的背景色突出表现产品图片，搭配文案的简单排版处理，辅助产品的表现，在设计的过程中还加入了一些光影图形使画面更加美观。

● 色彩分析

本案例所设计的聚划算产品主图使用与产品同色系的红色作为主色调，搭配黄色和白色的文字内容，色调统一，并且能够给人一种热情的感觉，黄色的文字非常具有促销感。

红色　　黄色　　白色

● 制作步骤

步骤01 执行“文件>新建”命令，弹出“新建”对话框，新建一个空白文档，如图6-42所示。打开并拖入素材图像“光盘\源文件\第6章\素材\201.png”，效果如图6-43所示。

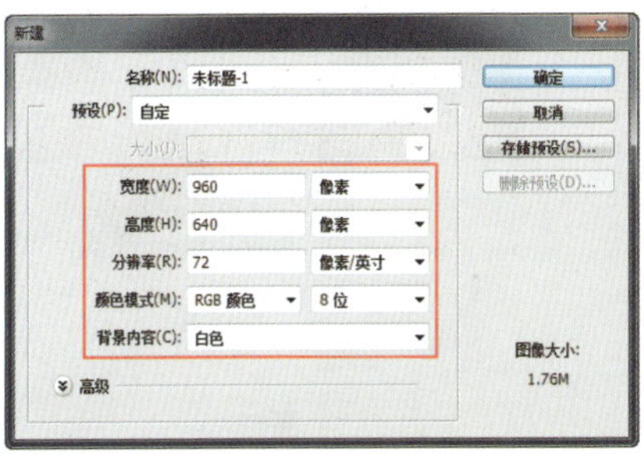

图6-42

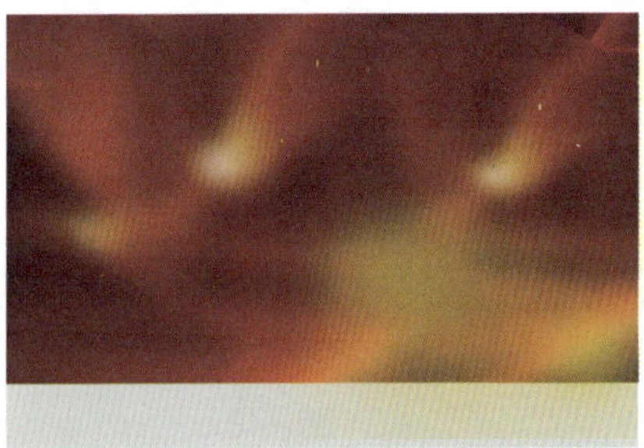

图6-43

步骤02 打开并拖入产品图像“光盘\源文件\第6章\素材\202.png”，效果如图6-44所示。使用相同的制作方法，拖入相应的素材图像，如图6-45所示。

图6-44

图6-45

步骤03 使用“多边形工具”，在“选项”栏上设置“工具模式”为“形状”，“填充”为RGB（253、241、2），“边数”为30，单击“设置”按钮，在弹出的面板中进行设置，如图6-46所示。在画布中拖动鼠标，绘制多角星形，如图6-47所示。

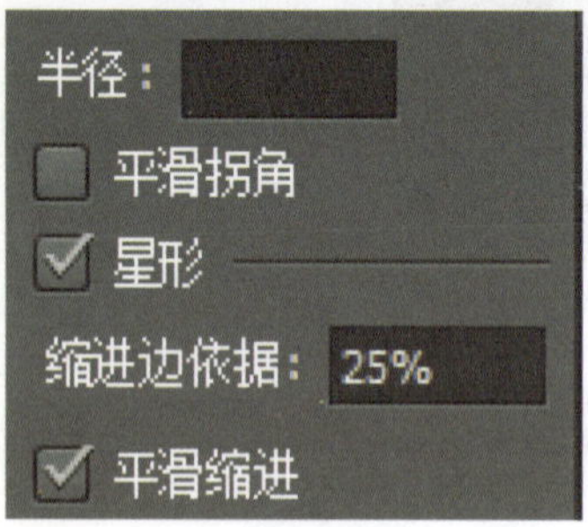

图6-46

图6-47

步骤04 使用“横排文字工具”，在“字符”面板中设置相关属性，在画布中输入文字，如图6-48所示。使用相同的制作方法，输入其他文字，效果如图6-49所示。

图6-48

图6-49

步骤 05 为该文字图层添加“描边”图层样式，对相关选项进行设置，如图6-50所示。单击“确定”按钮，完成“图层样式”对话框的设置，效果如图6-51所示。

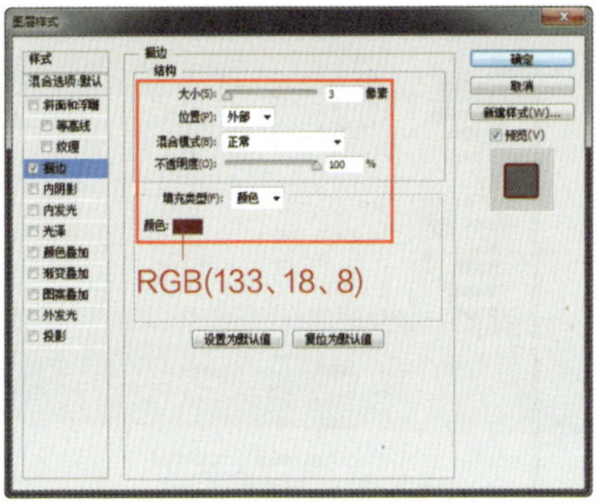

图6-50

图6-51

步骤 06 新建名称为“图标”的图层组，使用“矩形工具”，在画布中绘制一个黑色矩形，效果如图6-52所示。为该图层添加“渐变叠加”图层样式，对相关选项进行设置，如图6-53所示。

图6-52

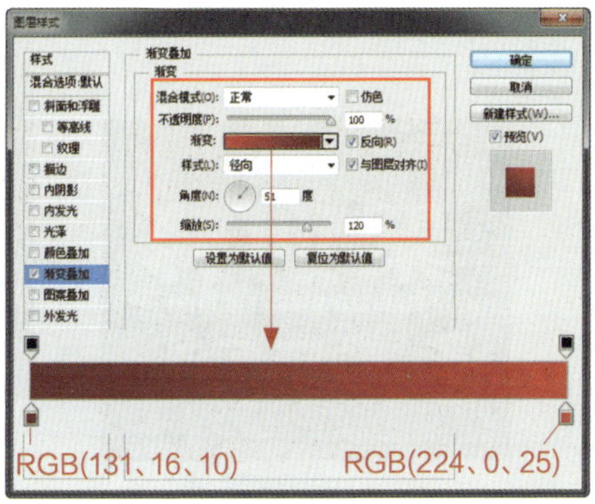

图6-53

步骤 07 单击“确定”按钮，完成“渐变叠加”图层样式的设置，效果如图6-54所示。打开并拖入相应的素材图像，效果如图6-55所示。

图6-54

图6-55

步骤 08 使用“横排文字工具”，在“字符”面板中设置相关属性，在画布中输入文字，如图6-56所示。为该图层添加“内发光”图层样式，对相关选项进行设置，如图6-57所示。

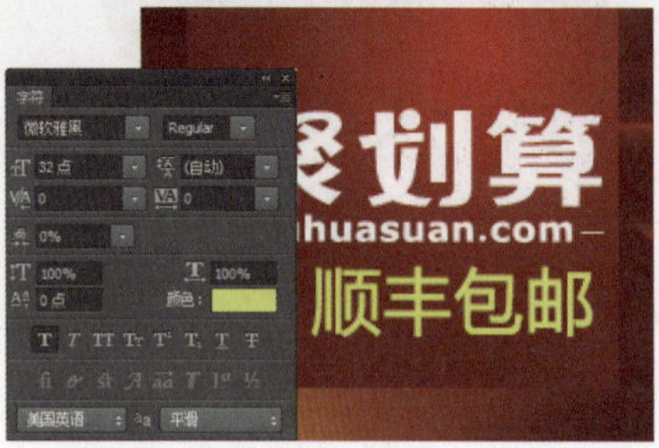

图6-56

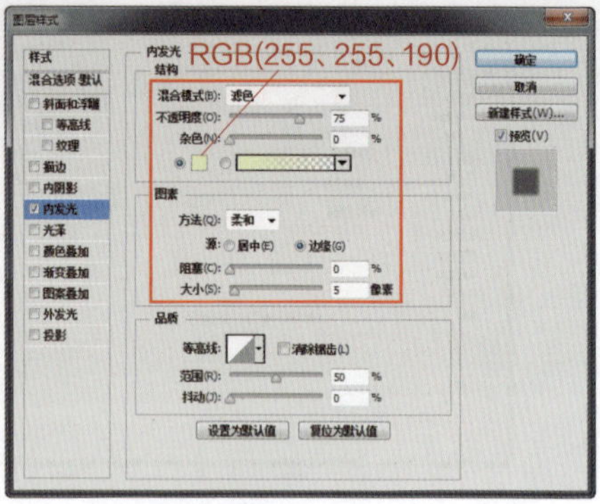

图6-57

步骤 09 单击“确定”按钮，完成“图层样式”对话框的设置，效果如图6-58所示。新建名称为“内容”的图层组，打开并拖入素材图像“光盘\源文件\第6章\素材\206.png”，效果如图6-59所示。

图6-58

图6-59

步骤 10 使用“横排文字工具”，在“字符”面板中设置相关属性，在画布中输入文字，如图6-60所示。为该图层添加“描边”图层样式，对相关选项进行设置，如图6-61所示。

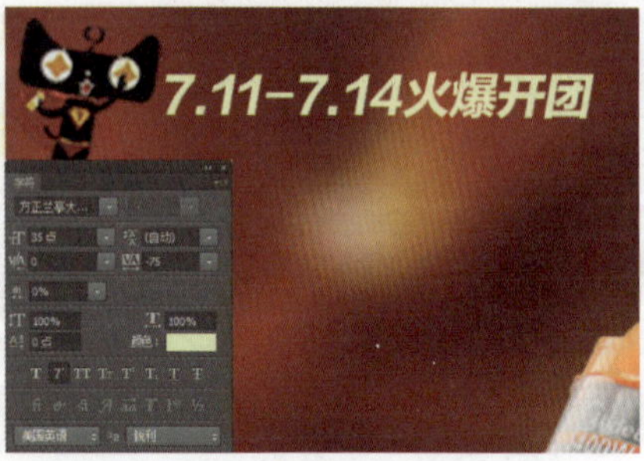

图6-60

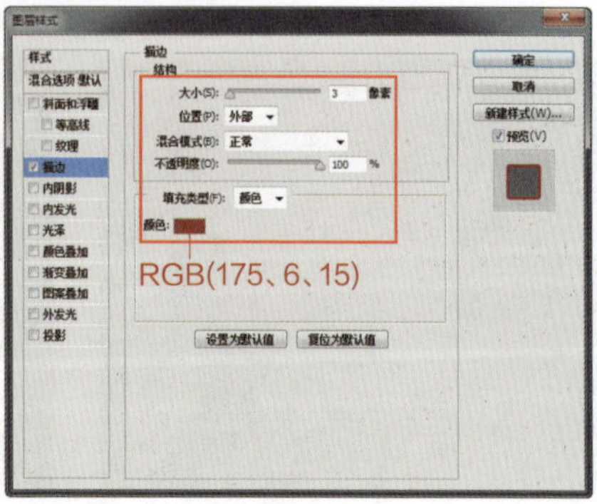

图6-61

步骤 11 单击“确定”按钮，完成“图层样式”对话框的设置，效果如图6-62所示。使用相同的制作方法，输入其他文字内容，效果如图6-63所示。

图6-62

图6-63

步骤 12 为该文字图层添加“渐变叠加”图层样式，对相关选项进行设置，如图6-64所示。继续添加“投影”图层样式，对相关选项进行设置，如图6-65所示。

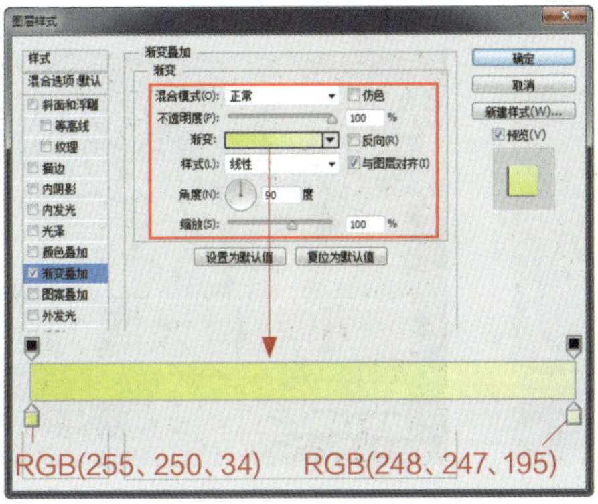

图6-64

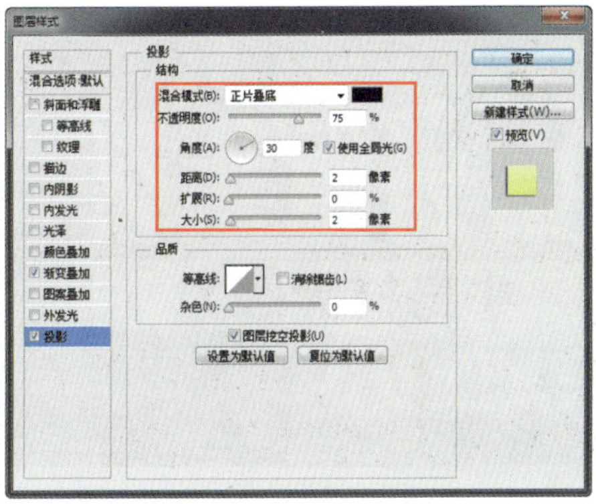

图6-65

步骤 13 单击“确定”按钮，完成“图层样式”对话框的设置，效果如图6-66所示。使用“矩形工具”，在画布中绘制一个黑色矩形，如图6-67所示。

图6-66

图6-67

步骤 14 为该图层添加“渐变叠加”图层样式，对相关选项进行设置，如图6-68所示。继续添加“投影”图层样式，对相关选项进行设置，如图6-69所示。

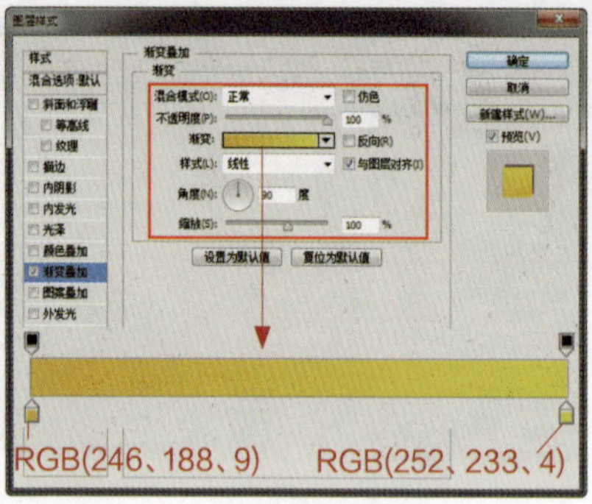

图6-68

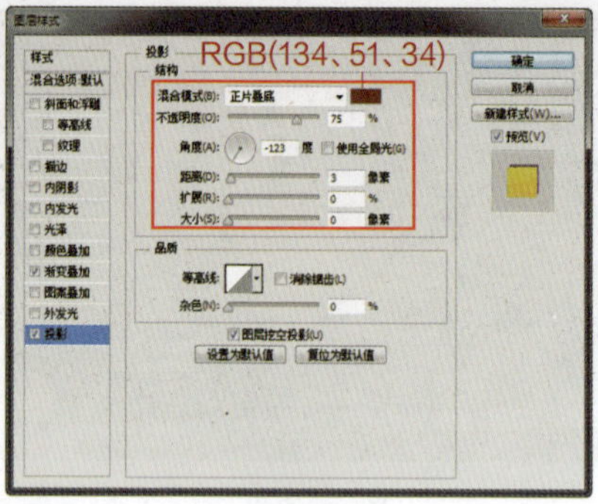

图6-69

步骤 15 使用相同的制作方法，完成其他文字效果的制作，效果如图6-70所示。新建名称为“光”的图层组，新建图层，使用“椭圆选框工具”，在画布中绘制正圆形选区，如图6-71所示。

图6-70

图6-71

步骤 16 使用“渐变工具”，打开“渐变编辑器”对话框，设置渐变颜色，如图6-72所示。单击“确定”按钮，完成渐变颜色设置。为选区填充径向渐变，取消选区，效果如图6-73所示。

图6-72

图6-73

步骤 17 执行“滤镜>模糊>高斯模糊”命令，弹出“高斯模糊”对话框，参数设置如图6-74所示。单击“确定”按钮，完成“高斯模糊”对话框的设置，设置该图层的“混合模式”为“线性光”，效果如图6-75所示。

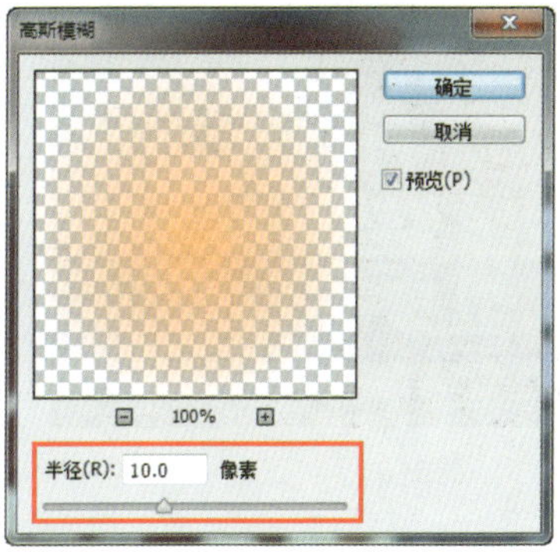

图6-74

图6-75

步骤 18 新建图层，使用“椭圆选框工具”，在画布中绘制椭圆选区，执行“选择>修改>羽化”命令，弹出“羽化选区”对话框，参数设置如图6-76所示。单击“确定”按钮，为选区填充白色，按快捷键Ctrl+T，对图形进行自由变换操作，如图6-77所示。

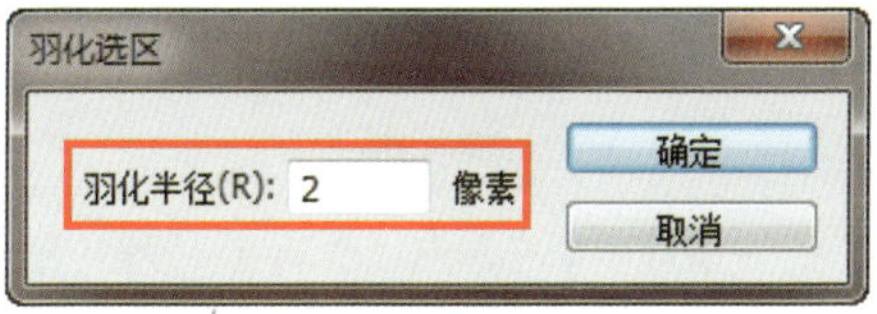

图6-76

图6-77

步骤 19 为该图层添加图层蒙版，使用“渐变工具”，在蒙版中填充黑白径向渐变，设置该图层的“不透明度”为80%，效果如图6-78所示。复制该图层，并对复制得到的图形进行旋转操作，如图6-79所示。

图6-78

图6-79

步骤20 新建图层，使用“画笔工具”，设置“前景色”为白色，选择合适的笔触，在画布的相应位置涂抹，效果如图6-80所示。选中“图层6”至“图层8”，按Ctrl+E键合并图层，并设置“混合模式”为“线性光”，效果如图6-81所示。

图6-80

图6-81

步骤21 复制该图层，并将复制得到的图像调整到合适的大小和位置，效果如图6-82所示。使用“钢笔工具”，在画布中绘制一个白色的形状图形，效果如图6-83所示。

图6-82

图6-83

步骤22 为该图层添加图层蒙版，使用“渐变工具”，在蒙版中填充黑白线性渐变，设置该图层的“不透明度”为15%，效果如图6-84所示。多次复制该图层，并分别调整复制得到的图形的位置和不透明度，效果如图6-85所示。

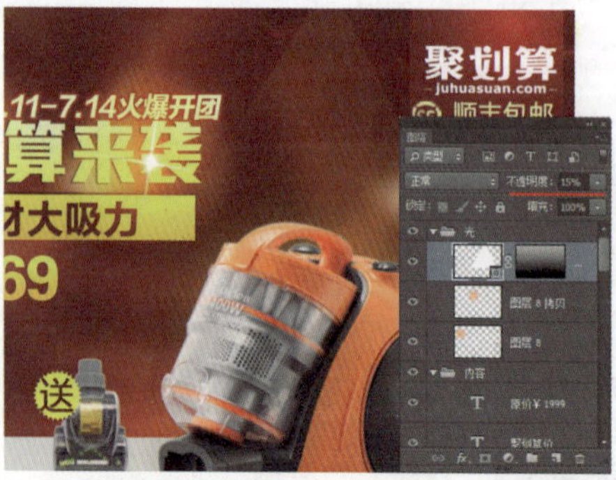

图6-84

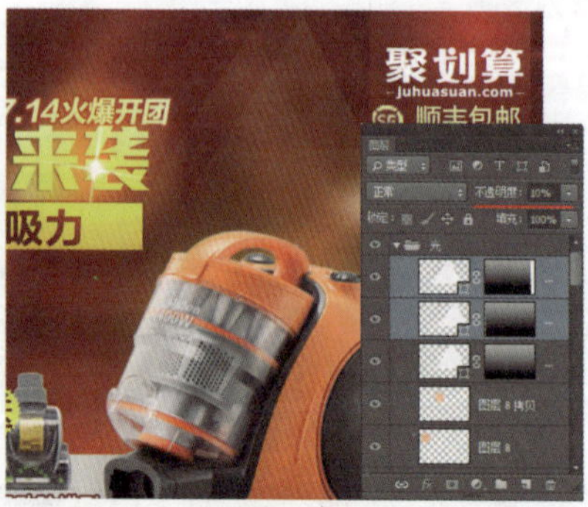

图6-85

步骤23 完成该聚划算产品主图的设计制作，最终效果如图6-86所示。

图6-86

6.4 了解淘宝客

淘宝客推广已经成为继直通车、钻展和品牌广告之后，淘宝卖家的又一营销推广利器。与其他广告形式相比，淘宝客推广具有很高的投入产出比，不成交不付费，真正实现了少花钱，多办事。

6.4.1 什么是淘宝客推广

淘宝客就是推广淘宝商品拿佣金的一些人，淘宝客的工作平台是淘宝联盟（http://www.alimama.com），帮助淘宝卖家推广商品并按照成交量获得佣金的人。只要获取淘宝商品的推广链接，让买家通过你的推广链接进入淘宝店铺购买商品并确认付款，就能赚取由卖家支付的佣金，无须投入成本，无须承担风险，最高佣金达商品成交额的50%。

如图6-87所示为淘宝客推广平台http://www.alimama.com。

图6-87

作为淘宝网推出的网络营销推广平台，任何网民都可以帮助淘宝卖家销售商品，从中赚取佣金。淘宝客挑选好了自己认可的商品，就需要借助一定的平台将信息推广出去，目前最基础的方式就是利用网络个人传播媒介，如即时通信工具、个人博客、个人空间、微信等，这是典型的人际传播。其次就是利用大众传播媒介，如门户网站的社区、贴吧、信息发布平台等。

6.4.2 淘宝客推广的优势

淘宝客推广是一种按成交计费的推广模式，淘宝客只要从淘宝客推广专区获取商品代码，任何买家经过你的推广（链接、个人网站、博客或者社区发的帖子）进入淘宝卖家店铺完成购买后，就可以获得由卖家支付的佣金。淘宝客推广的优势有以下几点。

（1）低投入高回报，按成交效果付费，广告展示及点击都不计费。

（2）省时，只需要把佣金比例调整好，等着淘宝客来推广就可以了。

（3）拥有互联网上更多流量、更多人群帮助推广销售，让你的买家无处不在。

（4）推广精准到店铺和商品，直击用户需求。

（5）推广内容和推广途径完全自定义，灵活多样。

（6）推广流程简单，加入即可获得站外优质流量投放推广。

（7）佣金设置灵活，可以具体到单品及流量来源渠道，针对性强，满足店铺个性化推广需求。

6.5 如何设计精准的推广图片

对于卖家来说，商品推广图片的视觉效果是不容忽视的，从最开始的商品展示（商品图片）、商品包装（主图设计）等这些都会影响消费者的视觉感官。设计出色的推广图片能够吸引消费者，从而刺激消费者下单。

6.5.1 推广图设计定位

商品推广图是视觉优化最重要的部分，也是消费者认识和了解这个商品的“入口”，但是小小的商品推广图也有很多的设计要求。

（1）需要根据该推广图片展示的位置进行分析，从而在设计图片时可以有针对性地突出需要表现的内容，使消费者更容易注意到所设计的推广图。

（2）确定该商品所针对的目标群体，同时分析他们的喜好来确定设计风格及颜色，分析他们的消费能力来确定使用什么样的促销方式是他们最容易接受的，以及分析他们的生活习惯，方便调整广告的投放时间和策略，增加广告投放效率。

6.5.2 重点突出产品

确定了推广图片的设计定位后，接下来就可以着手开始设计推广图片了，但需要注意产品一定要清晰，这也是最基本的原则。

（1）通过与背景的色彩差异突出产品

设计图片时，如果产品的颜色与背景颜色是相同的颜色，则会导致产品的识别度大大降低，消费者很难将目光放在产品上。在产品分类中展示时，就更难分辨产品，这就很容易被消费者忽略，如图6-88所示。

该图片中产品本身的颜色与背景颜色比较接近，消费者第一眼注意到的是图片中的文案内容“抢疯啦”，而不会是产品，所以在该图片设计中就弱化了产品，而突出了文案内容。

图6-88

因此在设计时适当地选择背景颜色，或者在拍摄中尽量使用与商品本身色彩差异大的颜色，同时也要注意背景的颜色切勿太过于杂乱，否则会影响产品在图片中的主导地位。如果是必须使用的颜色，可以把图片的背景进行适当的模糊处理，以突出商品。如图6-89所示为产品与背景的合理搭配设计。

图6-89

（2）保证产品占据重要位置

如图6-90所示的图片设计，文字在上方，产品在下方，给消费者的第一感觉必然是先看到文字，再看到产品。这背离了消费者的浏览习惯，同时文字覆盖商品，影响商品展示的完整性。

该图片中产品图片清晰度不高，并且产品与背景颜色较接近，这些都会影响产品的辨识度。并且文字的排版非常杂乱，无主次之分，表现效果不佳。

图6-90

在推广图片设计中，产品不能被任何素材和文字覆盖，要保证产品图片与素材或文字的间距在10像素以上。如图6-91所示为设计效果出色的推广图片效果。

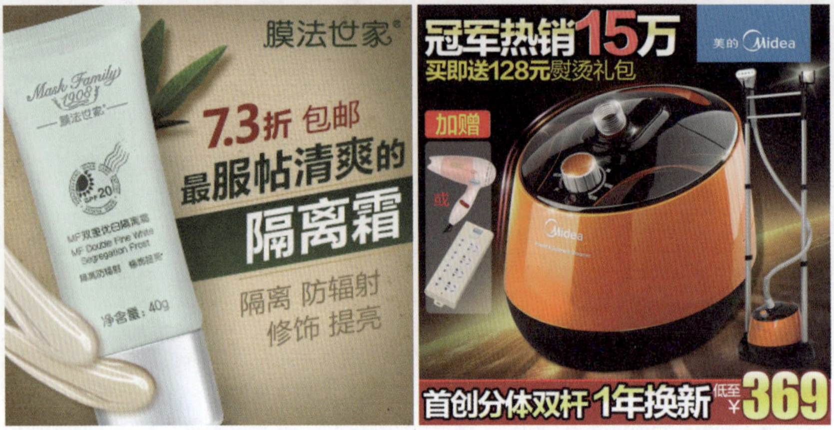

图6-91

（3）保证商品展示的准确性

如图6-92所示的图片设计，消费者肯定存在疑惑，138元就能买到这个厨房组合吗？但事实上，卖的只是这个架子，所以这就会给消费者造成一定的心理落差。

在做产品展示和拍摄的时候如果需要搭配一些其他的物品，一定要注意主次关系，主角永远占2/3的位置，消费者会自动根据图片中的比例关系去区分商品，避免造成消费者误解。如图6-93所示为设计效果出色的推广图片效果。

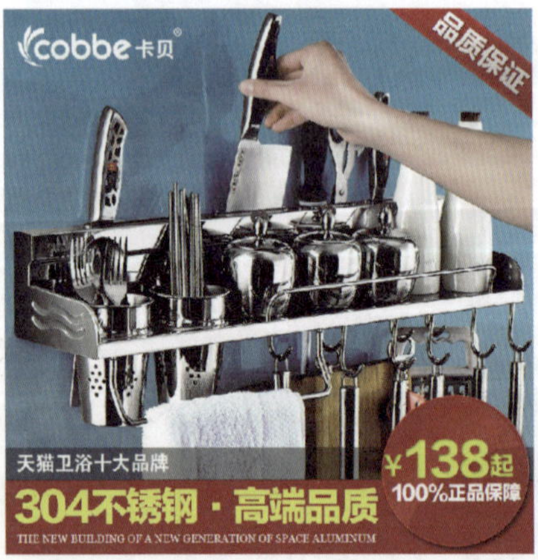

图6-92

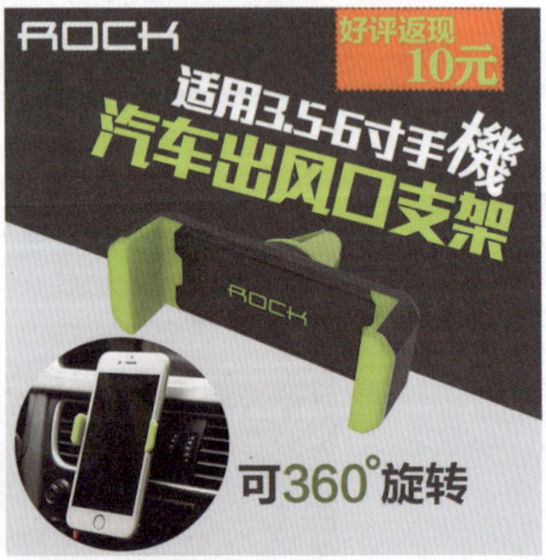

图6-93

（4）提高产品清晰度

在产品推广图片设计中，产品的清晰度是最重要的，如图6-94所示的两张图片，大家的目光焦点肯定会放在第二张图片中，第二张图片比第一张图片色彩要鲜亮许多，给人一种“新”的感觉，并且第二张图片要比第一张图片更清晰，这就会给消费者一种品质感。因此在做图片设计时，要注意较暗的图片可以适当调亮，模糊的图片要尽量处理清晰。

图6-94

6.5.3　文字搭配，比例要平衡

图片上的文字搭配要合理，否则也会影响到整个图片的表现效果。

（1）文字排版整齐统一

整齐即所有文字全部左、中、右对齐，所谓统一，就是字体、样式、颜色、大小、行距、字间距等统一，对于其中的重点信息可以通过改变字体大小或颜色来体现主次。文字排版的整齐和统一缺一不可。如图6-95所示的是图片设计中的文字排版效果。

图6-95

（2）减少图片中的文字数量

卖家迫切展示产品的优势，导致文字过多而烦琐，文字对于商品来说，永远是配合产品展示的。尽可能减少首图上的文字信息内容，以展示图片为主。如图6-96所示的是图片设计中的文字效果。

图6-96

（3）优化文字信息

如图6-97所示的两张推广图片，对于左边的图片，如果是新顾客会不知道产品的功效是什么，而右边的图片把产品的功效直接用文字体现，很清楚地告诉消费者这个产品的功能，同时为该部分文字添加红色背景，突出该产品的功效，有助于吸引消费者的注意。

图6-97

对于展示文案的具体内容，必须要分析商品及受众消费群体，提炼出最精髓的信息予以展示，比如功能类产品以展示功效为主，对于普通工薪消费人群以展示优惠折扣信息为主，对于优势突出的商品以展示优势为主，同时也可以考虑给消费者更多的选择空间。如图6-98所示的图片设计中搭配了精炼的文案内容。

图6-98

案例分析 | 摄像头推广图片设计分析

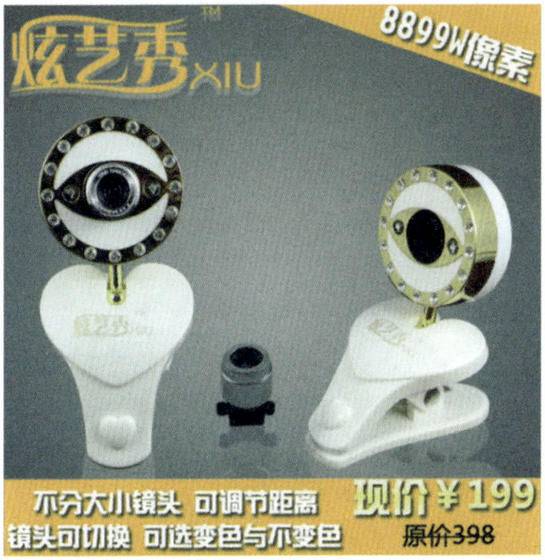

整体评价：该推广图片简单整洁，将产品的不同状态展示在画面的中间，上下介绍产品的相关内容，也介绍了产品的特点，使画面以最快的时间进入浏览者的视线。

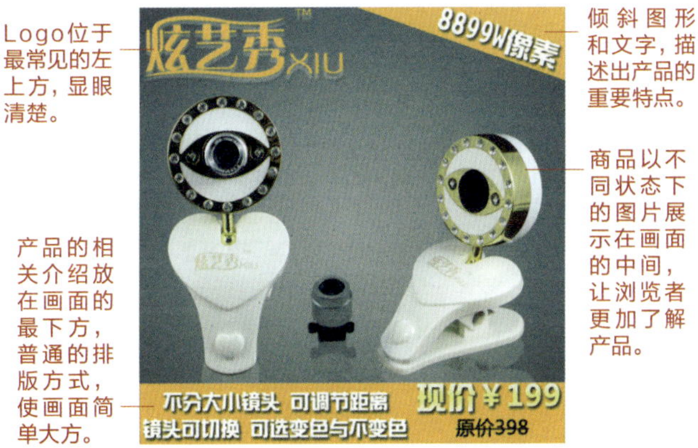

构图分析：该画面将内容凝聚在一起，使画面内容丰富紧凑。将产品放置在画面中间，大方地展现出产品，将内容放置于上下方，围绕着产品图片展开，详细地介绍产品性质，使浏览者更加全面地了解产品。

配色方案：该产品推广图片是以灰色径向渐变作为背景色，给人一种光源凝聚的感觉，使用黄色图形，使画面明亮，突出画面内容。

主色：简单	辅色：明亮	辅色：突出	文字颜色：清晰

实战案例 | 设计女装推广图片

源文件：光盘\源文件\第6章\女装推广图片.psd　　视　频：光盘\视频\第6章\女装推广图片.swf

● 案例分析

案例特点：本案例设计一款女装推广图片，画面的构成非常简单，使用一些几何图形进行搭配，给人很强的时尚感。

制作思路与要点：本案例所设计的女装推广图片通过绘制矩形和输入年份数字构成画面的背景，拖入产品素材图像，通过绘制各种几何形状图形表现产品的相关信息内容，画面的构成简约、随意，非常具有时尚气息。

● 色彩分析

本实例所设计的女装推广图片使用黄色作为主色调，背景中的白色与产品本身的色彩相呼应，搭配各种明度和纯度较高的色彩，表现产品的信息。多种色彩的点缀，使画面给人很强的时尚感。

白色　　黄色　　玫红色

● 制作步骤

步骤 01 执行“文件>新建”命令，弹出“新建”对话框，新建一个空白文档，如图6-99所示。使用“矩形工具”，在“选项”栏上设置“工具模式”为“形状”，“填充”为RGB（255、210、0），在画布中绘制矩形，效果如图6-100所示。

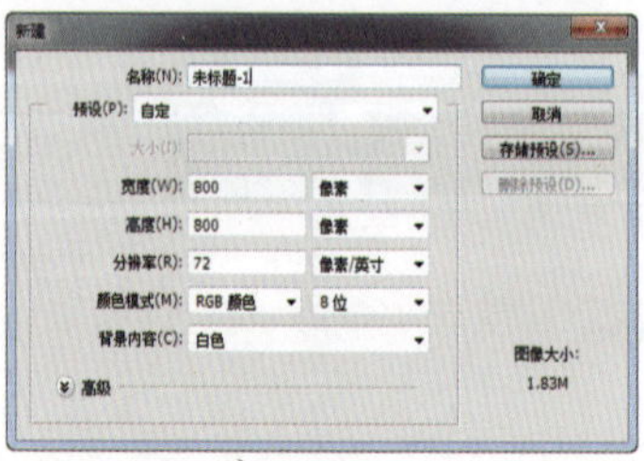

图6-99

图6-100

步骤02 使用“横排文字工具”，在“字符”面板中进行设置，并画布中单击并输入文字，效果如图6-101所示。使用“矩形工具”，设置“填充”RGB（131、57、199），在画布中绘制矩形，并对矩形进行旋转操作，效果如图6-102所示。

图6-101

图6-102

步骤03 使用“直线工具”，设置“填充”为RGB（131、57、199），“粗细”为1像素，在画布中绘制直线，效果如图6-103所示。打开并拖入产品图像“光盘\源文件\第6章\素材\301.png”，效果如图6-104所示。

图6-103

图6-104

步骤04 为该图层添加“投影”图层样式，对相关选项进行设置，如图6-105所示。单击“确定”按钮，完成“图层样式”对话框的设置，效果如图6-106所示。

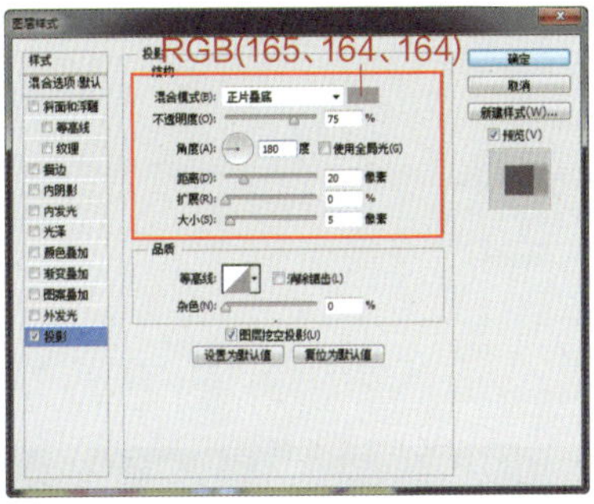

图6-105

图6-106

步骤05 新建“图层2”，使用“画笔工具”，设置“前景色”为白色，在“选项”栏上设置“不透明度”为20%，选择合适的笔触与大小，在画布中进行涂抹，将图像上部稍加亮一些，如图6-107所示。使用“钢笔工具”，设置“工具模式”为“形状”，“填充”为RGB（208、157、255），在画布中绘制形状图形，效果如图6-108所示。

图6-107

图6-108

步骤 06 使用相同的制作方法，完成其他装饰图形的绘制，效果如图6-109所示。使用“横排文字工具”，在“字符”面板中设置相关属性，在画布中输入文字，效果如图6-110所示。

图6-109

图6-110

步骤 07 使用相同的制作方法，完成相似图形和文字的制作，效果如图6-111所示。新建名称为“包邮”的图层组，使用“椭圆工具”，设置“填充”为“无”，“描边颜色”为RGB（110、216、120），“描边宽度”为2点，“描边样式”为虚线，如图6-112所示。

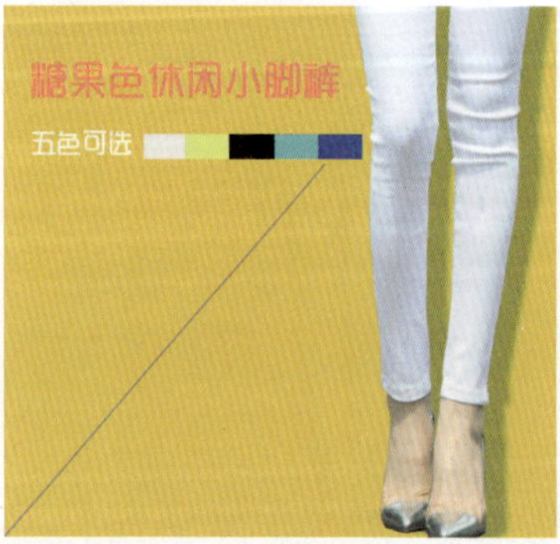

图6-111

图6-112

步骤 08 在画布中按住Shift键拖动鼠标，绘制正圆形，效果如图6-113所示。使用“椭圆工具”，设置“填充”为RGB（255、105、108），“描边”为无，在画布中绘制正圆形，效果如图6-114所示。

图6-113

图6-114

步骤 09 使用“钢笔工具”，设置“工具模式”为“形状”，“填充”为RGB（75、219、150），在画布中绘制形状图形，效果如图6-115所示。使用相同的制作方法，在画布中输入相应的文字，效果如图6-116所示。

图6-115

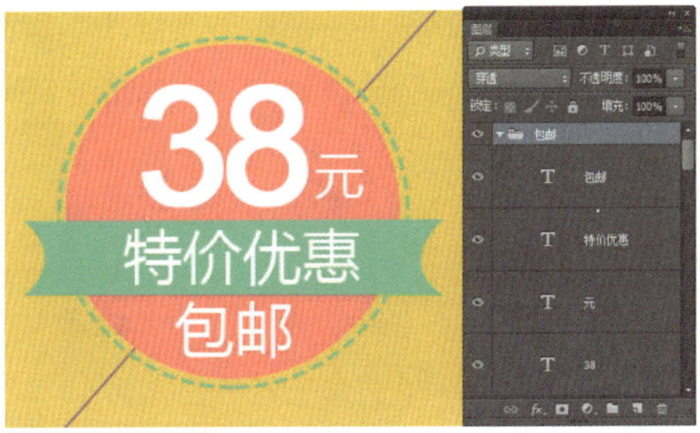

图6-116

步骤 10 新建“名称”为“右侧”的图层组，使用“钢笔工具”，设置“填充”为RGB（172、222、18），在画布中绘制形状图形，效果如图6-117所示。为该图层添加“描边”图层样式，对相关选项进行设置，如图6-118所示。

图6-117

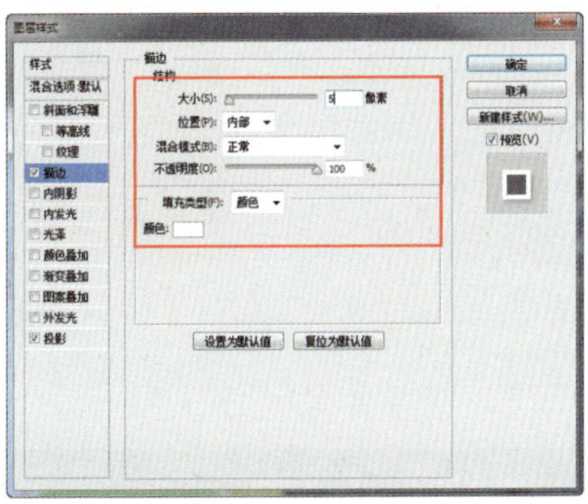

图6-118

步骤 11 继续添加“投影”图层样式，对相关选项进行设置，如图6-119所示。单击“确定”按钮，完成“图层样式”对话框的设置，效果如图6-120所示。

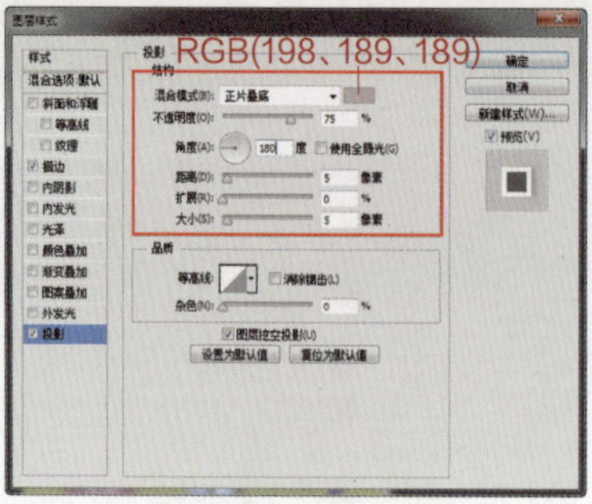

图6-119

图6-120

步骤 12 使用相同的制作方法，在画布中输入文字并绘制图形，效果如图6-121所示。将“右侧”图层组调整至“图层1”的下方，效果如图6-122所示。

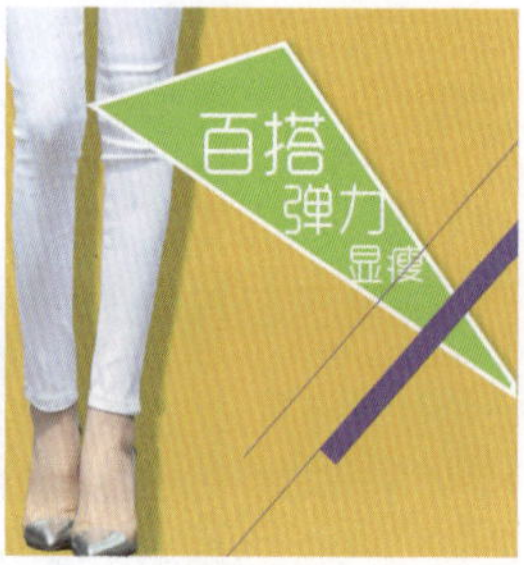

图6-121

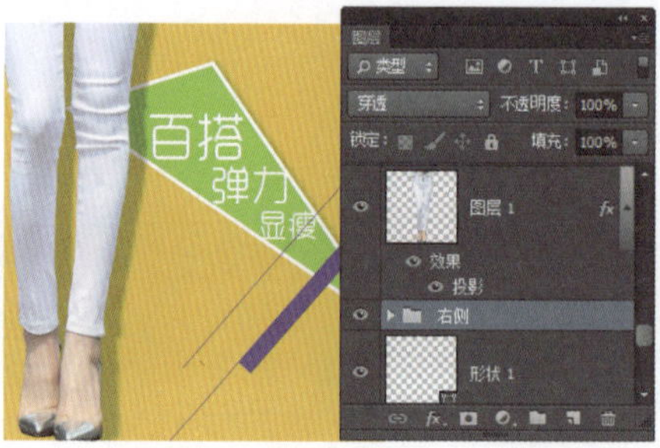

图6-122

步骤 13 完成该女装推广图片的设计制作，最终效果如图6-123所示。

图6-123

6.6 本章小结

在本章中详细向读者介绍了聚划算和淘宝客推广图的表现形式和设计技巧，并通过产品推广图实例的设计制作，使读者能够在理解聚划算和淘宝客推广图设计理论的基础上掌握推广图的设计表现方法，以便在以后的工作中设计出精美的产品推广图。

07

Chapter

活动促销推广

虽然网上店铺的数量与日俱增，但许多网店由于缺乏经营意识，只是昙花一现。网上店铺与传统的商店一样都需要精心打理，因此，制定既适合网店又适合网络环境的促销策略就显得十分必要。

7.1 了解促销推广

促销就是商家向买家传递有关店铺及产品的各种信息，说服或吸引买家购买其产品，以达到扩大销售量的目的。促销实质上是一种沟通活动，即商家发出作为刺激消费的各种信息，把信息传递到一个或更多的买家，以影响其态度和行为。

7.1.1 促销推广的优势

经常逛街的朋友都知道，商场、超市几乎天天都在举行促销活动，平日里促销活动的力度小些，逢年过节促销的力度大一些，很多网店也都在做促销活动。那么促销活动到底能给网店带来哪些好处呢?

（1）一场成功的促销活动可以激励顾客的第一次购买行为。

顾客第一次进入一家店铺购买商品时心中存在的疑虑是很多的，促销活动执行到位可以调动顾客的购买热情，可以让顾客忘掉疑虑选择购买。

（2）可以让以前购买过的顾客再次光顾。

在商品质量没有问题的基础上，已经购买过的顾客对店铺的疑虑是比较少的，但是他的消费需求是有周期性的，策划一场成功的促销活动可以让他坚定再次购买的信心，也可以让顾客的消费周期缩短。

（3）可以帮助店主用最短的时间抢占市场份额。

任何一场促销活动都是以销售量或者销售额作为最终目的的，好的促销活动可以带来更多的顾客，也可以提高顾客的平均购买金额。有新商品上架时，也可以利用促销活动快速打开市场。

（4）店铺还可以利用促销活动给予顾客实实在在的好处，以回馈市场，回馈顾客。

7.1.2 适合做促销的商品

什么样的商品适合做促销呢?

（1）款式大众化，有众多潜在消费者。

重点推广的商品最好是市场需求大，目标用户群范围较广的商品。比较个性和新奇的商品也存在一定的市场需求，但相对较小，这类商品可以作为人气商品来推广。

（2）质量过关，和品牌商品性能相当。

虽说是促销商品，但买这个商品的顾客有可能会成为回头客，或者是你的老顾客，如果促销商品质量不过关，不仅很难有回头客，还有可能招来中、差评，这对店铺的长远发展极为不利。

（3）具有应季性和前瞻性。

在盛夏重点推广裙装和短裤时，要及早为秋季服装做准备。同样的道理，在当季的季末时要提早对下一季节做准备。

（4）促销商品最好是店铺的主营商品。

如果店铺主要做女装，促销的商品选择女装就很适合，如果选择一款男装来做促销，吸引很多男性顾客，那就很难带动女装的销量了。

（5）符合当前潮流趋势和社会主流价值需求。

如果销售大势的时尚元素，则更容易被大众接受，对成交也有促进作用。所以建议卖家在推广商品时选择符合当前潮流的样式，这样能够带来更好的效果，吸引更多的买家购买。

（6）具有一定的成交记录和客户评价。

由于网购无法看到实物，除了通过图片和文字介绍来了解宝贝外，历史购买记录和客户的评价也是用户是否会产生购买的重要依据。所以在可行范围内，尽量让买家们认真填写评价。

（7）货源充足。

推广对商品的销量有推进作用，同时，也会产生滞后购买效应，所以库存量充足也是推广不可忽视的问题。有充足的货源，能够保证产品在销售的过程中不会出现缺货的情况。

（8）在货源渠道和销售价格上具有优势。

推广为商品争取了更多的展示机会，如果产品有价格优势，对成交的推动和成本的控制都会有一定的推动作用。

7.2 网店促销活动类型

促销虽好，但不能什么时候都用，如果全部商品都在搞促销，先不说利益的问题，这样的促销也没有什么意义了。一般来说，促销活动的类型有以下几种。

7.2.1 提高消费额型

例如“满就送”“满就减”促销活动。“一次性买满100元送精美礼品”“满150元免快递费”等，一个本来购买了80元商品的买家，可能因为看到了这个促销活动后，再加买几十元的商品，达到满就送的金额要求，享受相应的促销优惠。

如图7-1所示为提高消费额型的促销广告设计。

图7-1

7.2.2 提高黏度型

例如“秒杀”“定期抢购”等促销活动。定期选几件热卖商品，以超低价格甚至一元价在店内进行预告销售，相当于提前预告该商品的出售信息，以吸引更多的人关注并收藏该商品和店铺。比如，规定参加秒杀活动的人，必须先收藏店铺，否则店主有权取消其参加本期活动的资格。这样的活动可以形成空前规模的高黏度，买家因为喜欢商品而时刻关注店铺的最新活动消息，并积极参与。比如一些店铺的秒杀活动，每出一款新品就提前几个星期用首页大图预告显示，并提供预订功能，也就是商品提前上架预售，一般在商品正式上线时，就已经提前预订了几百件，销售效果特别好。

如图7-2所示为提高黏度型的促销广告设计。

图7-2

7.2.3 提高销售数量型

例如“搭配套餐”“搭配减价”等，俗话说，买衣服就要买一套，有很多顾客是愿意一次性购买一套产品的，而搭配套餐就很好地为买家推荐了成套商品。

如图7-3所示为提高销售数量型的促销广告设计。

图7-3

7.2.4 回馈消费者型

例如节日促销，优惠月、定期抽奖、会员礼品等，这些活动，有很多淘宝卖家已经都在做了。

如图7-4所示为回馈消费者型的促销广告设计。

图7-4

7.2.5 季节或时尚推荐型促销版块

这类活动主要在于引导消费者，告诉他们哪些商品是当季最流行的、最时尚的，或者最适合现在用或穿的。目的在于反馈店内最新款式等信息给消费者，让消费者看到店内商品是在不断更新的，满足他们追求新鲜感的消费需求。一般没几天就有新商品的店，客户才更喜欢来，所以，建议卖家不要一次性把商品都上架，可以留存一部分商品，间隔上架，并同时做新品预告或者新品展示活动，以保持店内新鲜、活跃的气氛。

如图7-5所示为季节型的促销广告设计。

图7-5

需要注意的是，促销活动要配合店铺的视觉设计来做，活动广告的内容不要太多，尽量在一屏内完成，不要让买家因为选择太多而产生放弃的想法。

要简单、一目了然，让消费者在10秒钟之内就能明白促销活动的核心内容，促销区内如果有具体的产品，还需要做好单品页面的链接，并保持页面风格的一致。

案例分析 | 运动鞋促销广告设计分析

整体评价：该运动鞋促销广告使用菱形色块对画面进行切割，给人很强烈的运动感和时尚感，在中间位置使用简约的文字表现广告的主题内容，主题突出，能够给消费者留下深刻印象。

构图分析：该广告的设计利用不同图形的不同摆放位置的构图，在广告的中间是商品的说明性文字，文字之间有大小、粗细和疏密对比，可以突出广告内容的表现效果，使整个广告画面无论是在视觉感官上还是阅读层次上都很有条理性。

配色方案：在该广告的设计中使用了多种明度和纯度较高的色彩进行搭配处理，使得画面显得非常时尚、活泼。搭配白色的文字，能更好地表现出文案内容，色彩搭配清新、亮丽，给人很强的年轻和时尚感。

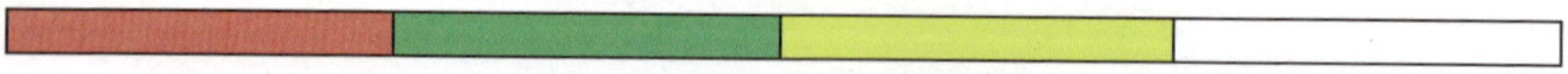

主色：奔放　　辅色：舒适　　辅色：活力　　文字颜色：清晰

实战案例 | 设计节日促销广告

源文件：光盘\源文件\第7章\节日促销广告.psd　　光盘\视频\第7章\节日促销广告.swf

● 案例分析

案例特点：本案例设计节日促销广告，通过素材图像来烘托节日的气氛，给人一种温馨、舒适的感受，与节日氛围相呼应。

制作思路与要点：节日促销广告是现今电商最常见的促销推广方式，本案例所设计的节日促销广告结合节日的特点，应用大量的素材图像烘托出节日的气氛，将产品图片和主题文字放置在画面的中间位置，并通过图层样式和光影素材突出主题文字的表现，使消费者感受到节日的氛围。

● 色彩分析

本案例所设计的节日促销广告结合节日的特点，使用粉红色作为主色调，体现出女性的温柔唯美，与白色的文字相结合，给人一种强烈的温馨感觉，让浏览者更容易接受，达到更好的促销作用。

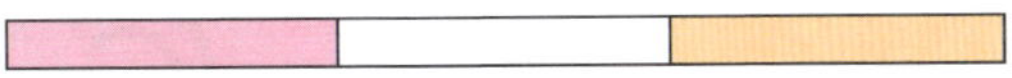

粉红色　　白色　　浅橙色

● 制作步骤

步骤 01 执行“文件>打开”命令，打开素材图像“光盘\源文件\第7章\素材\101.jpg”，如图7-6所示。新建名称为“背景”的图层组，使用“椭圆工具”，在“选项”栏上设置“工具模式”为“形状”，在画布中绘制白色正圆形，如图7-7所示。

图7-6

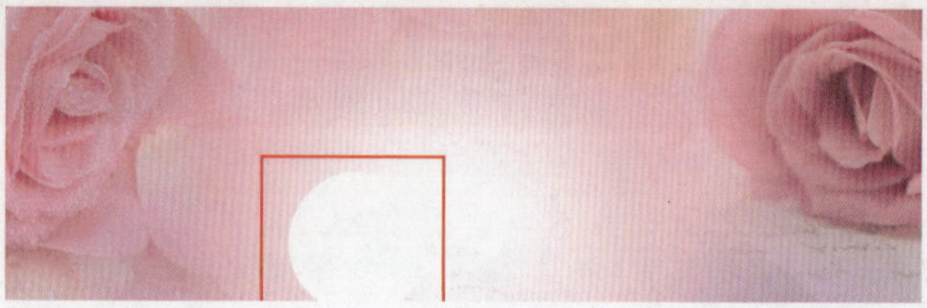

图7-7

步骤02 为该图层添加“描边”图层样式，对相关选项进行设置，如图7-8所示。单击“确定”按钮，完成“图层样式”对话框的设置，效果如图7-9所示。

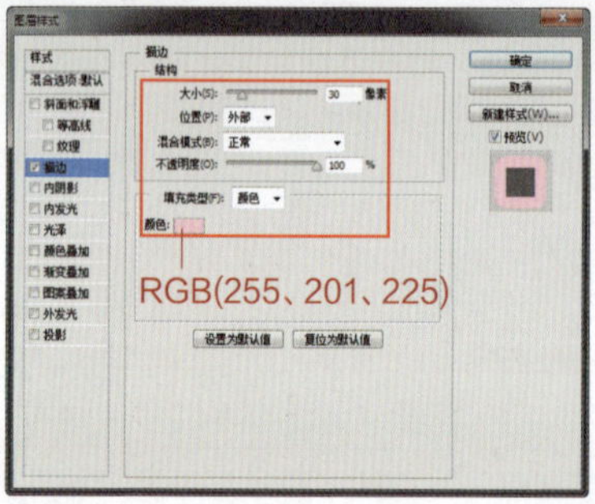

图7-8

图7-9

步骤03 复制该图层，将复制得到的正圆形等比例缩小，如图7-10所示。使用相同的制作方法，完成相似图形的绘制，效果如图7-11所示。

图7-10

图7-11

步骤04 新建名称为“商品”的图层组，打开并拖入素材图像“光盘\源文件\第7章\素材\102.png”，如图7-12所示。使用相同的制作方法，拖入其他素材图像，效果如图7-13所示。

图7-12

图7-13

步骤05 为该图层组添加图层蒙版，使用“画笔工具”，设置“前景色”为黑色，选择合适的笔触，在蒙版中涂抹，效果如图7-14所示。使用相同的制作方法，拖入其他素材图像，效果如图7-15所示。

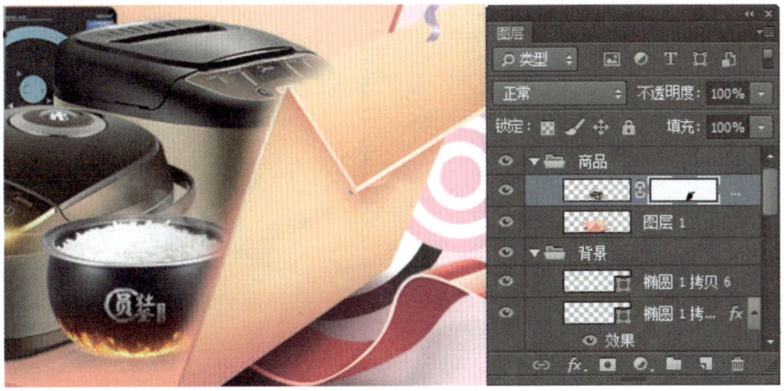

图7-14

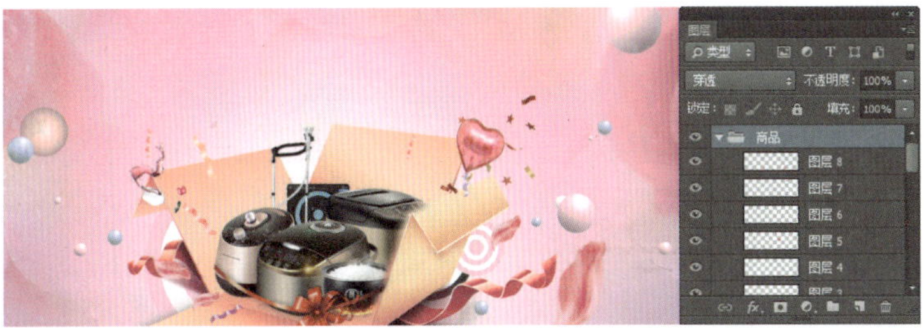

图7-15

步骤06 新建名称为“标题”的图层组，使用“横排文字工具”，在“字符”面板中设置相关属性，在画布中输入文字，如图7-16所示。为该图层添加“渐变叠加”图层样式，对相关选项进行设置，如图7-17所示。

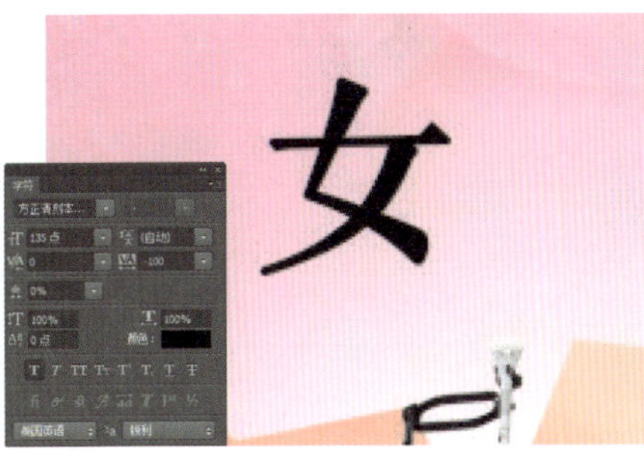

图7-16

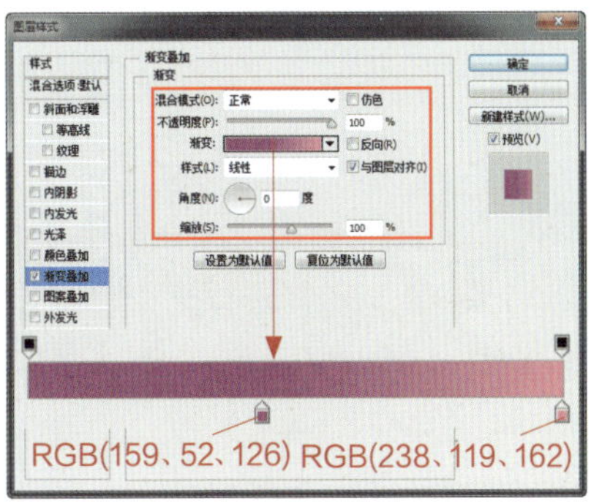

图7-17

步骤07 继续添加“投影”图层样式，对相关选项进行设置，如图7-18所示。单击“确定”按钮，完成“图层样式”对话框的设置，效果如图7-19所示。

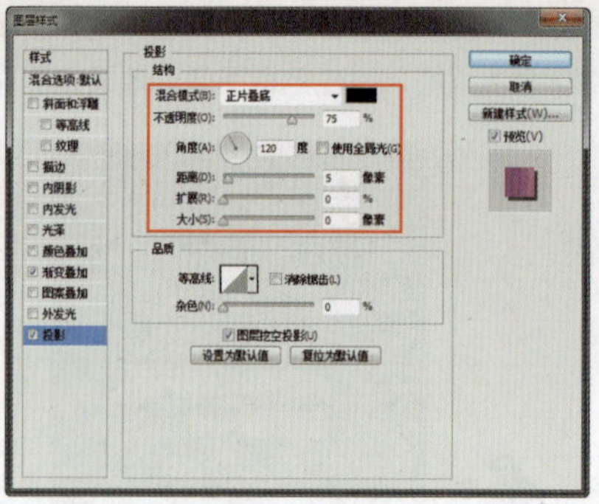

图7-18

图7-19

步骤 08 使用相同的制作方法，完成其他文字效果的制作，效果如图7-20所示。打开并拖入素材图像“光盘\源文件\第7章\素材\101.png”，设置该图层的“混合模式”为“滤色”，效果如图7-21所示。

图7-20

图7-21

步骤 09 复制该图层，将复制得到的图像调整到合适的位置，效果如图7-22所示。使用“自定形状工具”，设置“填充”为RGB（240、41、124），在“形状”下拉列表中选择合适的形状，在画布中绘制形状图形，效果如图7-23所示。

图7-22

图7-23

步骤 10 执行“编辑>变换>变形”操作，对图形进行变形操作，效果如图7-24所示。为该图层添加“投影”图层样式，对相关选项进行设置，如图7-25所示。

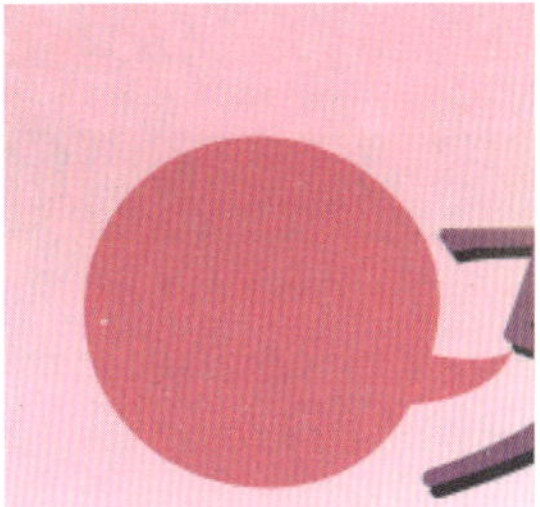

图7-24

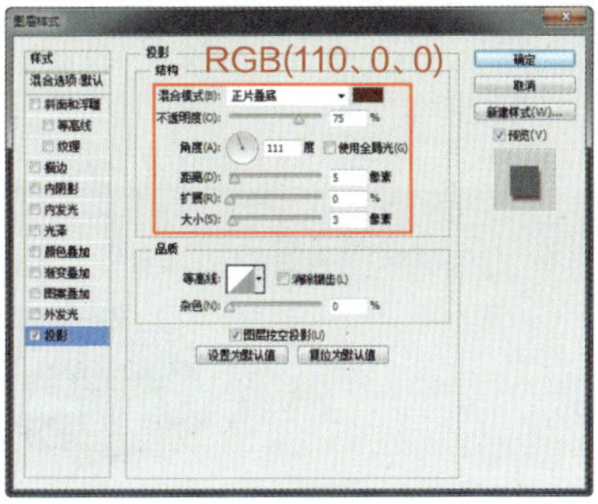

图7-25

步骤 11 单击“确定”按钮，完成“图层样式”对话框的设置，效果如图7-26所示。使用相同的制作方法，在画布中输入相应的文字并拖入相应的素材，效果如图7-27所示。

图7-26

图7-27

步骤 12 使用“圆角矩形工具”，设置“填充”为RGB（240、41、124），“半径”为20像素，在画布中绘制圆角矩形，如图7-28所示。复制该图层，设置复制得到的图形的“填充”为无，“描边”为RGB（240、41、124），“宽度”为1点，并调整图形大小，效果如图7-29所示。

图7-28

图7-29

步骤 13 使用“横排文字工具”，在“字符”面板中设置相关属性，在画布中输入相应文字，如图7-30所示。

图7-30

步骤 14 完成该小家电促销广告的设计制作，最终效果如图7-31所示。

图7-31

7.3 促销图片设计方法

当消费者被各种广告和促销信息包围时，如何使你所设计的广告受到关注？这就要求所设计的促销广告能够有效地向目标用户群体传达广告信息。在设计促销广告的过程中需要注意以下几个方面。

7.3.1 主题突出

主题就是要让消费者明确地知道店铺或商品正在进行什么样的促销活动。主题的提炼应该简洁、高效、直接，在促销图片的设计过程中，应该将主题放在整个图片的第一视觉中心点，从而更加有效地表现主题。如图7-32所示为主题突出的促销推广图设计。

图7-32

促销推广的过程就像做一次陈述，促销推广图片必须有一个明确的主题，所有的元素都必须围绕这个主题展开。

促销的主题一般是价格、折扣和其他促销内容本身，所以这个信息应该是放在视觉焦点上的，被突出和放大的元素。如图7-33所示为突出表现主题的设计方法。

该广告的主题是“2折起”，该主题占据着第一视觉中心点。

图7-33

1. 强化主题

在设计过程中可以通过特殊的表现形式来强化主题，但需要注意的是形式不可大于内容。如图7-34所示为通过形式强化主题的设计方法。

图7-34

2. 组合表现

如果所设计的促销推广图中有多个主题，可以将多个主题进行组合表现，但需要注意多个主题中也要有主次之分。如图7-35所示为通过组合表现主题的设计方法。

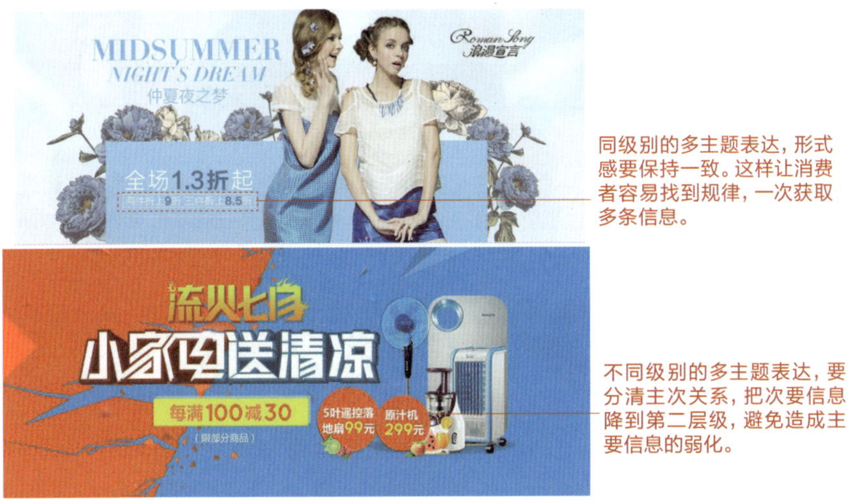

图7-35

7.3.2 目标明确

在设计某款产品的促销推广图之前，首先需要对该款产品有所了解，清楚地认识该产品的目标使用人群，在设计的过程中需要有针对性地进行设计，所设计的促销推广图应该符合产品适用人群的特征。

1. 目标人群的审美特征

不同的目标人群拥有不同的审美特征，例如老年人和年轻人相比，更喜欢直接、大方的表现方式。在设计产品推广图时，根据所针对的目标人群的审美特征来决定设计图的表现方式。如图7-36所示为针对不同人群的表现效果。

图7-36

2. 针对老客户的广告

在促销推广图的设计过程中重复使用个性化的形式元素，能够有效地吸引新客户的目光，更会帮助老客户快速识别，因为老客户通过重复使用的形式元素，能够简化识别过程。如图7-37所示为针对老客户的促销推广图设计。

图7-37

7.3.3 形式美观

成功的促销推广图还需要具有良好的表现形式，图像的表现形式包括多个方面，包括色彩、字体等，下面将分别进行介绍。

1. 色彩

色调统一的促销推广图可以给人一种舒适感，具有良好的视觉表现效果。如图7-38所示为色调统一的促销推广图设计。

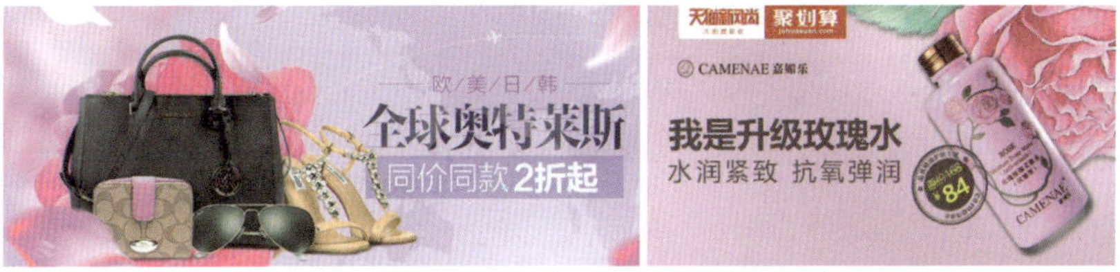

图7-38

色彩基调产生色彩情感，而色彩对比则能够增加画面的空间感。简单的控制色彩的方法是在同一个画面中用色不超过3种，并按照6：3：1的比例进行搭配。如图7-39所示为促销推广图设计中的色彩搭配。

图7-39

2. 字体

文字的字体、规格以及编排形式相当于文字的辅助表达手段。在促销推广图中使用不同的字体可以给浏览者不同的感受。如图7-40所示为促销推广图设计中不同字体的应用。

图7-40

3. 标签

促销推广图设计中经常会使用到一些标签，比如价格标签、促销标签等，这些标签的设计也要符合产品的特点，并且不同形式的标签设计能够给人不同的感受，如图7-41所示为促销推广图中的标签设计。

图7-41

4. 引导和暗示

明确的按钮和箭头都会对消费者产生不可低估的心理暗示，通过在促销推广图中加入按钮，暗示消费者去点击，如图7-42所示为促销推广图中的按钮或箭头设计。

图7-42

5. 气氛

在促销推广图设计过程中，通过对细节部分的处理来烘托整个画面的气氛。如图7-43所示为促销推广图中通过细节烘托气氛。

图7-43

6. 夸张和对比

在促销推广图的设计过程中，应用夸张和对比的手法可以有效地吸引消费者的注意。如图7-44所示为促销推广图中夸张和对比的运用。

通过画面的明暗对比，使用夸张的手法表现出产品的功效。

图7-44

7. 修图

修图的第一步是调整整体色温和重新取景以突出重点，如图7-45所示。

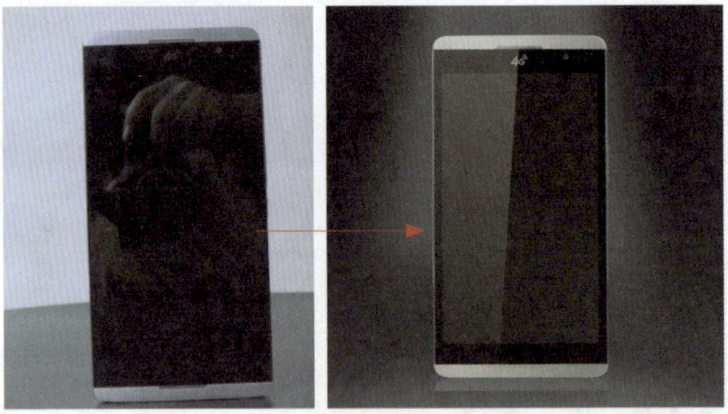

图7-45

光影是修图必须考虑的要素，在图片合成过程中一定要注意光影的方向和色温，如图7-46所示。

图7-46

图片的合成过渡要自然，虚实要恰当，如图7-47所示。

图7-47

正确制作产品图像的镜面投影效果可以有效地增强产品的立体感和空间感，如图7-48所示。

图7-48

案例分析丨女装促销活动广告设计分析

整体评价：模特与图形设计巧妙地结合在一起，画面的颜色与模特衣服颜色相呼应，运用对比色调的标签图形设计来突出主题内容，整个画面充满潮流感，给人活泼、轻松的感觉。

运用标签图形设计将主题内容组合在一起，给人直观的感受。

条纹状图形能够有效地增强画面的空间感。

构图分析：该广告的设计采用了对称的构图，在广告的两侧是条纹状的图形，无限延伸，给人很强烈的空间感。在红色标签图形中添加文字，不仅给画面增添了视觉冲击，还使主题文字更加突出，使整个广告画面无论在视觉感官上还是阅读层次上都很有条理性。

配色方案：该女装促销活动广告使用蓝色作为背景主色调，与服装的主色调相呼应，给人一种自然、亮丽、清新的感受。搭配红色的标签图形，与背景形成鲜明对比，表现出激情，也能够有效突出主题内容。色彩搭配清新、亮丽，给人一种欢快的气氛。

主色：清新　　辅色：理想　　辅色：时尚　　文字颜色：醒目

实战案例 | 设计箱包促销活动广告

源文件：光盘\源文件\第7章\箱包促销活动广告.psd　　视　频：光盘\视频\第7章\箱包促销活动广告.swf

● **案例分析**

案例特点：本案例设计一款箱包促销活动广告，使用不规则的几何形状图形分割画面的背景，使整个画面充满时尚和潮流感。

制作思路与要点：本案例设计的箱包促销活动广告，使用不规则的基本图形构成画面的背景，搭配简洁的主题文字和产品图片，并且主题文字和产品图片的色彩与背景色彩相呼应，使得整个画面给人一种统一、时尚的感觉。

● **色彩分析**

本实例所设计的箱包促销活动广告主要是由青蓝色、黄色和深灰色进行搭配，青蓝色和黄色是比较亮眼和充满活力的颜色，作为画面的背景符合意境，而深灰色是比较深沉和稳重的颜色，作为促销信息的背景，可以突出信息的重要性，让促销信息更加清晰明确。

青蓝色　　黄色　　深灰色

● **制作步骤**

步骤01 执行“文件>新建”命令，弹出“新建”对话框，新建一个空白文档，如图7-49所示。设置“前景色”为RGB（84、222、171），按快捷键Alt+Delete，为画布填充前景色，效果如图7-50所示。

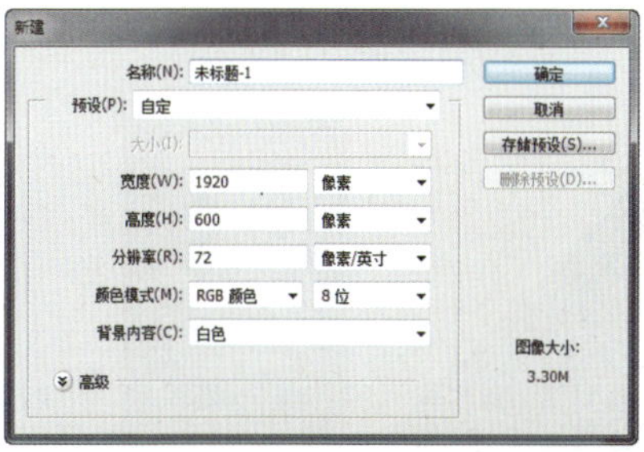

图7-49

图7-50

步骤 02 新建名称为“背景”的图层组，使用“钢笔工具”，在“选项”栏上设置“工具模式”为“形状”，“填充”为RGB（254、227、24），在画布中绘制形状图形，如图7-51所示。使用相同的制作方法，绘制出其他的形状图形，效果如图7-52所示。

图7-51

图7-52

步骤 03 使用“直线工具”，设置“填充”为RGB（67、58、55），“粗细”为1像素，在画布中绘制直线，如图7-53所示。复制“形状5”图层得到“形状5拷贝”图层，按快捷键Ctrl+T，显示自由变换框，将复制得到的直线向左移动，确认图像的变换操作，效果如图7-54所示。

图7-53

图7-54

步骤 04 同时按住Ctrl+Shift+Alt键不放，多次按T键，复制并移动图形，效果如图7-55所示。同时选中所有直线图层，合并图层，将该图层调整到“形状4”图层下方，如图7-56所示。

图7-55

图7-56

步骤 05 执行“图层>创建剪贴蒙版”命令，为该图层创建剪贴蒙版，设置该图层的“不透明度”为50%，效果如图7-57所示。在“背景”图层组中新建名称为“几何”的图层组，使用相同的制作方法，完成相似图形的绘制，如图7-58所示。

图7-57

图7-58

步骤 06 执行“滤镜>模糊>高斯模糊”命令，弹出“高斯模糊”对话框，参数设置如图7-59所示。单击“确定”按钮，完成“高斯模糊”对话框的设置，效果如图7-60所示。

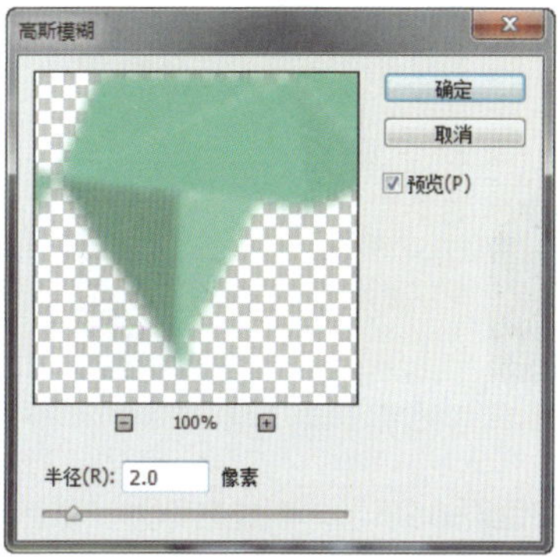

图7-59

图7-60

步骤 07 使用相同的制作方法，完成相似图形效果的制作，如图7-61所示。新建名称为“箱包”的图层组，在该图层组中新建名称为“线”的图层组，使用“直线工具”，设置“填充”为RGB（126、123、109），“粗细”为1像素，在画布中绘制直线，如图7-62所示。

图7-61

图7-62

步骤 08 使用相同的制作方法，完成相似图形的绘制，如图7-63所示。打开并拖入素材图像“光盘\源文件\第7章\素材\201.png”，效果如图7-64所示。

图7-63

图7-64

步骤 09 使用相同的制作方法，拖入其他素材图像，效果如图7-65所示。新建名称为“信息”的图层组，使用“横排文字工具”，在“字符”面板上设置相关属性，在画布中输入文字，如图7-66所示。

图7-65

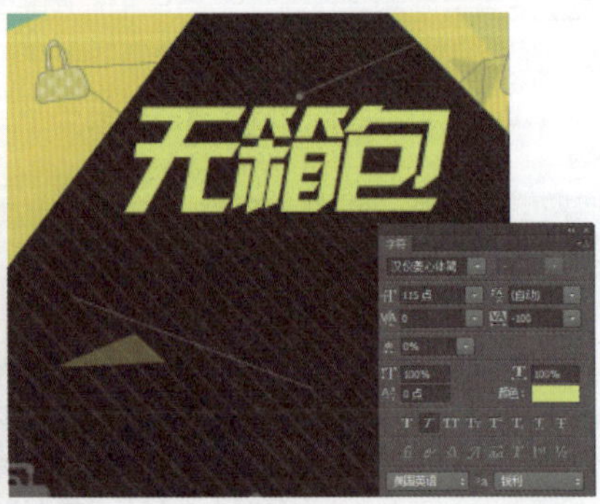

图7-66

步骤 10 使用相同的制作方法，完成其他文字的输入，如图7-67所示。使用“钢笔工具”，设置“填充”为RGB（110、255、253），在画布中绘制形状图形，效果如图7-68所示。

图7-67

图7-68

步骤 11 使用“椭圆工具”，设置“填充”为RGB（35、24、21），在画布中绘制正圆形，如图7-69所示。使用相同的制作方法，完成相似图形的绘制，如图7-70所示。

图7-69

图7-70

步骤 12 使用“钢笔工具”，设置“填充”为RGB（211、139、0），在画布中绘制形状图形，如图7-71所示。为该图层添加“投影”图层样式，对相关选项进行设置，如图7-72所示。

图7-71

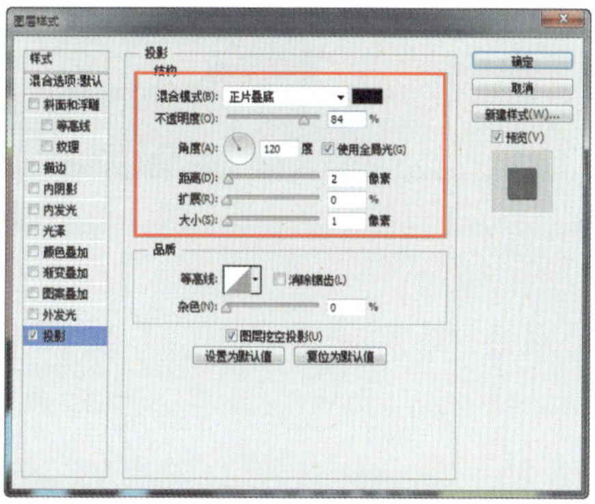

图7-72

步骤 13 单击“确定”按钮，完成“图层样式”对话框的设置，效果如图7-73所示。使用相同的制作方法，在画布中输入相应的文字，效果如图7-74所示。

图7-73

图7-74

步骤 14 使用相同的制作方法，完成相似文字和图形的绘制，效果如图7-75所示。打开并拖入相应的素材图像，分别调整到合适的大小和位置，效果如图7-76所示。

图7-75

图7-76

步骤 15 完成该箱包促销活动广告的设计制作，最终效果如图7-77所示。

图7-77

案例分析 I 新品上市促销广告设计分析

整体评价：该新品上市促销广告使用对比强烈的背景来突出广告内容，在内容处理上非常简洁，使用超大号的主题文字与模特相搭配，无论是色彩还是主题都能给人很强烈的视觉感受。

使用超大号粗体文字来表现主题，并且对主题文字进行了一些局部变形处理，有效突出主题。

均衡的强对比背景色，能够有效地突出画面内容。

构图分析：该广告画面采用均衡的构图方式，将模特放置在画面的中心位置，并且压住主题文字，使画面产生层次感，并且活跃了整个广告画面，同时也凸显了广告所针对的人群，使广告表现出活泼、欢快的感觉。

配色方案：深灰色和黄色都是醒目的颜色，给人视觉冲击较大，能够给浏览者留下深刻的印象。搭配白色的文字形象，能更好地表现出文案内容的效果。色彩搭配清新、亮丽，给人一种活泼的感受。

主色：时尚　　辅色：轻快　　辅色：喜庆　　文字颜色：清晰

实战案例 | 设计小家电促销活动广告

源文件：光盘\源文件\第7章\小家电促销活动广告.psd　　视　频：光盘\视频\第7章\小家电促销活动广告.swf

● **案例分析**

案例特点：本案例设计一款小家电促销活动广告，对主题文字进行变形处理突出表现广告主题。

制作思路与要点：本案例所设计的小家电促销活动广告将产品图片放置在舞台图形上方，将产品比喻为闪耀的明星，使用突出的变形文字来表现广告的主题，并且为产品设计了标签图形，表现产品的热销，整个广告让人感觉主次分明、信息明确。

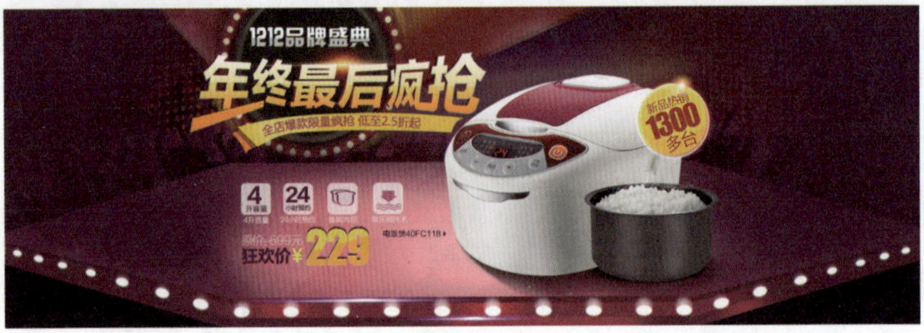

● **色彩分析**

本实例所设计的小家电促销活动广告使用紫色作为主体背景色，与产品外观的色彩相呼应。搭配红色的图形，表现出产品销售火爆。搭配黄橙色的渐变文字内容，使整个画面的气氛非常活跃，具有很好的辨识度。

深紫色　　红色　　橙色

● **制作步骤**

步骤 01 执行“文件>新建”命令，弹出“新建”对话框，新建一个空白文档，如图7-78所示。设置“前景色”为黑色，为画布填充前景色，效果如图7-79所示。

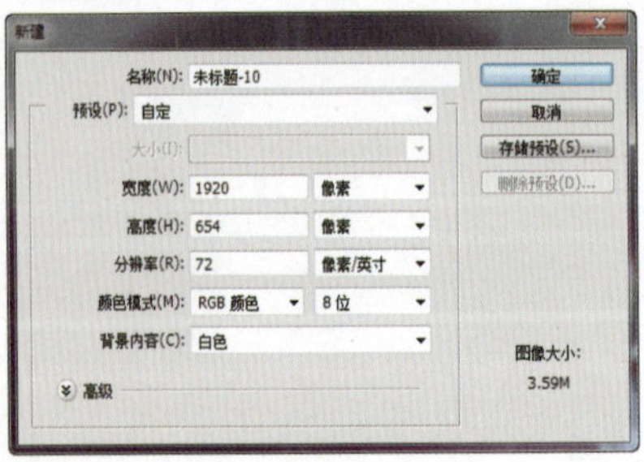

图7-78

图7-79

步骤02 打开并拖入素材图像“光盘\源文件\第7章\素材\301.png”，效果如图7-80所示。新建名称为“底层”的图层组，使用“钢笔工具”，设置“填充”为RGB（91、5、42），在画布中绘制形状图形，如图7-81所示。

图7-80

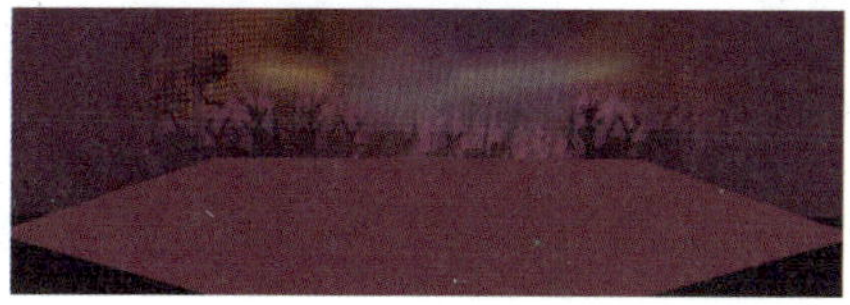

图7-81

步骤03 新建“图层2”，使用“画笔工具”，设置不同的前景色，选择合适的笔触，在画布中进行涂抹，为该图层创建剪贴蒙版，效果如图7-82所示。

图7-82

步骤04 复制“形状1”得到“形状1 拷贝”图层，将复制得到的图形的填充颜色修改为RGB（145、0、55），并向上移动10像素，效果如图7-83所示。使用相同的制作方法，完成相似图形的绘制，效果如图7-84所示。

图7-83

图7-84

步骤05 使用“矩形工具”，在画布中绘制白色矩形，并对该矩形进行旋转，如图7-85所示。为该图层添加图层蒙版，使用“画笔工具”，设置“前景色”为黑色，选择合适的画笔笔触，在蒙版中进行涂抹，并为该图层创建剪贴蒙版，效果如图7-86所示。

图7-85

图7-86

步骤 06 使用相同的制作方法，完成相似图形的绘制，效果如图7-87所示。

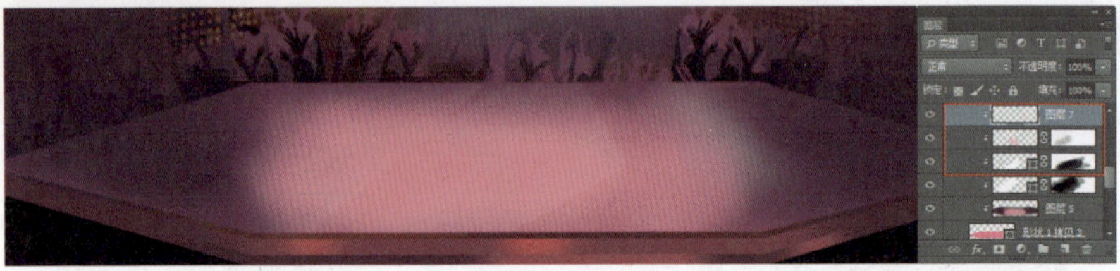

图7-87

步骤 07 新建名称为“底座灯”的图层组，使用“椭圆工具”，在画布中绘制白色的椭圆形，如图7-88所示。为该图层添加“外发光”图层样式，对相关选项进行设置，如图7-89所示。

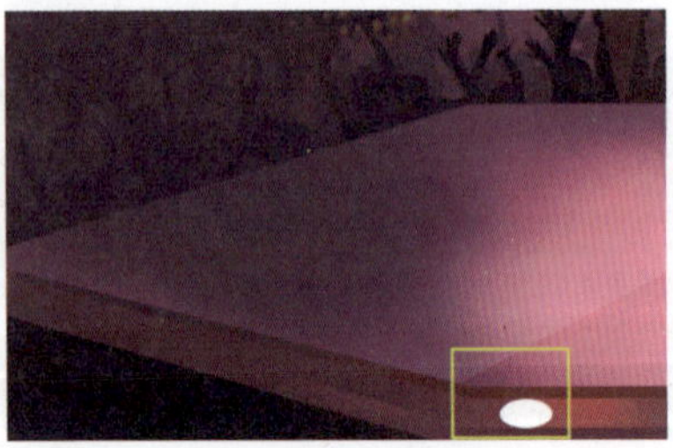

图7-88

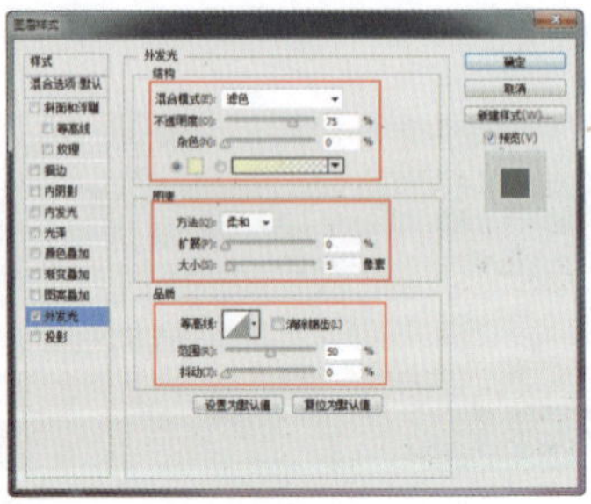

图7-89

步骤 08 单击“确定”按钮，完成“图层样式”对话框的设置，效果如图7-90所示。多次复制该图层，分别调整复制得到的图形到合适的大小和位置，效果如图7-91所示。

图7-90

图7-91

步骤09 使用“椭圆工具”，在画布中绘制白色椭圆，如图7-92所示。执行“滤镜>模糊>高斯模糊”命令，弹出“高斯模糊”对话框，参数设置如图7-93所示。

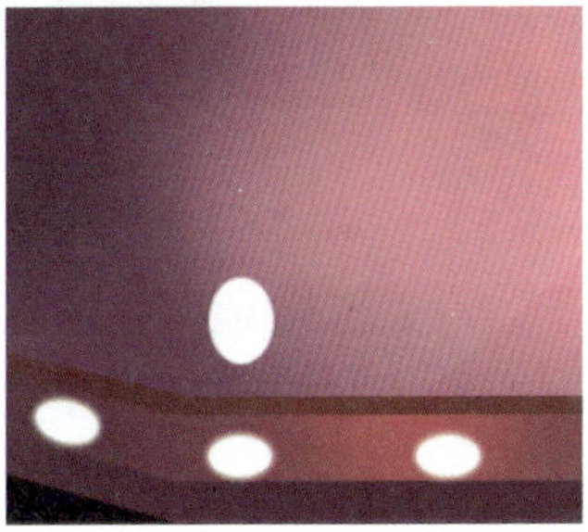

图7-92

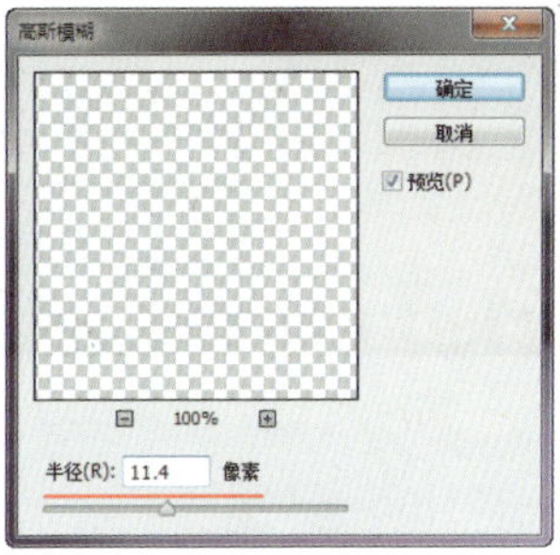

图7-93

步骤10 单击“确定”按钮，完成“高斯模糊”对话框的设置，将图像移至相应位置，效果如图7-94所示。为该图层添加图层蒙版，使用“画笔工具”，设置“前景色”为黑色，在蒙版中进行涂抹，效果如图7-95所示。

图7-94

图7-95

步骤11 多次复制该图层，分别调整复制得到的图形到合适的大小和位置，如图7-96所示。打开并拖入素材图像“光盘\源文件\第7章\素材\302.png”，设置该图层的“混合模式”为“滤色”，复制该图层，将复制得到的图像调整到合适的大小和位置，如图7-97所示。

图7-96

图7-97

步骤12 新建名称为“产品”的图层组，打开并拖入相应的素材图像，分别调整到合适的位置，效果如图7-98所示。使用“横排文字工具”，在“字符”面板中设置相关属性，在画布中输入文字，并对文字进行旋转操作，如图7-99所示。

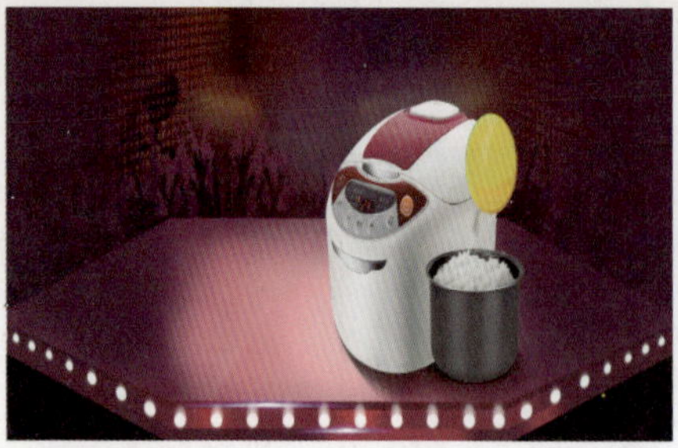

图7-98

图7-99

步骤13 为该图层添加“内阴影”图层样式，对相关选项进行设置，如图7-100所示。继续添加“投影”图层样式，对相关选项进行设置，如图7-101所示。

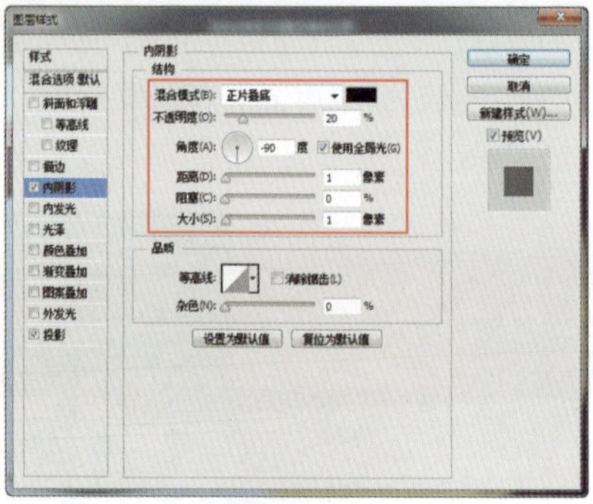

图7-100

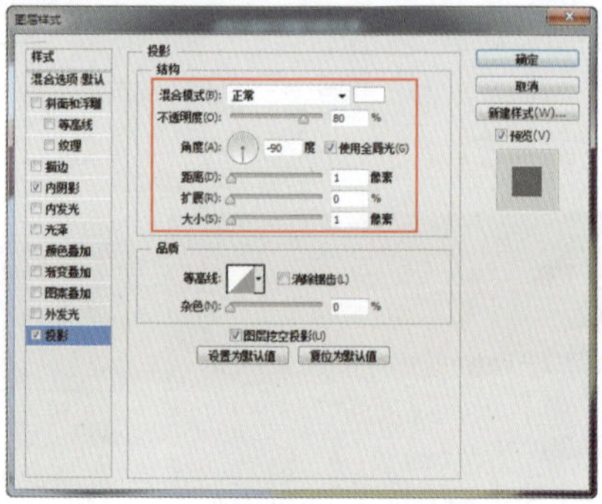

图7-101

步骤14 单击“确定”按钮，完成“图层样式”对话框的设置，效果如图7-102所示。使用相同的制作方法，输入其他文字并添加相应的图层样式，效果如图7-103所示。

图7-102

图7-103

步骤15 打开并拖入素材图像“光盘\源文件\第7章\素材\305.png”，如图7-104所示。设置该图层的“混合模式”为“滤色”，效果如图7-105所示。

图7-104

图7-105

步骤 16 使用“钢笔工具”，设置“填充”为RGB（74、0、9），在画布中绘制形状图形，效果如图7-106所示。新建图层，使用“画笔工具”，设置“前景色”为白色，选择合适的笔触，在画布中进行涂抹，设置该图层的“不透明度”为40%，为该图层创建剪贴蒙版，如图7-107所示。

图7-106

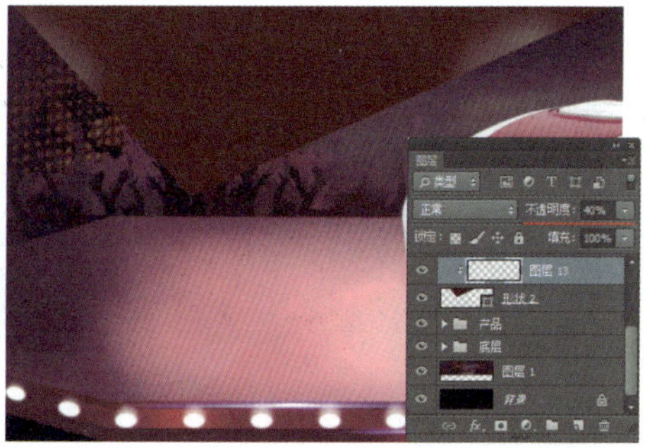

图7-107

步骤 17 复制“形状2”图层得到“形状2 拷贝”图层，设置该图层的“混合模式”为“滤色”，并向上移动5像素，效果如图7-108所示。打开并拖入素材图像“光盘\源文件\第7章\素材\306.png”，效果如图7-109所示。

图7-108

图7-109

步骤 18 为该图层创建剪贴蒙版，并为其添加图层蒙版，使用“画笔工具”，设置“前景色”为黑色，选择合适的画笔笔触并设置画笔不透明度，在蒙版中进行涂抹，效果如图7-110所示。

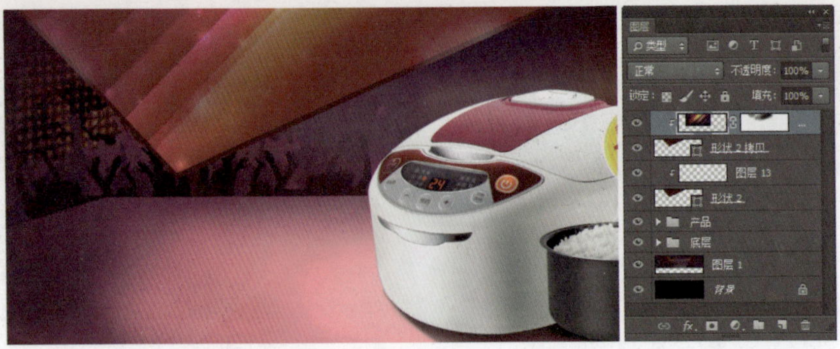

图7-110

步骤 19 新建名称为“主文案”的图层组，打开并拖入素材图像“光盘\源文件\第7章\素材\307.png”，如图7-111所示。为该图层添加图层蒙版，使用“画笔工具”，设置“前景色”为黑色，在蒙版中进行涂抹，效果如图7-112所示。

图7-111

图7-112

步骤 20 使用“横排文字工具”，在“字符”面板中进行设置，在画布中输入文字，如图7-113所示。使用“矩形工具”，设置“填充”为RGB（209、209、209），在画布中绘制矩形，如图7-114所示。

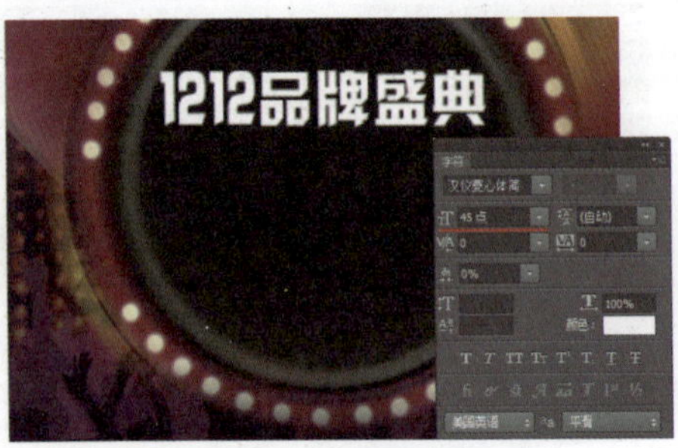

图7-113

图7-114

步骤 21 载入文字图层选区，为该图层添加图层蒙版，效果如图7-115所示。使用“横排文字工具”，在“字符”面板中进行设置，在画布中输入文字，如图7-116所示。

图7-115

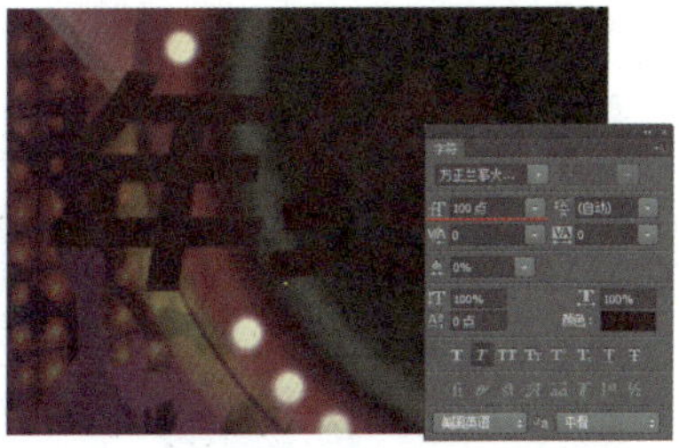

图7-116

步骤 22 执行“图层>栅格化>文字”命令，将文字图层栅格化为普通图层，使用“橡皮擦工具”，将文字相应的笔画删除，如图7-117所示。使用“钢笔工具”，在“选项”栏上设置“工具模式”为“形状”，“填充”为RGB（37、12、12），在画布中绘制形状图形，效果如图7-118所示。

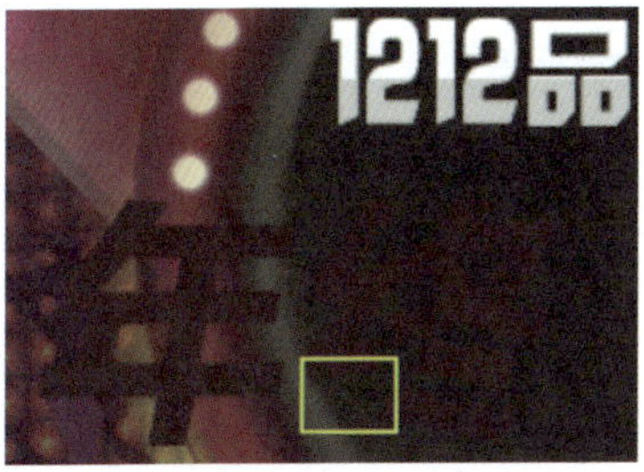

图7-117

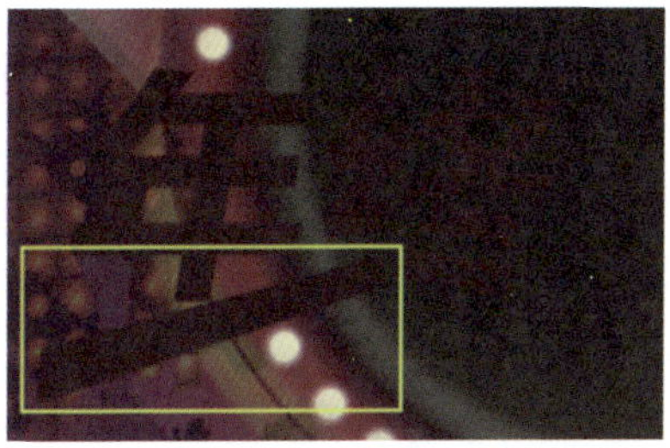

图7-118

步骤 23 将文字图层与所绘制的图形所在的图层合并，执行“编辑>变换>透视”命令，对文字图形进行透视操作，如图7-119所示。使用相同的制作方法，完成相似文字效果的制作，如图7-120所示。

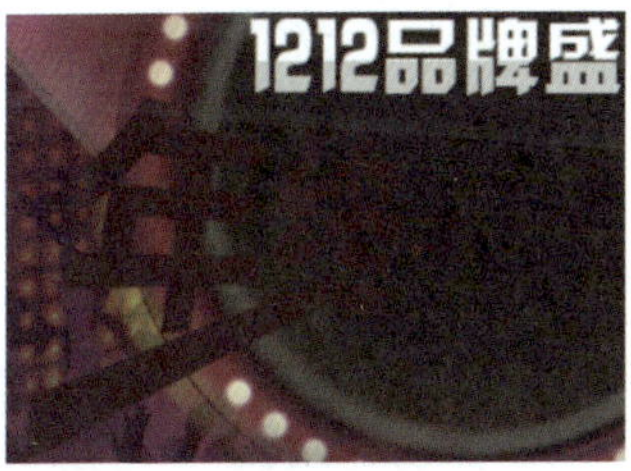

图7-119

图7-120

步骤 24 同时选中所有组成变形文字的图层，按快捷键Ctrl+E，合并图层。新建图层，使用“画笔工具”，设置“前景色”为RGB（238、22、41），在画布中进行涂抹，如图7-121所示。为该图层创建剪贴蒙版，效果如图7-122所示。

图7-121

图7-122

步骤 25 复制变形文字所在的图层，将复制得到的图形向右移动4个像素，效果如图7-123所示。

图7-123

步骤 26 为该图层添加“渐变叠加”图层样式，对相关选项进行设置，如图7-124所示。继续添加“内阴影”图层样式，对相关选项进行设置，如图7-125所示。

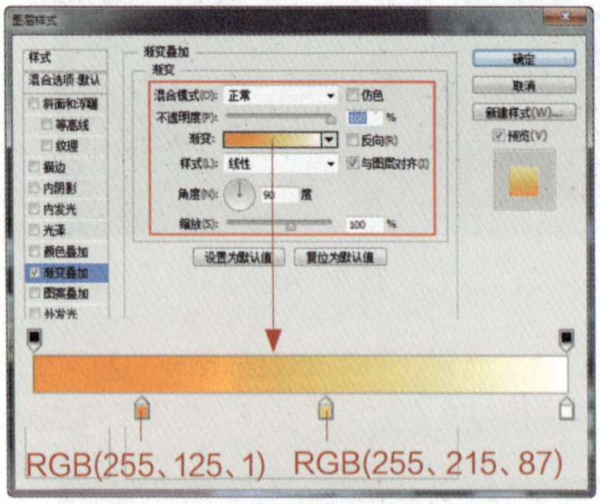

图7-124

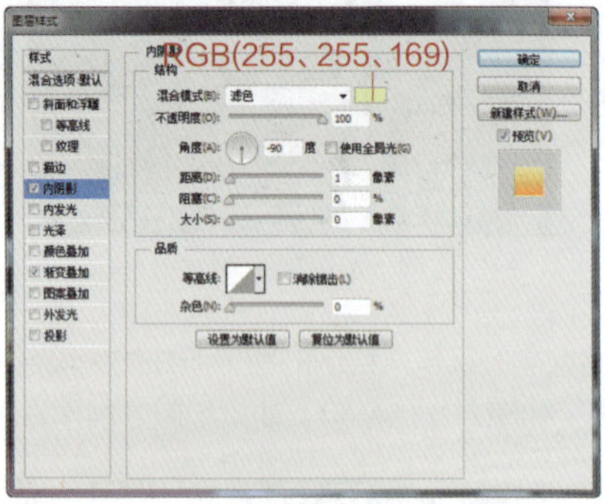

图7-125

步骤 27 单击“确定”按钮，完成“图层样式”对话框的设置，效果如图7-126所示。使用“钢笔工具”，设置“填充”为白色，在画布中绘制形状图形，效果如图7-127所示。

图7-126

图7-127

步骤 28 载入变形文字所在图层的选区，为该图层添加图层蒙版，效果如图7-128所示。设置该图层的“不透明度”为40%，效果如图7-129所示。

图7-128

图7-129

步骤 29 打开并拖入素材图像“光盘\源文件\第7章\素材\308.png”，效果如图7-130所示。设置该图层的“混合模式”为“滤色”，效果如图7-131所示。

图7-130

图7-131

步骤 30 使用“钢笔工具”，设置“填充”为RGB（255，114，0），在画布中绘制形状图形，如图7-132所示。使用相同的制作方法，在画布中绘制出相似的图形效果，如图7-133所示。

图7-132

图7-133

步骤 31 使用“钢笔工具”，设置“工具模式”为“路径”，在画布中绘制曲线路径，如图7-134所示。使用“横排文字工具”，在“字符”面板中进行设置，在路径上单击输入路径文字，如图7-135所示。

图7-134

图7-135

步骤 32 使用相同的制作方法，完成该广告中其他内容的制作，最终效果如图7-136所示。

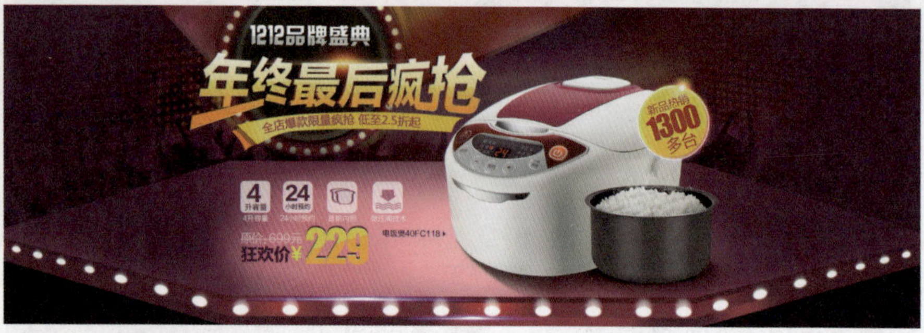

图7-136

7.4 促销广告的常见排版方式

文案内容的排版设计也是广告设计过程中非常重要的一项内容，好的文案排版可以有效地突出广告主题，并且与广告画面相辅相成，本节将向读者介绍一些促销广告中常见的排版方式。

7.4.1 竖向排版和横竖混合排版

竖向排版比较适合表现具有民族风和文化底蕴的内容，如图7-137所示。

简约的画面构成搭配竖向排版文字，表现出知性、文艺的感觉。

图7-137

横竖混合排版非常考验排版能力，属于高级排版技巧，如图7-138所示。

运用横竖混合的排版方式对文案内容进行排版，注意文案的对齐。

图7-138

7.4.2 倾斜排版

倾斜排版的视觉效果非常直接。在使用倾斜排版设计时需要注意，倾斜角度不要超过45度，否则会影响视觉效果。另外一旦采用倾斜排版，建议把所有文案内容都采用倾斜排版，否则看起来会不协调。如图7-139所示为采用倾斜排版的促销广告。

图7-139

7.4.3 双色排版和三色排版

双色排版是指广告中的文案内容主要使用两种色彩进行搭配，文字隔行排版，则两种颜色对比强烈。如图7-140所示为采用双色排版的促销广告。

图7-140

三色排版是指广告中的文案内容主要使用三种色彩进行搭配，如图7-141所示的促销广告中，黑色的背景搭配白色与黄色，颜色对比强烈且很协调。在设计促销广告时可以采用另外的对比色，黑色和白色可以作为基础色。

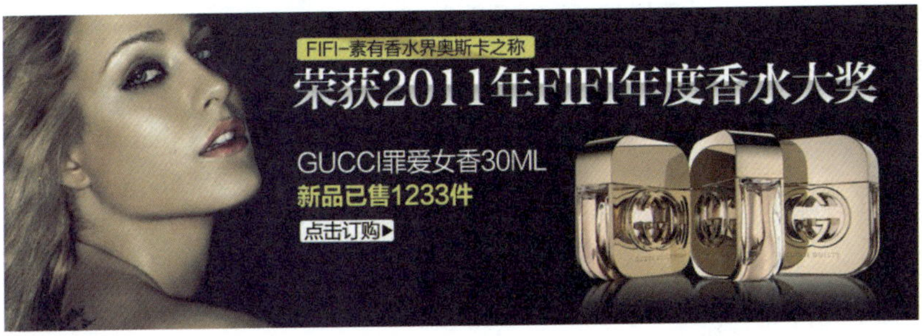

图7-141

7.4.4 数字巨大化

在促销广告的设计排版过程中少不了数字，一般是折扣或价格数字，可以将关键数字设计得很大，并且与其他的元素相区别，从而形成强烈的对比，吸引消费者的目光。如图7-142所示为数字巨大化在促销广告中的应用。

巨大的折扣数字与画面中其他内容形成大小对比，并且数字采用了与画面对比的色调，效果更加突出。

图7-142

7.4.5 使用英文制作形状

在许多促销广告图的设计中都加入了英文内容，大多数消费者并不会去留意英文内容，但是英文能够有效地增强画面的排版效果。如图7-143所示为英文形状在促销广告中的应用。

英文字母与模特相结合，创造出不一样的视觉风格。

把英文作为一种形状，居中排版，简单而有效。注意英文字体要小，读不出来也没有关系，关键是英文排出来的形状要美观。

图7-143

7.4.6 文字的结合和变形

文字是排版设计的核心，在促销广告的设计过程中常常会将主题文字进行变形处理，文字的变形处理可以很好地体现出广告的主题，并且与传统的简单文字排版方式相区别，能够使所设计的广告表现得与众不同。如图7-144所示为变形文字在促销广告中的应用。

文字的变形处理需要有很好的创意，良好的文字变形效果可以有效突出广告主题，为广告增色。

图7-144

案例分析 | 端午节促销宣传设计分析

整体评价：该端午节促销宣传广告充分将产品与端午节特点相结合，生动有趣的文字与图形设计搭配产品，既表达了广告的主题内使容也得广告更加有趣，给浏览者留下深刻的印象。

构图分析：广告页面的设计通过采用夸张的手法，让产品在龙舟图形上行驶，符合广告的主题，且整体页面留有空白，可以给人联想的空间，使得广告表现出的信息集中，让画面显得时尚、大气。

配色方案：使用绿色作为该广告的主色调，表现出自然、清新的印象，与商品所表达的效果相呼应。搭配绿色的文字形象，能更好地表现出文案内容。色彩搭配清新、亮丽，给人一种安全、自然、整洁的感受。

主色：自然	辅色：轻新	辅色：突出	文字颜色：统一

实战案例 | 设计店铺促销宣传

源文件：光盘\源文件\第7章\店铺促销宣传.psd　视　频：光盘\视频\第7章\店铺促销宣传.swf

● 案例分析

案例特点：本案例设计一款店铺促销宣传广告，主要是通过对主题文字的变形处理突出促销宣传的主题，并渲染促销氛围。

制作思路与要点：制作促销活动广告要体现出活动内容和活动对象，本案例所设计的店铺促销宣传广告，主要是对主题文字进行处理，通过对文字的变形，达到想要的宣传效果，突出活动主题。添加简单图形，点缀画面，使得广告画面更加有活力，与主题相呼应。

● 色彩分析

本案例所设计的店铺促销宣传广告以橙色作为背景颜色，搭配紫色的图形和白色文字，让人眼前一亮，层次分明。添加各种颜色的基本图形，点缀整个画面。

橙色　　紫色　　白色

● 制作步骤

步骤 01 执行“文件>新建”命令，新建一个空白文档，如图7-145所示。设置“前景色”为RGB（254、196、70），为画布填充前景色，效果如图7-146所示。

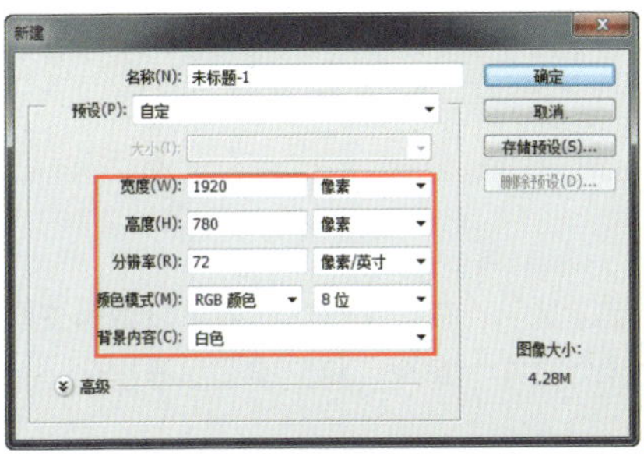

图7-145

图7-146

步骤02 新建名称为“背景”的图层组，使用“钢笔工具”，在“选项”栏上设置“工具模式”为“形状”，“填充”为RGB（254、186、63），在画布中绘制图形，如图7-147所示。多次复制该图层，并分别调整复制得到的图形到合适的大小和位置，效果如图7-148所示。

图7-147

图7-148

步骤03 打开并拖入素材图像“光盘\源文件\第7章\素材\401.png”，效果如图7-149所示。使用相同的制作方法，拖入其他素材图像，效果如图7-150所示。

图7-149

图7-150

步骤04 新建名称为“疯”的图层组，使用“横排文字工具”，在“字符”面板上设置相关属性，在画布中输入文字，如图7-151所示。执行“图层>栅格化>文字”命令，将文字图层栅格化，并对图形进行斜切操作，效果如图7-152所示。

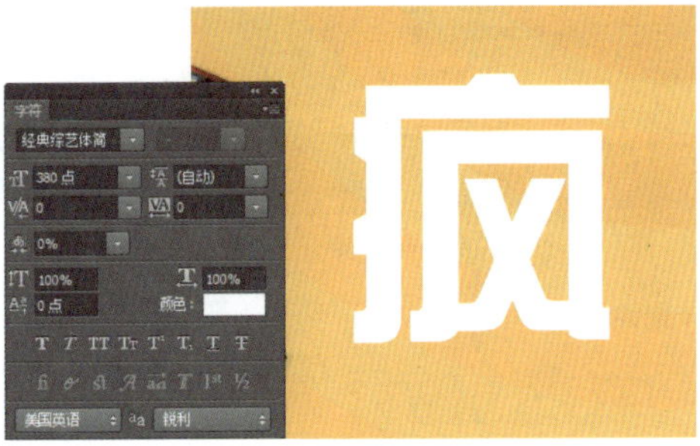

图7-151

图7-152

步骤 05 使用“钢笔工具”，在“选项”栏上设置“工具模式”为“路径”，在画布中绘制路径，按快捷键Ctrl+Enter，将路径转换为选区，反向选择选区，如图7-153所示。为该图层添加图层蒙版，为选区填充黑色，效果如图7-154所示。

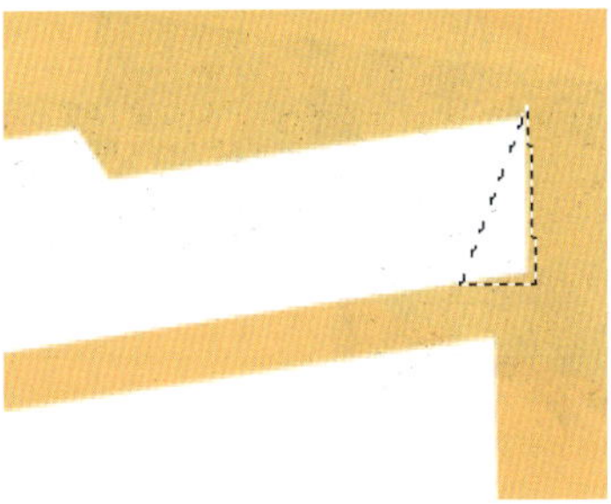

图7-153

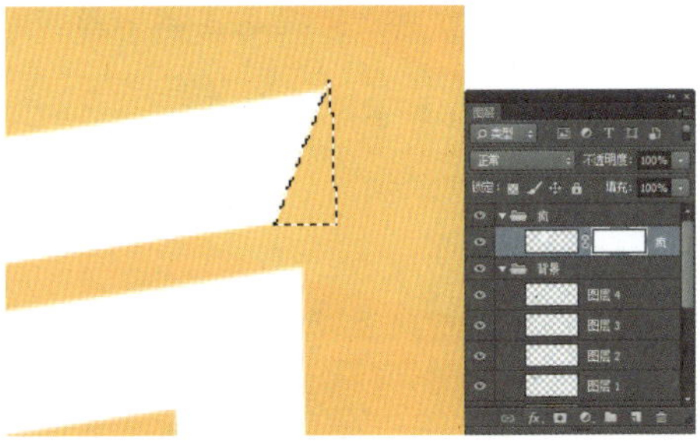

图7-154

步骤 06 使用相同的制作方法，完成对该文字图形的调整，效果如图7-155所示。使用“钢笔工具”，在“选项”栏上设置“工具模式”为“形状”，在画布中绘制白色的形状图形，效果如图7-156所示。

图7-155

图7-156

步骤 07 使用相同的制作方法，完成相似图形的绘制，效果如图7-157所示。使用相同的制作方法，完成其他文字效果的制作，效果如图7-158所示。

图7-157

图7-158

步骤08 使用“钢笔工具”，在“选项”栏上设置“工具模式”为“形状”，“填充”为RGB（220、23、65），在画布中绘制形状图形，效果如图7-159所示。使用“钢笔工具”，根据文字的轮廓绘制形状图形，效果如图7-160所示。

图7-159

图7-160

步骤09 为该图层添加“渐变叠加”图层样式，对相关选项进行设置，如图7-161所示。单击“确定”按钮，完成“图层样式”对话框的设置，效果如图7-162所示。

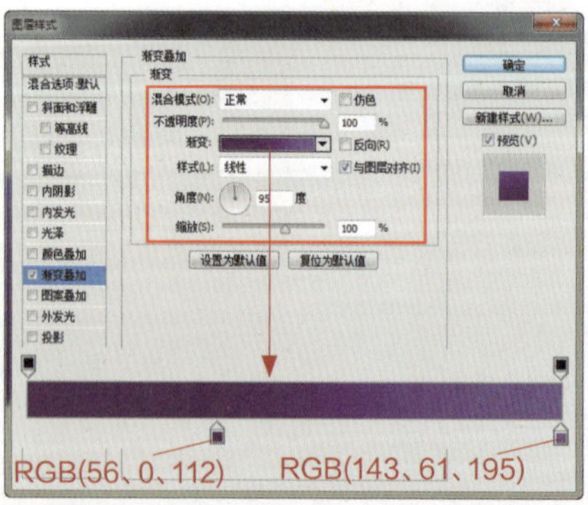

图7-161

图7-162

步骤10 执行“文件>新建”命令，新建一个空白文档，如图7-163所示。使用“矩形选框工具”，在画布中绘制两个选区，并为选区填充黑色，取消选区，如图7-164所示。

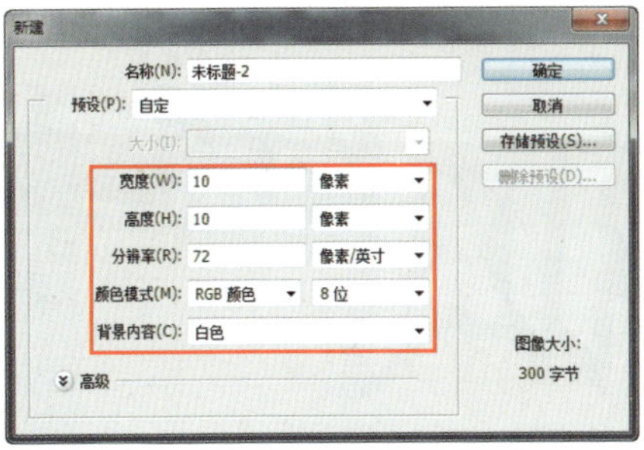

图7-163

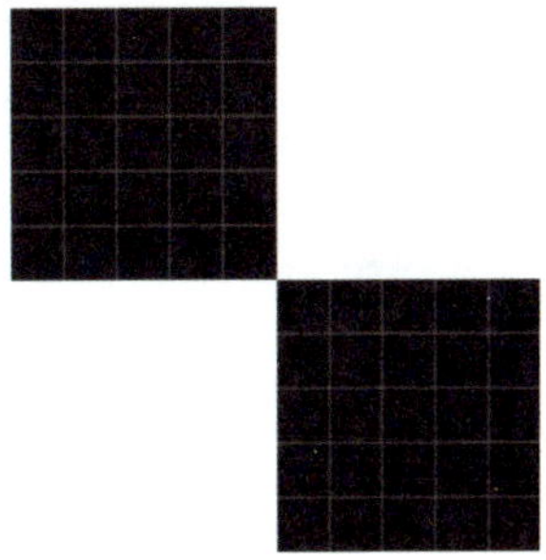

图7-164

步骤 11 执行“编辑>定义图案”命令，在弹出的对话框中进行设置，如图7-165所示。返回设计文档中，复制“形状7”图层得到“形状7拷贝”图层，清除复制得到的图层的图层样式，并为该图层添加“图案叠加”图层样式，对相关选项进行设置，如图7-166所示。

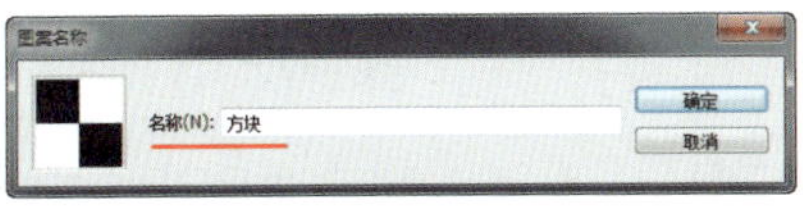

图7-165

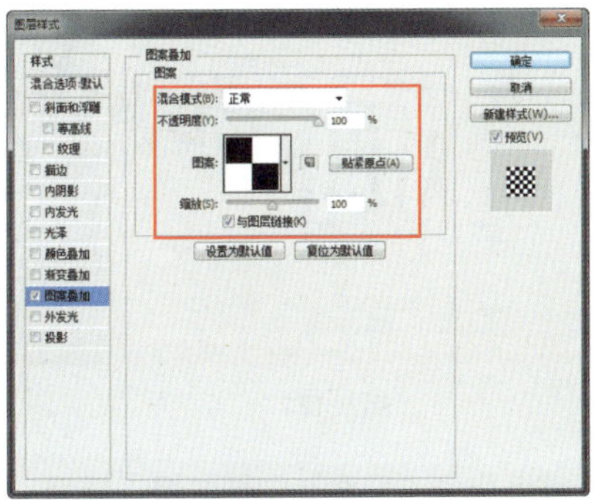

图7-166

步骤 12 单击“确定”按钮，完成“图层样式”对话框的设置，设置该图层的“不透明度”为12%，将该图形向下移动，如图7-167所示。同时选中“疯”图层组至“形状7拷贝”图层，按快捷键Ctrl+G，将选中的对象编组并重命名为“标题”，调整图层的叠放顺序，效果如图7-168所示。

图7-167

图7-168

步骤 13 新建名称为“斜杠”的图层组，使用“钢笔工具”，设置“填充”为RGB（125、48、178），在画布中绘制形状图形，效果如图7-169所示。使用相同的制作方法，完成相似图形的绘制，效果如图7-170所示。

图7-169

图7-170

步骤 14 新建名称为“点缀”图层组，使用各种形状绘图工具，绘制一些基本的形状图形，效果如图7-171所示。打开并拖入素材图像“光盘\源文件\第7章\素材\405.png”，并拖入设计文档中，如图7-172所示。

图7-171

图7-172

步骤 15 新建名称为“文案”的图层组，使用“矩形工具”，设置“填充”为RGB（139、30、214），在画布中绘制矩形，如图7-173所示。使用“钢笔工具”，设置“填充”为RGB（102、11、164），在画布中绘制形状图形，效果如图7-174所示。

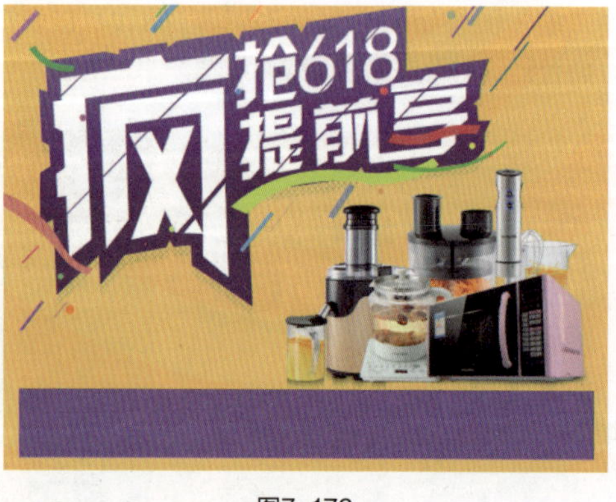

图7-173

图7-174

步骤 16 使用“横排文字工具”，在“字符”面板中设置相关属性，在画布中输入文字，如图7-175所示。使用相同的制作方法，输入其他文字，效果如图7-176所示。

图7-175

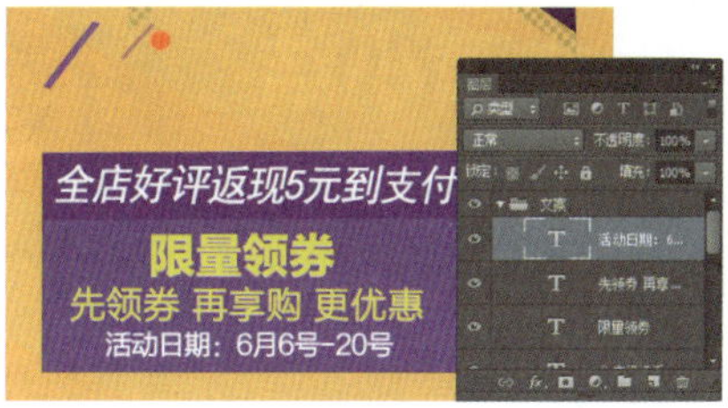

图7-176

步骤 17 新建名称为“优惠券”的图层组，使用“矩形工具”，设置“填充”为RGB（255、126、21），在画布中绘制矩形，如图7-177所示。使用相同的制作方法，完成相似图形的绘制，效果如图7-178所示。

图7-177

图7-178

步骤 18 多次复制该图层组，并修改文字，效果如图7-179所示。完成该店铺促销宣传广告的设计制作，最终效果如图7-180所示。

图7-179

图7-180

7.5 本章小结

促销是网店最常见的一种产品推广和宣传方式，促销宣传广告的设计重点在于突出促销的主题和表现产品的突出特点。在本章中向读者介绍了有关促销推广的相关知识，使读者对促销推广的方法有所了解，并通过多个典型的促销宣传广告的设计制作使读者掌握促销广告的设计表现方法。

08

Chapter

推广动画

在前面的章节中已经向读者介绍了各种推广图片的设计制作方法，但是这些都是静态的。本章我们就来做一些动态的推广图片，学会了这些动态图片的制作方法，就可以将论坛头像、签名档等设计成生动活泼的形象。另外，在商品介绍页面强调商品时，也可以制作一些动态的推广图片反映商品的独特之外。

8.1 了解动画制作

动画是在一段时间内显示的一系列图像或帧，当每一帧较前一帧都有轻微的变化时，连续快速地显示这些帧就会产生运动或其他变化的视觉效果，从而达到动画的效果。

8.1.1 动画制作基础知识

提起网页动画，一般人们都会认为它是使用Flash制作的，其实，在网页中简单的动画效果都可以使用Photoshop来制作。在开始制作动画之前，需要了解一些动画制作的基础知识。

（1）GIF动画格式

如果需要使用Photoshop制作动画图片，则最终需要将所制作的动画图片输出为GIF动画格式，因为只有GIF格式才支持动画效果，而JPG和PNG等格式的图像并不支持动画效果。

（2）帧的概念

电影是通过胶片的连续转动来记录活动影像的。电影摄影机每秒拍摄24幅静止画面，每一幅称作一帧。由于人眼有视觉暂留现象，所以人们在观看这些静止的画面时，感觉像是一个连续运动的影像。在Photoshop中制作动画也是同样的道理。首先使用静态文件生成各个帧，然后再为它们制作各种效果，最后播放图像。这些静态帧画面再被播放时，它们会因为人眼的视觉残留现象而变成活动影像。

8.1.2 认识“时间轴”面板

要想使用Photoshop制作动画图片，必须要熟知Photoshop中的“时间轴”面板。

执行“窗口>时间轴”命令，打开“时间轴”面板，如果面板为视频模式“时间轴”面板，可以单击“转换为帧动画”按钮，即可转换为帧模式“时间轴”面板，如图8-1所示。帧模式“时间轴”面板会显示动画中的每个帧的缩览图，使用面板底部的工具可浏览各个帧、设置循环选项、添加和删除帧以及预览动画。

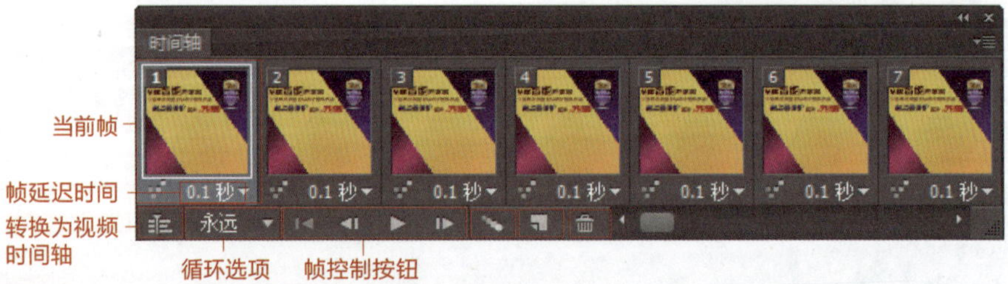

图8-1

当前帧：选中该帧后，即可对该帧上的图形进行相应的处理。

帧延迟时间：该选项用于设置帧在回放过程中的持续时间。单击该选项，在弹出的菜单中可以选择一个帧延迟时间，如图8-2所示。如果选择“其他”选项，将弹出“设置帧延迟”对话框，如图8-3所示，用户可以自定义帧延迟的时间。

“转换为视频时间轴”按钮：单击该按钮，可以将帧模式“时间轴”面板切换为视频模式“时间轴”面板。

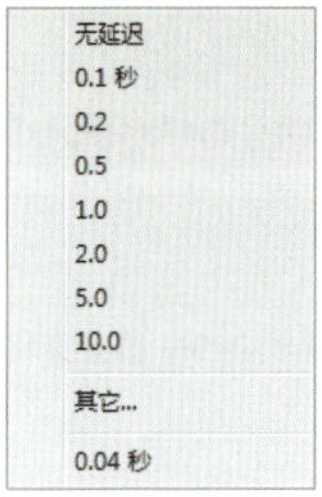

图8-2

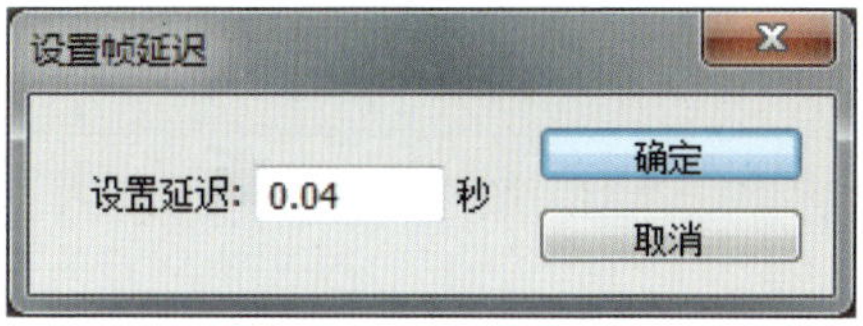

图8-3

循环选项：该选项用于设置动画在作为动画GIF文件导出时的播放次数。单击该选项，在弹出的菜单中可以选择一个循环选项，如图8-4所示。如果选择“其他”选项，将弹出“设置循环次数”对话框，如图8-5所示，用户可以自定义循环的次数。

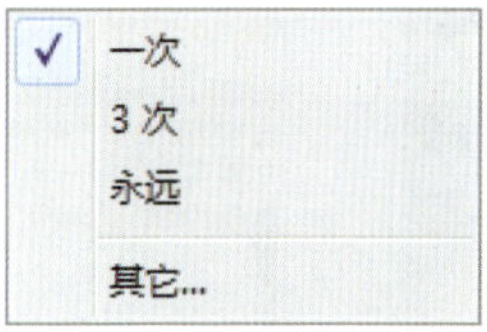

图8-4

图8-5

帧控制按钮：该部分4个按钮主要用于对动画帧进行控制。单击“选择第一帧”按钮，可以自动选择序列中的第一个帧作为当前帧；单击“选择上一帧”按钮，可以选择当前帧的前一帧；单击“播放动画”按钮，可以在窗口中播放动画，再次单击则停止播放；单击“选择下一帧”按钮，可以选择当前帧的下一帧。

“过渡动画帧”按钮：如果要在两个现有帧之间添加一系列帧，并让新帧之间的图层属性均匀变化，可单击该按钮，弹出“过渡”对话框来进行设置，如图8-6所示。

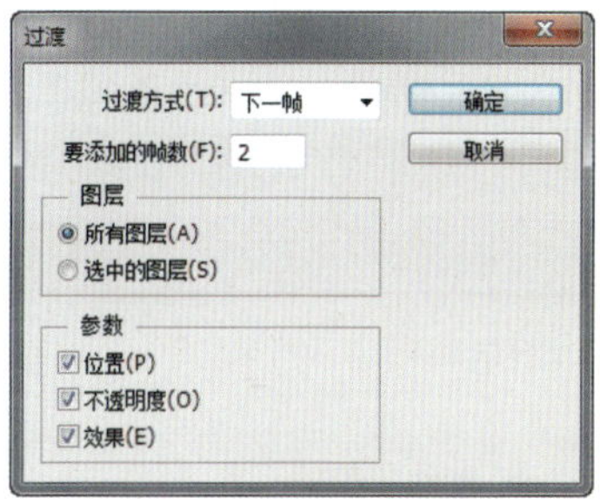

图8-6

“复制所选帧”按钮：单击该按钮，可以复制所选中的帧，得到与所选帧相同的帧。

“删除所选帧”按钮：选择要删除的帧后，单击该按钮，即可删除所选择的帧。

8.2 常见动画效果

在Photoshop中通过“时间轴”面板制作动画，可以实现图像位置、不透明度和效果变化的动画效果，在本节中将分别介绍各种动画的制作方法和技巧。

8.2.1 位置变化动画

位置变化动画是最常见的动画形式，可以在两帧动画之间添加一序列逐渐变化的帧，只要改变图像源文件的位置，就能自动生成中间帧。

实战案例 | 制作位置变化动画

源文件：光盘\源文件\第8章\位置变化动画.psd　　视　频：光盘\视频\第8章\位置变化动画.swf

● 案例分析

案例特点：本案例制作一款位置变化的动画效果，实现产品图像从左侧逐渐位移进入图像中的效果。

制作思路与要点：位置变化动画就是图像从一侧移动到另一侧的动画，只要改变图像源文件的位置，在制作过程中通过创建动画过渡帧，即可以让图像均匀变化，使动画播放更加流畅。

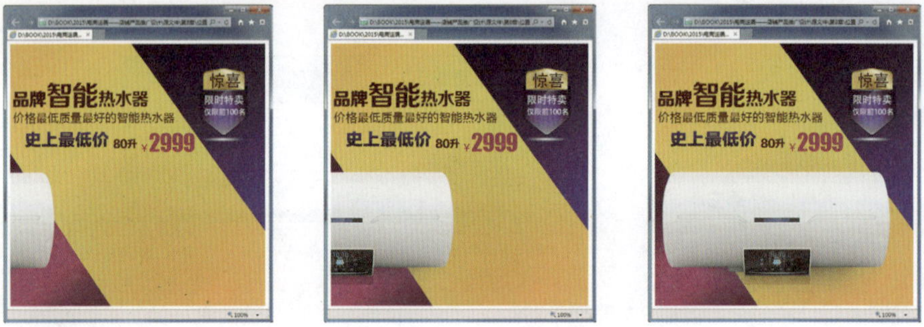

● 色彩分析

本案例使用黄色作为主色调，搭配蓝色和紫色，运用倾斜的背景分割方式，有效地区分各部分内容。产品的外观为白色，在多彩色背景的衬托下，非常醒目、清新。

金色　　梅红　　白色

● 制作步骤

步骤 01 执行“文件>打开”命令，打开素材图像“光盘\源文件\第8章\素材\101.psd”，如图8-7所示。执行“窗口>时间轴”命令，打开“时间轴”面板，如图8-8所示。

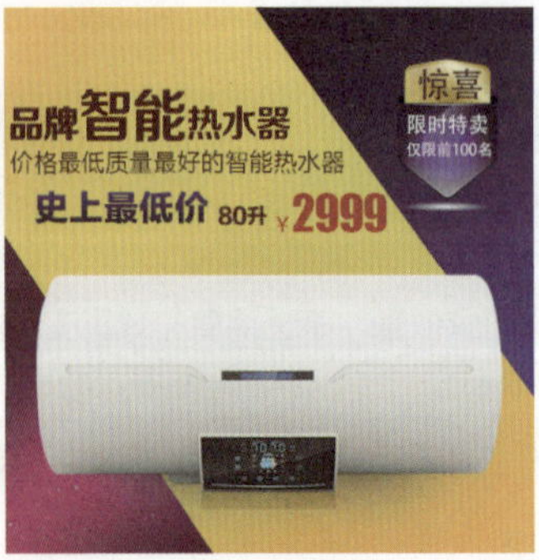

图8-7

图8-8

步骤02 单击“创建帧动画”按钮，基于该文件创建帧动画，“时间轴”面板效果如图8-9所示。打开“图层”面板，可以看到该文件中的相关图层，如图8-10所示。

图8-9

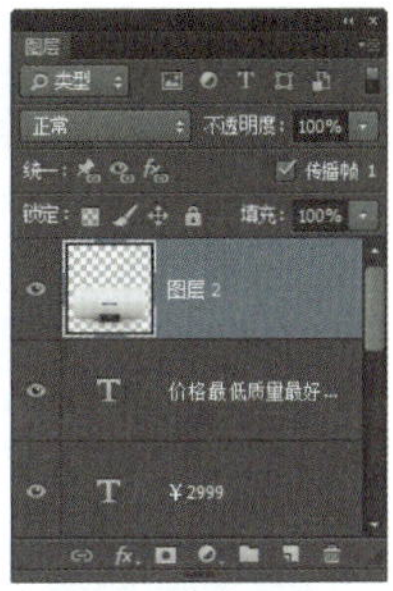

图8-10

步骤03 单击“时间轴”面板上的“复制所选帧”按钮，复制第1帧，“时间轴”面板如图8-11所示。选中“图层”面板中的“图层2”，选中“时间轴”面板上的第1帧，使用“移动工具”，按住Shift键，将产品图像向左移出画布，如图8-12所示。

图8-11

图8-12

步骤04 选中“时间轴”面板上的第2帧，使用“移动工具”，按住Shift键，将产品图像向右移至画布中心，效果如图8-13所示。在“时间轴”面板中同时选中第1帧和第2帧，单击“过渡动画帧”按钮，弹出“过渡”对话框，参数设置如图8-14所示。

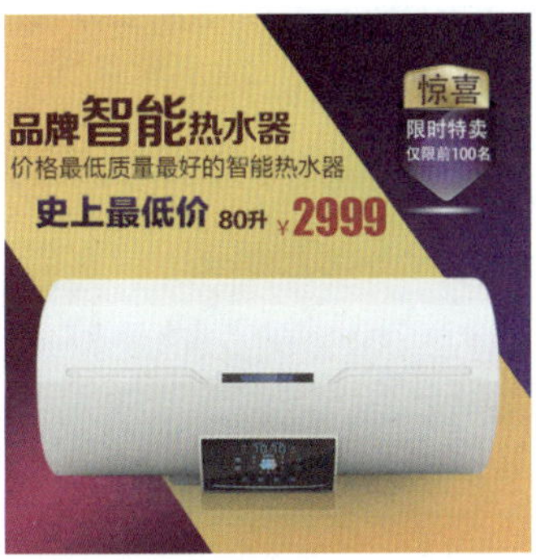

图8-13

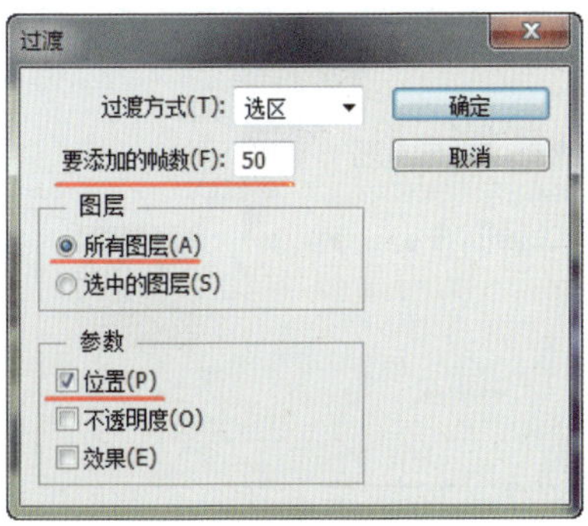

图8-14

步骤 05 单击“确定”按钮，完成“过渡”对话框的设置，效果如图8-15所示。同时选中所有帧，设置“帧延迟时间”为0.1秒，如图8-16所示。

图8-15

图8-16

步骤 06 选中第52帧，设置该帧的“帧延迟时间”为2秒，如图8-17所示。完成该位置变化动画的制作，执行“文件>存储为”命令，将文件存储为“光盘\源文件\第8章\位置变化动画.psd”。

图8-17

步骤 07 执行“文件>存储为Web所用格式”命令，弹出“存储为Web所用格式”对话框，参数设置如图8-18所示。单击“播放动画”按钮 ▶ ，可以在该对话框中预览动画效果，如图8-19所示。

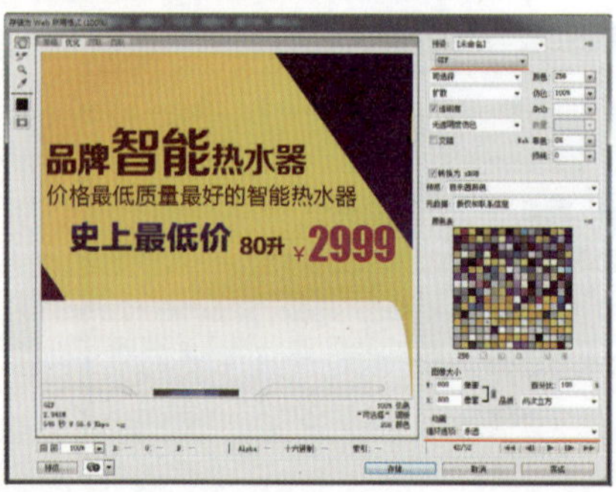

图8-18

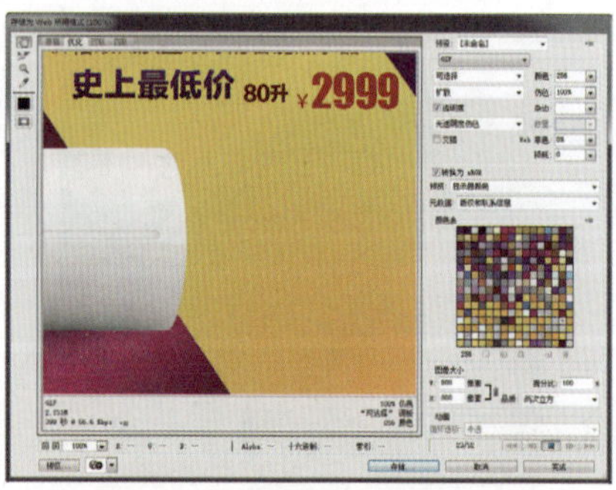

图8-19

步骤 08 单击“存储”按钮，弹出“将优化结果存储为”对话框，对相关选项进行设置，如图8-20所示。单击“保存”按钮，即可输出GIF动画。在IE浏览器中打开刚输出的GIF动画图片，可以看到所制作的位置变化动画效果，如图8-21所示。

图8-20

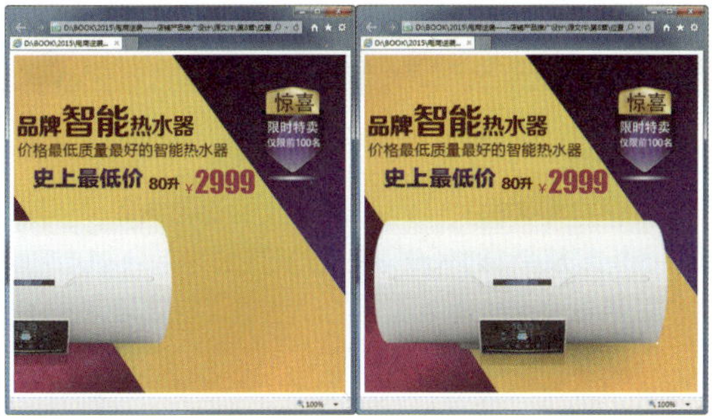

图8-21

8.2.2 渐隐渐现动画

渐隐渐现的动画效果也是一种常见的动画展示效果，在Photoshop中可以通过“时间轴”面板制作图像有不透明度变化的过程动画，这样也就实现了渐隐渐现的动画效果。

实战案例 | 制作产品逐渐显示动画

源文件：光盘\源文件\第8章\产品逐渐显示动画.psd画.psd　　视　频：光盘\视频\第8章\产品逐渐显示动画.swf

- **案例分析**

案例特点：本案例制作产品逐渐显示的动画效果，通过修改产品所在图层的不透明度值，从而实现产品不透明度从0%到100%变化的过程。

制作思路与要点：逐渐显示的动画是现在比较常见的一种动画效果，动画的制作采用了“不透明度”的不同设置，来达到显示的效果。

- **色彩分析**

本案例使用蓝色渐变作为图片的背景主色调，给人很强的科技感，搭配蓝色的主题文字和白色的介绍文字，与背景色调统一，使用红色的折扣标签和购买按钮，使得相应的折扣信息和购买按钮非常醒目。

红色　　蓝色　　白色

- **制作步骤**

步骤01 执行“文件>打开”命令，打开素材图像“光盘\源文件\第8章\素材\201.psd”，效果如图8-22所示。打开“图层”面板，可以看到该文件的相关图层，如图8-23所示。

图8-22

图8-23

步骤02 执行“窗口>时间轴”命令，打开“时间轴”面板，单击“创建帧动画”按钮，基于该文件创建帧动画，“时间轴”面板效果如图8-24所示。在“图层”面板中隐藏“图层5”，选中“图层4”，如图8-25所示。

图8-24

图8-25

步骤03 单击“时间轴”面板上的“复制所选帧”按钮，复制第1帧得到第2帧，如图8-26所示。在“时间轴”面板中选中第1帧，在“图层”面板中设置“图层4”的“不透明度”为0%，如图8-27所示。

图8-26

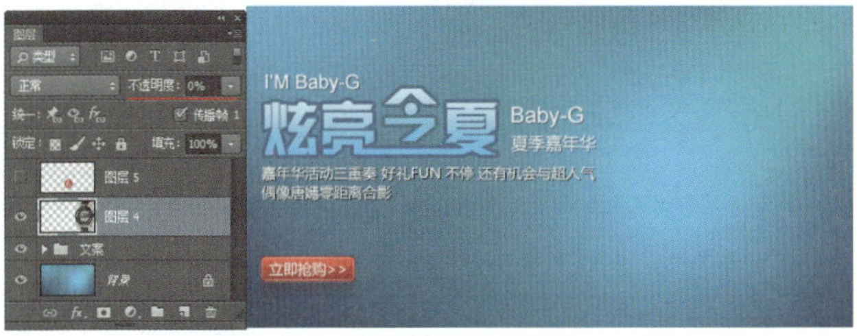

图8-27

步骤04 在“时间轴”面板中选中第2帧，在“图层”面板中设置“图层4”的“不透明度”为100%，效果如图8-28所示。在“时间轴”面板中同时选中第1帧和第2帧，如图8-29所示。

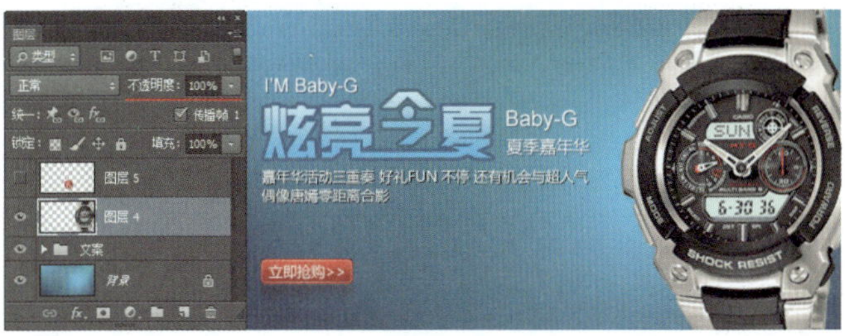

图8-28

图8-29

步骤 05 单击“时间轴”面板上的“过渡动画帧”按钮，弹出“过渡”对话框，参数设置如图8-30所示。单击“确定”按钮，完成“过渡”对话框的设置，自动生成过渡帧，效果如图8-31所示。

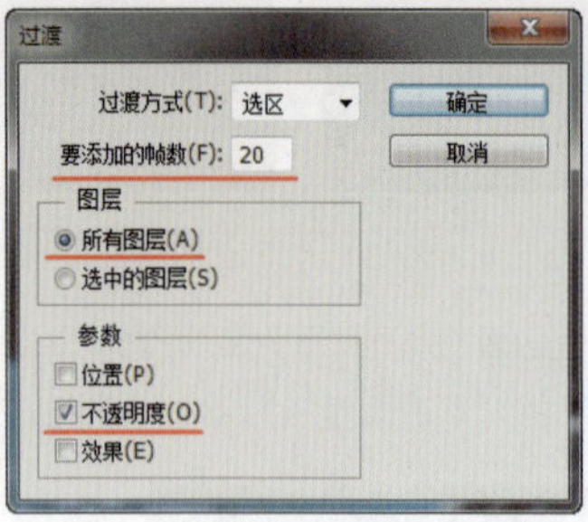

图8-30

图8-31

步骤 06 同时选中所有帧，设置“帧延迟时间”为0.4秒，如图8-32所示。选中第22帧，设置该帧的“帧延迟时间”为1秒，如图8-33所示。

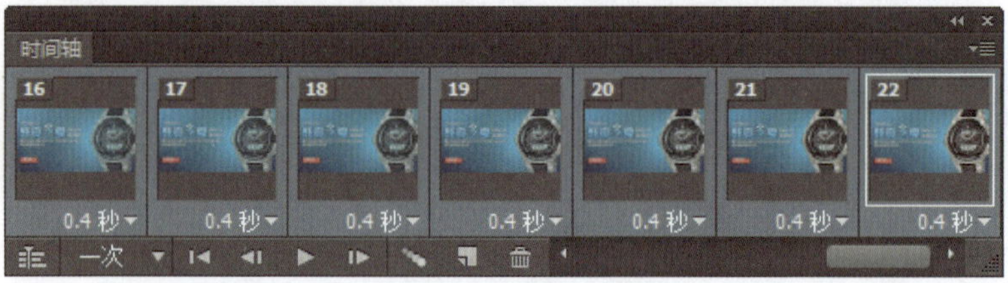

图8-32

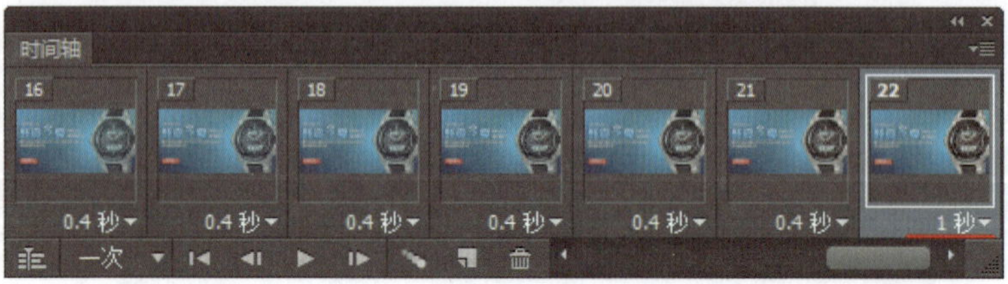

图8-33

步骤 07 复制第22帧，得到第23帧，在“图层”面板中显示“图层5”并设置该图层的“不透明度”为0%，如图8-34所示。在“时间轴”面板中设置该帧的“帧延迟时间”为0.2秒，如图8-35所示。

图8-34

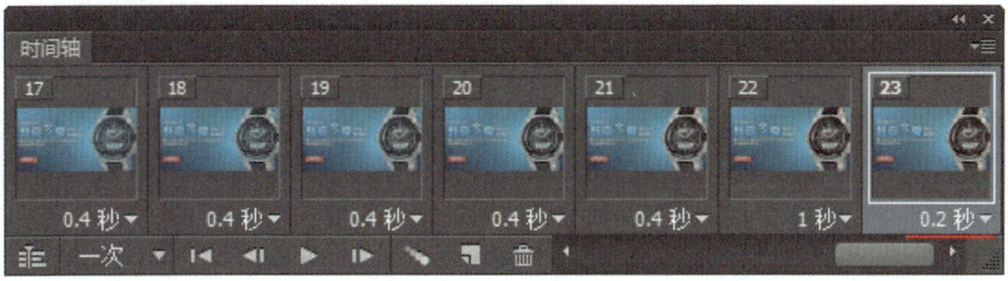

图8-35

步骤 08 复制第23帧，得到第24帧，在“图层”面板中设置“图层5”的“不透明度”为100%，如图8-36所示。在“时间轴”面板中同时选中第23帧和第24帧，如图8-37所示。

图8-36

图8-37

步骤 09 单击“时间轴”面板上的“过渡动画帧”按钮，弹出“过渡”对话框，参数设置如图8-38所示。单击“确定”按钮，完成“过渡”对话框的设置，自动生成过渡帧，效果如图8-39所示。

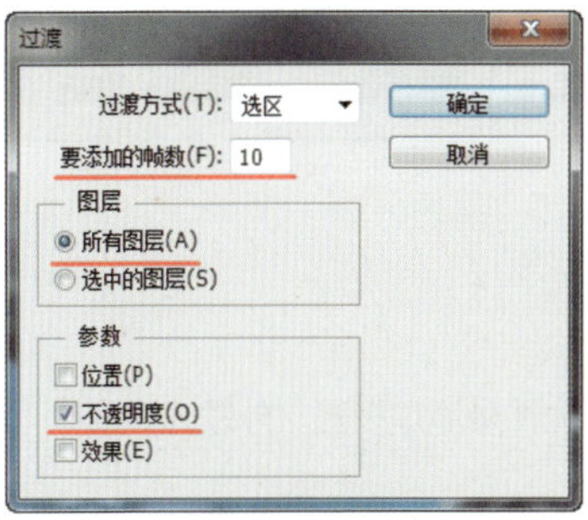

图8-38

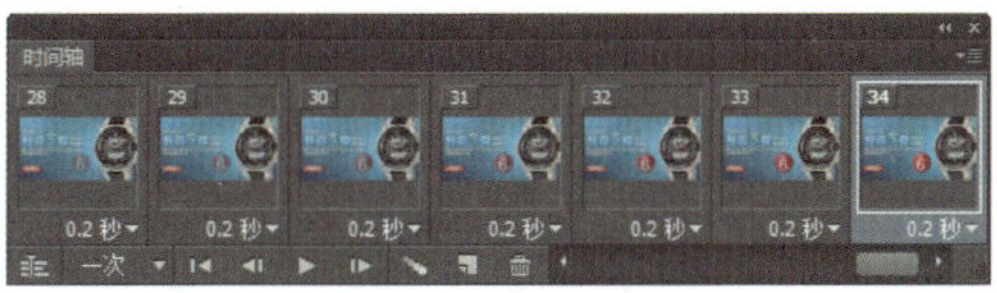

图8-39

步骤 10 选中第34帧，设置该帧的“帧延迟时间”为4秒，如图8-40所示。完成GIF动画的制作，执行“文件>存储为”命令，将文件存储为“光盘\源文件\第8章\产品逐渐显示动画.psd”。

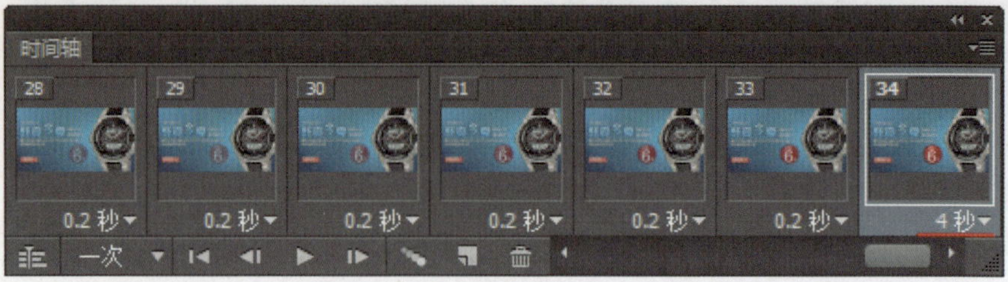

图8-40

步骤 11 执行“文件>存储为Web所用格式”命令，弹出“存储为Web所用格式”对话框，参数设置如图8-41所示。单击“存储”按钮，弹出“将优化结果存储为”对话框，对相关选项进行设置，如图8-42所示。

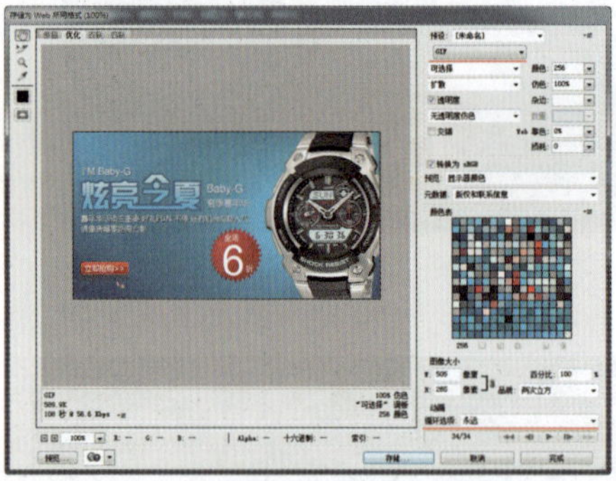

图8-41

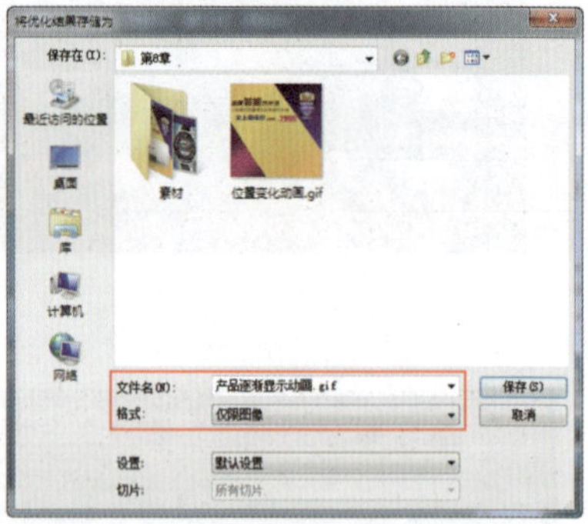

图8-42

步骤 12 单击“保存”按钮，即可输出该GIF动画。在IE浏览器中打开刚输出的GIF动画图片，可以看到所制作的产品逐渐显示动画效果，如图8-43所示。

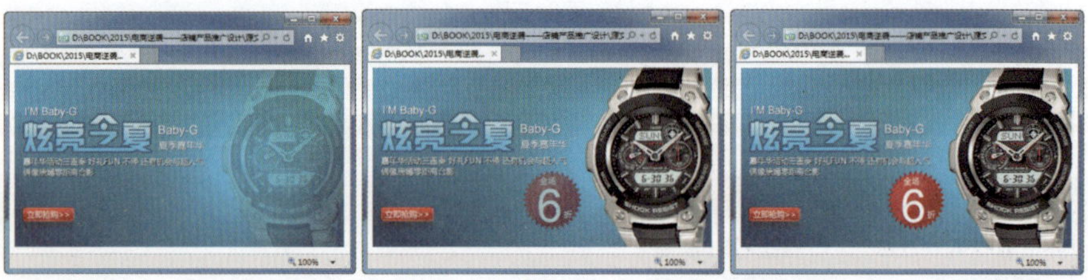

图8-43

8.2.3 效果变化动画

在Photoshop中，图层样式的应用比较广泛，不但可以为图像添加投影、外发光等效果，还可以利用图层样式制作效果变化的动画。

实战案例 | 制作光晕闪烁动画

源文件：光盘\源文件\第8章\光晕闪烁动画.psd　　视　频：光盘\视频\第8章\光晕闪烁动画.sw

● 案例分析

案例特点：本案例制作光晕闪烁的动画效果，主要通过改变图层所添加的图层样式效果的不透明度来实现不断闪烁的发光动画效果。

制作思路与要点：动画的设计制作简单，主要使用了图层样式，图层样式的应用比较广泛，利用图层样式做效果变化的动画，图层样式的相关选项设置就很重要，合理的应用添加能达到理想的效果。

● 色彩分析

使用明度和纯度都较高的红色作为图像的背景主色调，表现出火热、激情的氛围，并且与产品外观的色调相呼应，搭配浅黄色和白色的文字，能够清晰地表现产品信息内容，整个图片让人感觉富有活力。

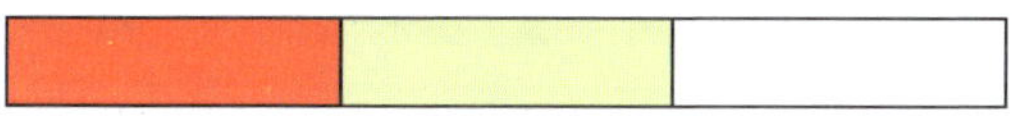

红色　　浅黄　　白色

● 制作步骤

步骤 01 执行“文件>打开”命令，打开素材图像“光盘\源文件\第8章\素材\301.psd”，效果如图8-44所示。单击画布中的产品图像，在“图层”面板中自动选中产品所在的图层，如图8-45所示。

图8-44

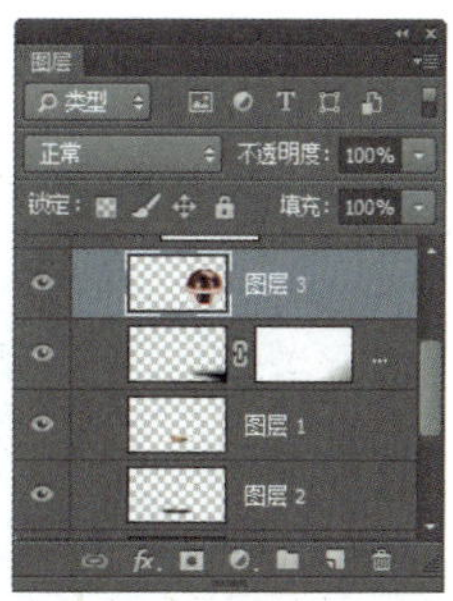

图8-45

步骤02 为“图层3”添加“外发光”图层样式，对相关选项进行设置，如图8-46所示。单击“确定”按钮，完成“图层样式”对话框的设置，效果如图8-47所示。

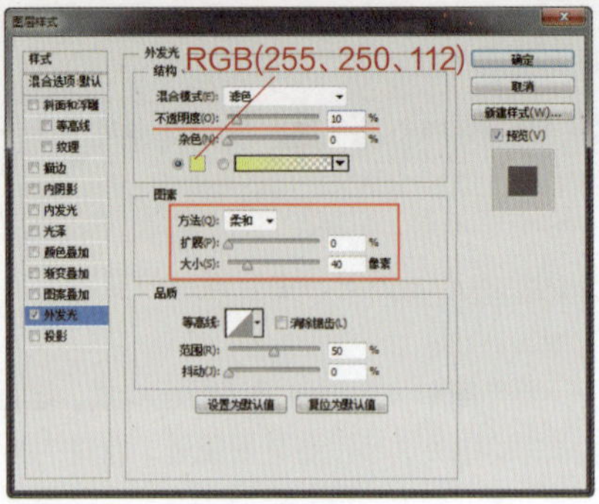

图8-46

图8-47

步骤03 执行“窗口>时间轴”命令，打开“时间轴”面板，单击“创建帧动画”按钮，效果如图8-48所示。设置第1帧的“帧延迟时间”为0.2秒，设置“循环”选项为“永远”，如图8-49所示。

图8-48

图8-49

步骤 04 复制第1帧，得到第2帧，在“图层”面板中双击“图层3”所添加的“外发光”图层样式，在弹出的“图层样式”对话框中对相关参数进行修改，如图8-50所示。单击“确定”按钮，完成“图层样式”对话框的设置，效果如图8-51所示。

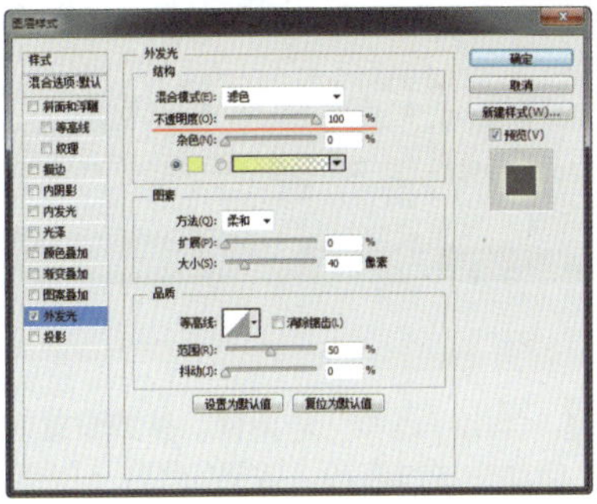

图8-50

图8-51

步骤 05 在“时间轴”面板中同时选中第1帧和第2帧，单击“时间轴”面板上的“过渡动画帧”按钮 ，弹出“过渡”对话框，参数设置如图8-52所示。单击“确定”按钮，完成“过渡”对话框的设置，自动生成过渡帧，效果如图8-53所示。

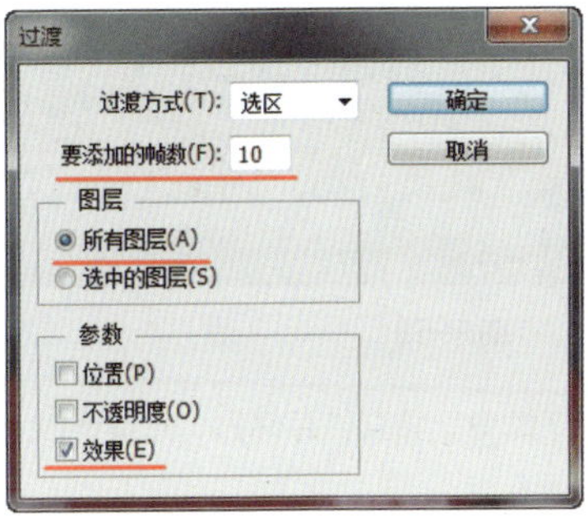

图8-52

图8-53

步骤 06 复制第12帧得到第13帧，选中第13帧，在“图层”面板中双击“图层3”所添加的“外发光”图层样式，在弹出的“图层样式”对话框中对相关参数进行修改，如图8-54所示。单击“确定”按钮，完成“图层样式”对话框的设置，效果如图8-55所示。

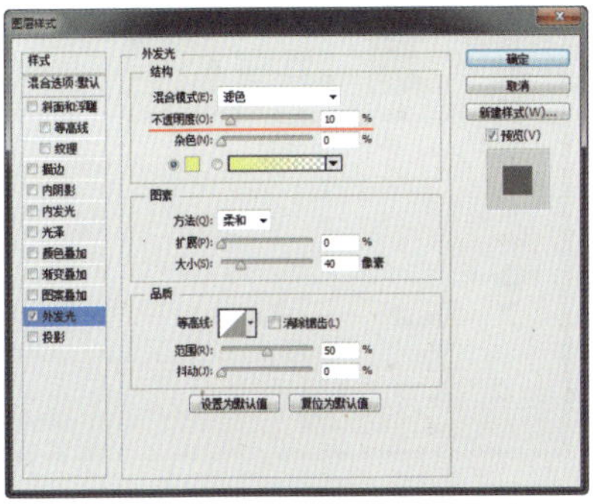

图8-54

图8-55

步骤 07 在“时间轴”面板中同时选中第12帧和第13帧，如图8-56所示。

图8-56

步骤 08 单击“时间轴”面板上的“过渡动画帧”按钮，弹出“过渡”对话框，参数设置如图8-57所示。单击“确定”按钮，完成“过渡”对话框的设置，自动生成过渡帧，效果如图8-58所示。

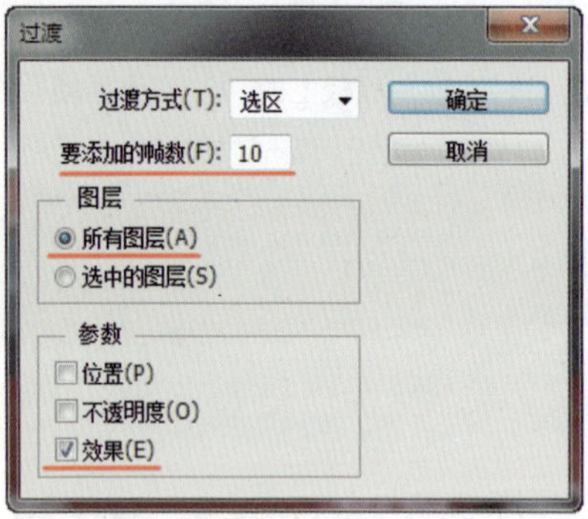

图8-57

图8-58

步骤 09 完成GIF动画的制作，完成操作后，执行“文件>存储为”命令，将文件存储为“光盘\源文件\第8章\光晕闪烁动画.psd”。

步骤 10 执行“文件>存储为Web所用格式”命令，弹出“存储为Web所用格式”对话框，参数设置如图8-59所示。单击“存储”按钮，弹出“将优化结果存储为”对话框，对相关选项进行设置，如图8-60所示。

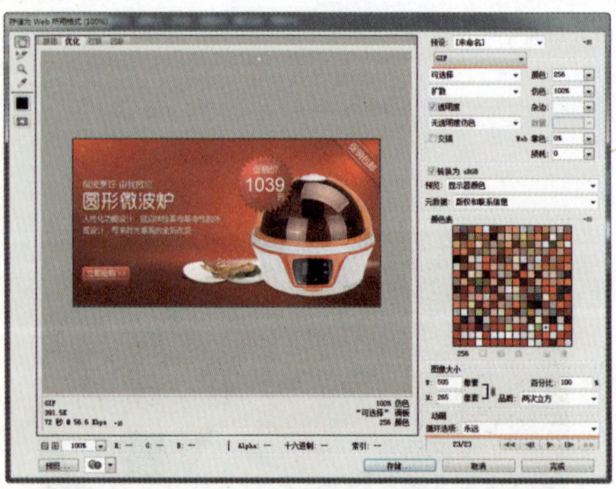

图8-59

图8-60

步骤 11 单击“保存”按钮，即可输出该GIF动画。在IE浏览器中打开刚输出的GIF动画图片，可以看到所制作的光晕闪烁动画效果，如图8-61所示。

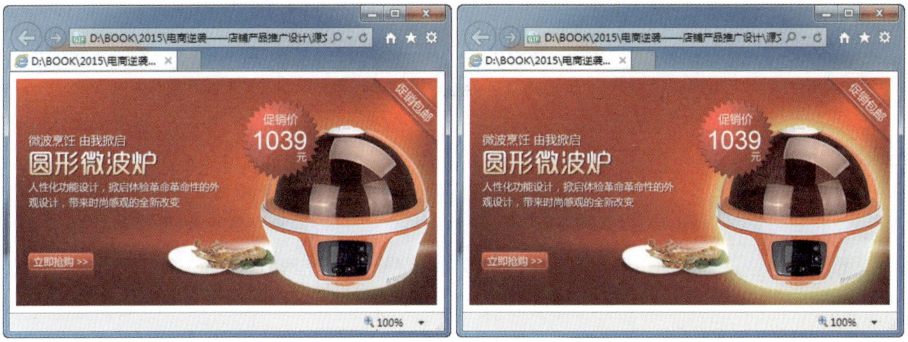

图8-61

8.2.4 图像切换动画

前面介绍的几种动画，都是一个图像进行位置、不透明度和效果变化的动画，在网店中经常看到两个或多个图像互相切换的动画效果，接下来将向大家介绍多个图像的切换动画。

实战案例 | 制作图像切换动画

源文件：光盘\源文件\第8章\图像切换动画.psd　　视　频：光盘\视频\第8章\图像切换动画.swf

● **案例分析**

案例特点：本案例制作图像切换动画，两张图像通过透明度的变化逐渐过渡，从而实现两张图像相互切换的效果。

制作思路与要点：将需要切换的两张素材图像叠加在一起，在第1帧显示其中1张图像，隐藏另一张图像，在第2帧则显示另一张图像，隐藏前一张图像，通过创建动画过渡帧，自动生成两个图像之间过渡的动画效果。

● **色彩分析**

使用墨绿色与灰色进行搭配作为图像的背景色调，灰色起到明显的分割画面效果，增加背景的层次感，搭配黄色的价格文字，突出显示产品的价格，整个画面让人感觉色调统一、重点突出。

墨绿色　　灰色　　黄色

● **制作步骤**

步骤 01 执行“文件>打开”命令，打开素材图像“光盘\源文件\第8章\素材\401.psd”，效果如图8-62所示。打开并拖入素材图像“光盘\源文件\第8章\素材\402.png”，并将该图层重命名为“产品2”，如图8-63所示。

图8-62

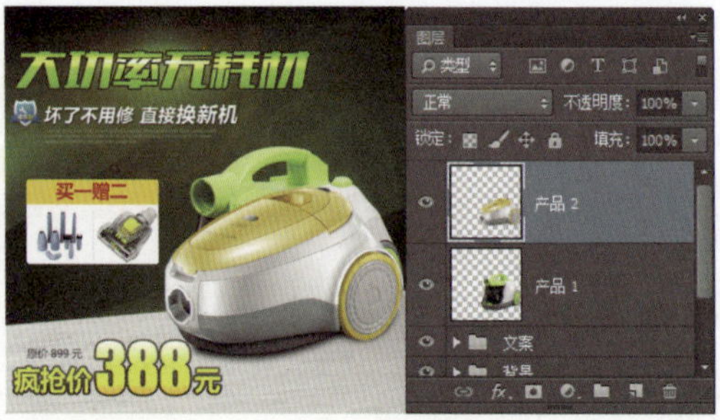

图8-63

步骤 02 执行“窗口>时间轴”命令，打开“时间轴”面板，单击“创建帧动画”按钮，效果如图8-64所示。在“图层”面板中隐藏“产品2”图层，如图8-65所示。

图8-64

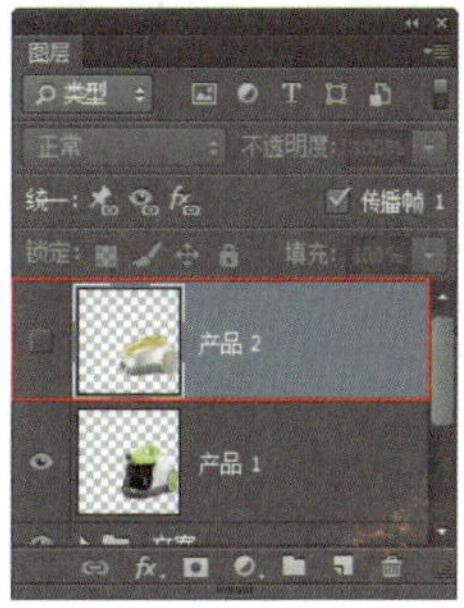

图8-65

步骤 03 在“时间轴”面板中设置第1帧的“帧延迟时间”为0.1秒，设置“循环”选项为“永远”，如图8-66所示。复制第1帧，得到第2帧，在“图层”面板中显示“产品2”图层，隐藏“产品1”图层，效果如图8-67所示。

图8-66

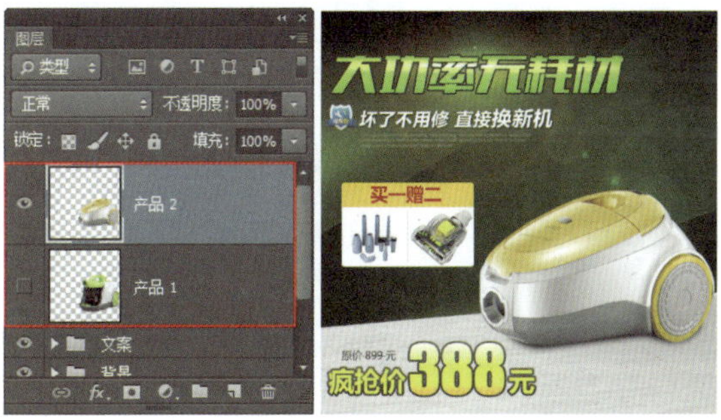

图8-67

步骤 04 在“时间轴”面板中同时选中第1帧和第2帧，如图8-68所示。

图8-68

步骤 05 单击“时间轴”面板上的“过渡动画帧”按钮，弹出“过渡”对话框，参数设置如图8-69所示。单击“确定”按钮，完成“过渡”对话框的设置，自动生成过渡帧，效果如图8-70所示。

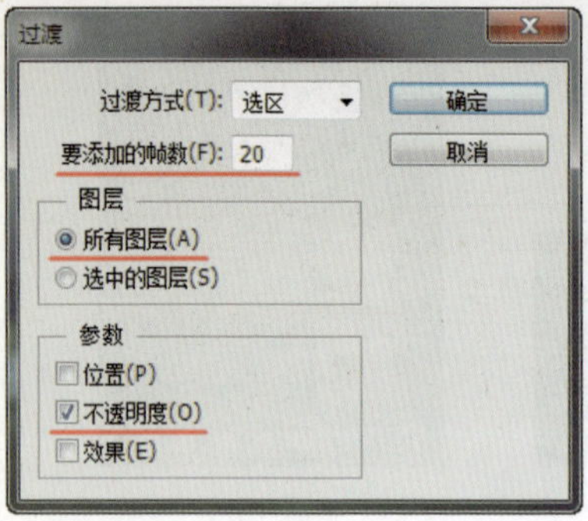

图8-69

图8-70

步骤 06 复制第22帧，得到第23帧，使用相同的制作方法，制作出从“产品2”过渡到“产品1”的动画效果，“时间轴”面板如图8-71所示。

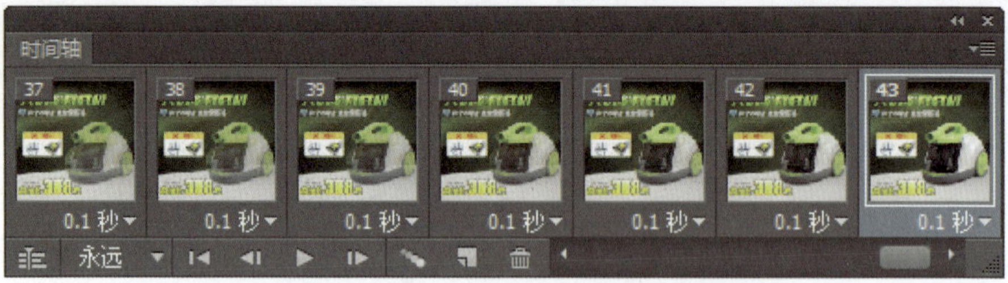

图8-71

步骤 07 完成GIF动画的制作，执行“文件>存储为”命令，将文件存储为“光盘\源文件\第8章\图像切换动画.psd”。

步骤 08 执行“文件>存储为Web所用格式”命令，弹出“存储为Web所用格式”对话框，参数设置如图8-72所示。单击“存储”按钮，弹出“将优化结果存储为”对话框，对相关选项进行设置，如图8-73所示。

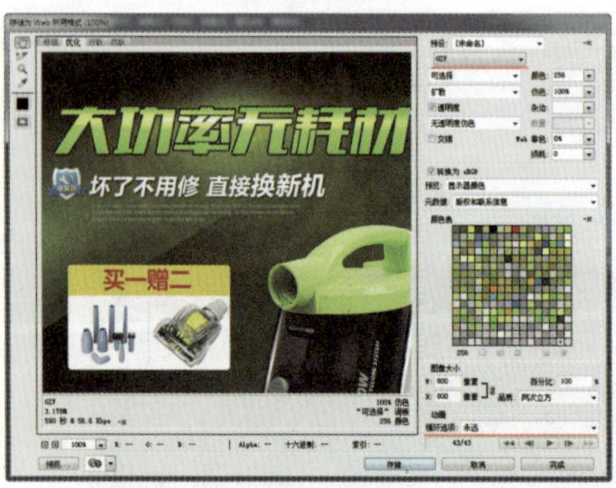

图8-72

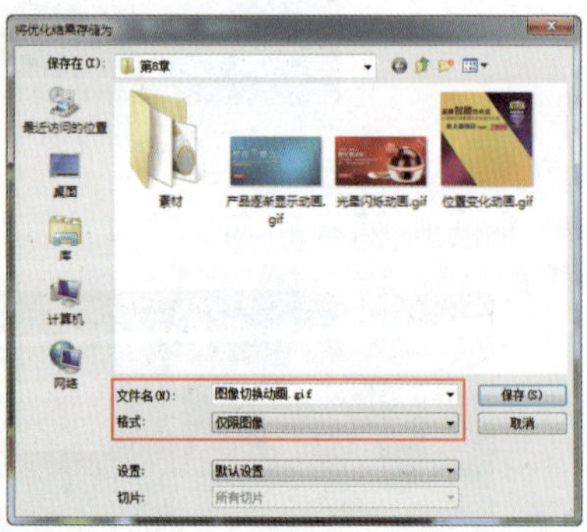

图8-73

步骤 09 单击“保存”按钮，即可输出该GIF动画。在IE浏览器中打开刚输出的GIF动画图片，可以看到所制作的图像切换动画效果，如图8-74所示。

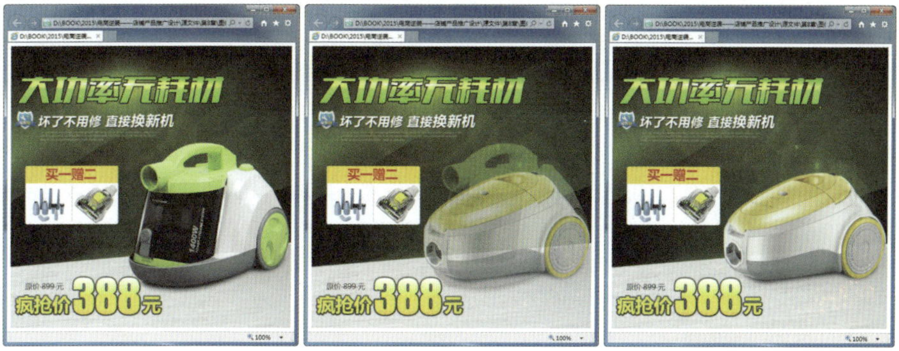

图8-74

实战案例 | 制作横幅广告动画

源文件：光盘\源文件\第8章\横幅广告动画.psd　　视　频：光盘\视频\第8章\横幅广告动画.swf

- **案例分析**

案例特点：本案例制作横幅广告动画，综合运用位置、不透明度和大小变化的动画效果，使图片更加具有动感。

制作思路与要点：现在很多店铺的顶部横幅都会使用动画效果来展示，所以横幅广告动画也是电商推广必不可少的手段。本实例制作的横幅广告动画，首先设计出横幅广告的效果，然后分别制作广告中各主要元素的动画效果。

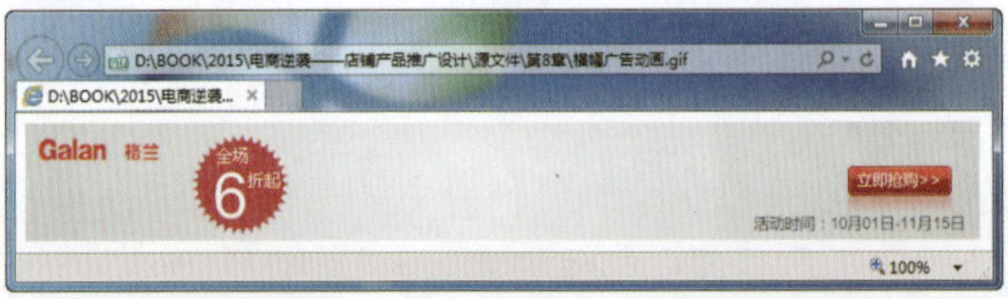

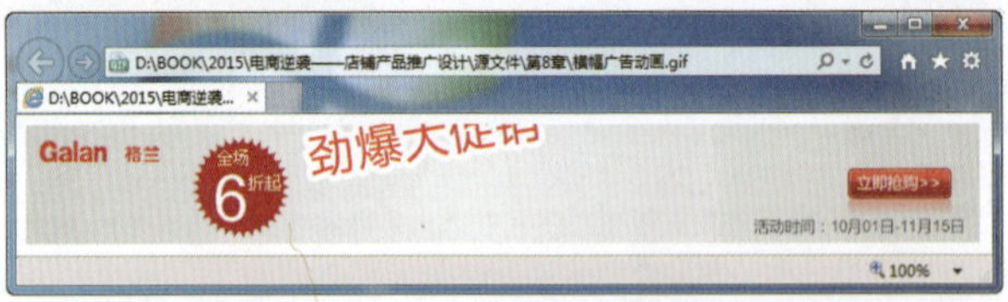

- **色彩分析**

使用大类色作为主色调，搭配纯度较高的红色，使得图片中的信息更加清晰，画面简洁，使主题更吸引消费者的目光。

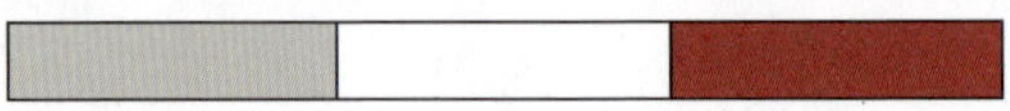

灰色　　白色　　红色

- **制作步骤**

步骤 01 执行“文件>打开”命令，打开图像“光盘\源文件\第8章\素材\501.jpg”，如图8-75所示。使用“多边形工具”，在“选项”栏上设置“工具模式”为“形状”，“填充”为RGB（215、0、24），“边”为33，单击“设置”按钮，在弹出的面板中进行设置，在画布中绘制图形，如图8-76所示。

图8-75

图8-76

步骤 02 使用“横排文字工具”，在“字符”面板中设置相关属性，在画布中输入文字，如图8-77所示。使用相同的制作方法，输入其他文字，将相应的图层合并，效果如图8-78所示。

图8-77

图8-78

步骤 03 使用“横排文字工具”，在“字符”面板中设置相关属性，在画布中输入文字，并对文字进行旋转操作，如图8-79所示。为该图层添加“描边”图层样式，对相关选项进行设置，如图8-80所示。

图8-79

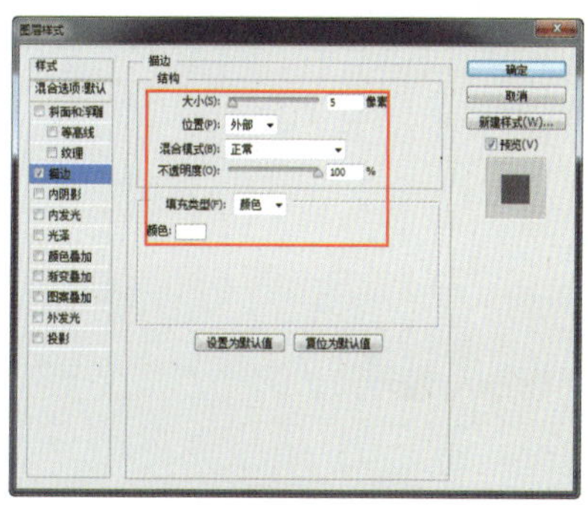

图8-80

步骤04 单击“确定”按钮，完成“图层样式”对话框的设置，效果如图8-81所示。打开并拖入素材图像“光盘\源文件\第8章\素材\502.png”，效果如图8-82所示。

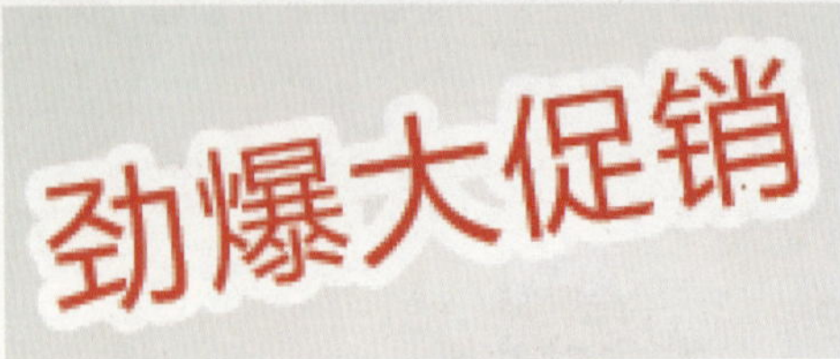

图8-81

图8-82

步骤05 复制该图层，并对复制得到的图形等比例缩小，隐藏“图层1”，效果如图8-83所示。使用相同的制作方法，多次复制“图层1”，并分别将复制得到的图像等比例缩小一些，效果如图8-84所示。

图8-83

图8-84

步骤06 执行“窗口>时间轴”命令，打开“时间轴”面板，单击“创建帧动画”按钮，效果如图8-85所示。在“图层”面板中将除“背景”图层以外的所有图层隐藏，如图8-86所示。

图8-85

图8-86

步骤07 在"时间轴"面板中设置第1帧的"帧延迟时间"为0.5秒，设置"循环"为"永远"，如图8-87所示。

图8-87

步骤08 复制第1帧，得到第2帧，在"图层"面板中显示"折起"图层，设置该图层的"不透明度"为10%，效果如图8-88所示。在"时间轴"面板中设置第2帧的"帧延迟时间"为0.4秒，如图8-89所示。

图8-88

图8-89

步骤09 使用相同的制作方法，通过复制帧，并分别设置"折起"图层的"不透明度"，制作出该图层中图像逐渐显示的动画效果，"时间轴"面板如图8-90所示。

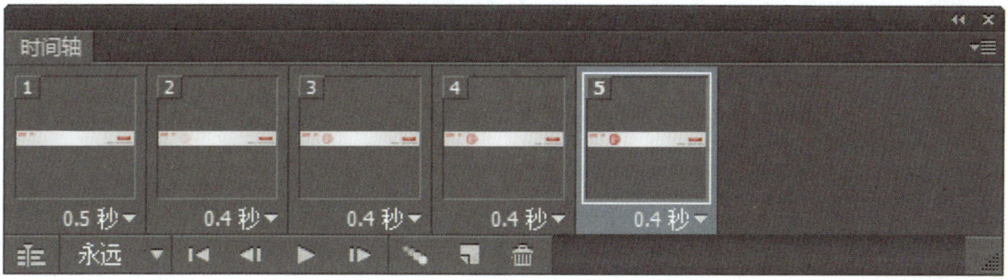

图8-90

步骤10 复制第5帧，得到第6帧，在"图层"面板中显示文字图层，并将文字垂直向上移至合适的位置，如图8-91所示。在"时间轴"面板中设置该帧的"帧延迟时间"为0.2秒，如图8-92所示。

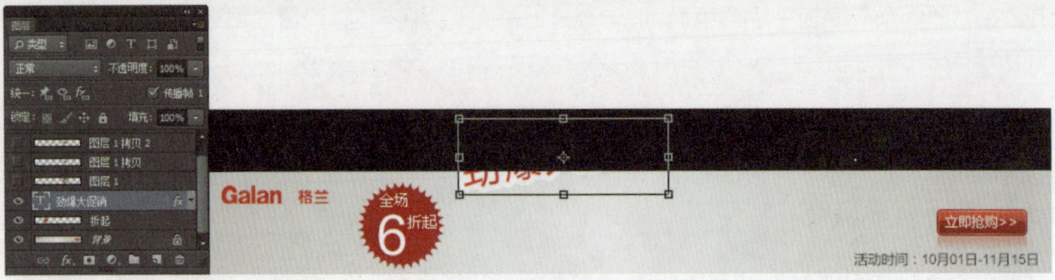

图8-91

图8-92

步骤 11 使用相同的制作方法，通过复制帧，并分别将复制得到的帧上的文字向下移动，制作出文字从上向下移动的动画效果，“时间轴”面板如图8-93所示。

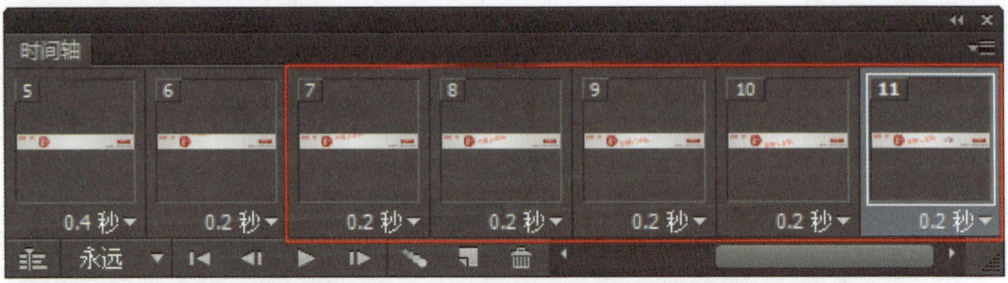

图8-93

步骤 12 使用相同的制作方法，制作出产品由小变大的动画效果，“时间轴”面板如图8-94所示。

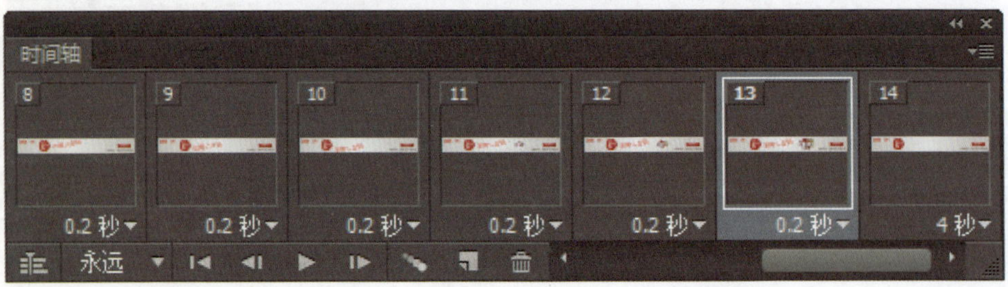

图8-94

步骤 13 完成GIF动画的制作，执行“文件>存储为”命令，将文件存储为“光盘\源文件\第8章\横幅广告动画.psd”。

步骤 14 执行“文件>存储为Web所用格式”命令，弹出“存储为Web所用格式”对话框，参数设置如图8-95所示。单击“存储”按钮，弹出“将优化结果存储为”对话框，对相关选项进行设置，如图8-96所示。

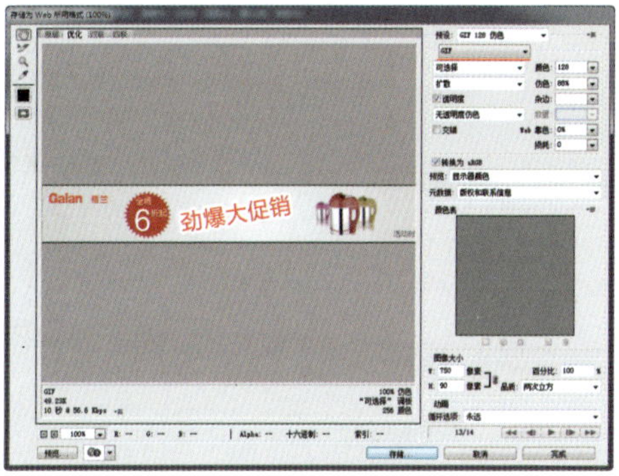

图8-95

图8-96

步骤 15 单击“保存”按钮，即可输出该GIF动画。在IE浏览器中打开刚输出的GIF动画图片，可以看到所制作的横幅广告动画效果，如图8-97所示。

图8-97

8.3 本章小结

动态图片能够有效地吸引消费者的注意。本章重点向读者介绍了如何使用Photoshop中的“时间轴”面板来制作各种产品推广动画效果。完成本章内容的学习，读者需要能够掌握常见的动画表现和制作方法。

反侵权盗版声明

电子工业出版社依法对本作品享有专有出版权。任何未经权利人书面许可，复制、销售或通过信息网络传播本作品的行为；歪曲、篡改、剽窃本作品的行为，均违反《中华人民共和国著作权法》，其行为人应承担相应的民事责任和行政责任，构成犯罪的，将被依法追究刑事责任。

为了维护市场秩序，保护权利人的合法权益，我社将依法查处和打击侵权盗版的单位和个人。欢迎社会各界人士积极举报侵权盗版行为，本社将奖励举报有功人员，并保证举报人的信息不被泄露。

举报电话：（010）88254396；（010）88258888

传　　真：（010）88254397

E-mail：dbqq@phei.com.cn

通信地址：北京市万寿路173信箱

电子工业出版社总编办公室

邮　　编：100036